佛寺采風

——中國佛寺漫談

黃夏年 著

東大圖書公司

序　言

　　如果我們把五彩繽紛的各種歷史文化現象比作百花園的話，那麼在這座百花園中，宗教歷史文化現象無疑就是常開不敗的奇葩。宗教歷史文化之所以在百花園中屬於最精彩的一種，並不是因為它本身就非常特殊，而是來自於它那深厚底蘊的各種歷史文化形態。尤其是世界上最有影響的幾種大宗教，它們的歷史都在千年以上，內容包羅萬象，形態一一各異，影響了一代又一代人，改變了一個又一個歷史文明進程，演出一幕又一幕的悲喜劇，所以毫不誇張地說，整個世界沒有宗教就沒有人類的文明，沒有宗教就沒有人類的文化藝術，沒有宗教就沒有世界各民族的精神面貌，沒有宗教就沒有我們今天豐富多彩的生活……。宗教的魅力是非常獨特的，即使自稱是無神論，什麼也不相信的人，也不能不面對宗教而發出由衷的感歎，不得不承認尊重宗教存在的現實……，畢竟至今世界上還有幾十億人在過著宗教生活，宗教的影響仍然非常巨大，並且覆蓋了大部分國家和地區，而且在當今世界的政治經濟進程中發揮著重要的作用，難怪有學者提出，21 世紀是宗教文明——即世界占主要地位的基督教文明、佛教文明、伊斯蘭教文明發生衝突和整合的時代。

　　從宗教學的意義來講，構成某種宗教必須有四種基本要素，這就是：一、較為嚴密的組織；二、較為完整的禮儀；

三、較為完備的經典；四、較為突出的場所。按這四種基本
要素來判定 2500 餘年歷史的佛教，是非常符合這幾個特徵
的。如在「較為嚴密的組織」裡，佛教有自己的信徒「七眾」，
內有出家人的僧團，外有皈依的護法居士。在「較為完整的
禮儀」裡，佛教有屬於自己獨特的一系列儀式，這些儀式都
是有目的的針對某種特定內容而舉行的，而且一年四季，法
事不斷。在「較為完備的經典」裡，佛教的特點更為明顯。
在現今世界所有的宗教中，佛教經典應該在數量上和質量上
都是名列前茅的，歷代佛教徒非常看重著書立說，撰述了大
量經典，僅在《大藏經》裡就收入了兩億字的佛教著作，如
果再加上藏外的佛書，整個字數將達到四億。在「較為突出
的場所」裡，佛教寺院應該非它莫屬了，它成為佛教徒的活
動中心，引領了人們奔向涅槃的彼岸世界，讓多少人心裡得
到慰藉！

　　佛教，是百花園裡綻放出異彩的花蕊，是人類文明智慧
的結晶之一，我們為之頂禮讚歎！

　　2500 餘年前，是一個燦爛輝騰的年代。古老的東方華夏
大地孕育了孔子、老子等一代哲人，西天佛國印度造就出一
代聖人釋迦牟尼。三世世界、菩提涅槃、人皆成佛的理論，
成為人們追求覺悟的理念。佛陀橫空出世，不久就在廣袤的
華夏大地引起軒然大波，在中華民族的身上拓下了刻骨銘心
的烙印。佛教，一個外來的宗教文化，卻從此改變了東方文
明古國的精神面貌……。

也許你對佛教「四大皆空」的說法，並不感到陌生，但它決不是說一切空無。也許你對「萬法唯識」有些費解，但這也不是一切唯識所有。幾千年來，大乘佛教的智慧就是住這空有二大學說裡流轉，空有相即，涅槃中道，法輪常轉，似乎昭示了人們不斷在無常中流轉，最終要擺脫生死。博大精深的佛法，激發了人們的無限玄趣，培育了一代又一代的法門龍象，像龍樹、世親、道安、羅什、玄奘一代名德，千秋功業，偉哉當代，至今仍為人們稱頌緬懷。

悠悠歲月滉兮兮，高山大海撼兮兮。絲綢孔道繁忙不已，有人東來齎經，有人西去求法，偉願踐行者有之，為法捐軀者有之，一代佛法由此而進，由此而興。手執胡本，口宣漢音，暢幺幽旨，譯梵為漢，刻版流通，把三藏萬卷送達人間。佛門有幸，宗門林立，八宗演繹，傳宗有繼，法脈相承，中華佛教潮湧九州，澤披四海。神通靈異來自於戒定苦行，普渡眾生來自於無我的情懷，一切有情悉有佛性，佛法才能永住世間。

佛法當機，以隨順世間為務。大教興盛，執叢林風範為先。佛法僧三寶，僧寶係乎尤重。匡世威儀，首在戒行，法度有章，禮敬三寶，方能舉一代像教。善念的啟迪，溯自於佛陀的教導。佛法的興衰，離不開弟子的施為。化外邦律儀為我之所用，將佛法鑄刻於中華民族的身上。風貌雖變，真髓不移。佛教有助王化，和民安邦，易俗導弊，淳化四方。中國佛教僧俗四眾譜寫了歷史的篇章。

敦煌的壁畫，投下了西方的線筆，龍門的大佛，展現了東方的神蘊。秀骨清相，把漢風吹向中原大地，龍騰虎踔，造就盛唐成熟的龐大氣息。選一瓣心香，搖一聲鈴杵，納芥子於須彌。夢影在婆娑，心許在淨土，大千世界任逍遙。芬香豔色的酥油花，引人如癡如醉，妙筆丹青的唐卡，躍出了雪域佛子的一片真情。梵音婉轉，唱出了人間的哀怨，讚唄高歌，噴出了獅子的迅吼，不管是鬼斧神工，抑或是繽紛花雨，無不透露了天人的意願，正是這多彩多姿的絢麗長卷，給世界送來了一片片祥雲，帶來了一道道霞光……

世界和平是人類共同的心聲，慈心悲懷是縛繫和平的基石。莊嚴國土讓中國更加美好，利樂有情獻出一片愛心。發地藏大願，諸惡莫作，眾善奉行；誦觀音名號，慈悲之心充滿人間。行普賢大行，拯危濟困，救死扶傷，於平凡中見不平凡事。佛教在人間，人間有真情。真情是什麼？慈心與悲懷。古往今來，人期西方，心事難圓，若把真情施予時，即得安祥往生日……。

釋迦拈花，迦葉微笑，教外別傳，西風東來；達摩面壁，慧能作偈，馬祖建叢林，百丈立清規；禪門新開，北漸南頓，曹洞雲門，法眼臨濟，溈仰分述，一花開五葉，天下盡歸禪；不立文字，直指人心，即心即佛，傳佛之心印；呵佛罵祖，公案深參，語錄廣造，棒喝亂打，機鋒回轉，別立宗風；祖師相繼，三昧餘韻，燈傳無盡，法運再興，試看天下，舍我其誰？

　　不依法主，則國事難立。佛法興衰，則朝野關注。沙門王者，則寧有種乎？顯密方便，隨機權應。圓通無礙，和合五味。佛印仙宗，殊途同歸。結交權書，僧伽須賴以施主發願。明心用世，佛法將取自於王法。三教鼎立，不相爭讓，法難重重，榮損俱得。三教交匯，圓融一體，各取所資，共同消長。天下事相互待緣而起，圓融而進，何必爭得高低？

　　佛陀遺訓，依法不依人。法門秋晚，以佛法為醍醐。社會猛進，形態多元，日新月異，佛法隨緣，應現世間。法乘南北，音殊各解，主旨不變，調不同而味同。佛法有益於眾生，世人離不開法乳的滋養。震旦佛子，作獅子奮迅吼，同舟共濟，荷擔復興佛法之重任，讓佛陀的遺教重現昔日的光芒。三寶隆盛，佛光普照，法音長鳴，再造人間。

　　如果你對佛教有興趣，如果你熱愛旅遊，如果你想知道960萬平方公里佛寺的風采，那就請你翻翻我們的這本小冊子，它能讓你有那麼一點點的收穫，我們也就滿足了。

　　謝謝你！

　　阿彌陀佛！

黃夏年

2003 年 4 月 26 日於北京寓所

佛寺采風
——中國佛寺漫談

目　次

第三章　寺院巡禮

前　言

在 960 萬平方公里的土地上，有一種景觀是非常引人入勝的——這就是佛教的寺院！

在遼闊的華夏大地，不管是世界屋脊的青藏高原，還是在一望無際的莽莽草原，或是在麥浪滾滾的一馬平川，或是在綿延不絕的起伏丘陵，或是在險峻密林的高山大川，或是在水光瀲灩的魚米之鄉，或是在荒無人煙的戈壁荒灘，或是在熙熙攘攘的城鎮鬧市，我們都可以看到一座座佛寺聳立，伽藍淨土滿盈。哪裡有人煙，哪裡就有佛寺；哪裡有佛教徒，哪裡就有佛像。妙相莊嚴的清淨道場，曾經喚起了多少善男信女的皈依，森嚴肅靜的法堂大殿，慰藉了多少破碎的心靈。雕梁畫棟，刻映了時代的風采，殘垣斷壁，遮不住歷史的輝煌。

佛教是外來的宗教。公元前 6、5 世紀，一位曾是古印度迦毗羅衛國（現尼泊爾地區）的王子悉達多・喬答摩 (Siddhartha-Gautama) 因為痛感人世間無常，人生充滿痛苦，人人終生都被煩惱困擾，於是拋家別妻，出家到深山修道，最後證得覺悟，創立了佛教。因為悉達多是釋迦族人，所以被人們稱為「釋迦牟尼」，意思是「釋迦族聖人」；又因為他是覺悟成道的，於是人們又尊稱他為「佛陀」或「佛」，意思是「真理的覺悟者」。

釋迦牟尼創立佛教後，為了把他的思想學說讓別人理解和接受，於是開始長達 45 年的傳教活動。他在恆河兩岸奔走，廣招弟子。在波羅奈斯城外的鹿野苑，他向憍陳如等 5 人說法，接納他們為弟子。這次說法佛教史上稱為「初轉法輪」。隨著信仰佛教的人增多，佛教徒的組織逐漸壯大，於是有了佛教的僧團。所謂「僧團」就是佛教徒的組織，其核心是一部分出家的僧人。佛教規定僧人要在一起吃、一起住、一起學習，參究佛理，因此他們集中居住的地方就是佛寺。在佛教裡僧人被稱為佛、法、僧三寶之一，被佛教徒奉為精神導師。

公元前 3 世紀，印度的阿育王派遣傳教師分九路向世界各地傳教，佛教開始轉變為世界性宗教。佛教雖成為跨國度的宗教，但是對每個佛教徒來說，仍然有屬於自己生於斯，長於斯的祖國。每個佛教徒首先是屬於自己的祖國，然後才是信仰自己的宗教。

佛教於公元前後傳入中國。當佛教初傳伊始，就有了自己的寺院。相傳洛陽的白馬寺是中國最早的佛教寺院，至今寺裡仍然聳立著刻有「釋源」字樣的石碑。中國佛教認為，每個生活在現世的佛教徒要「報四恩」。四恩就是「國土恩」、「佛恩」、「父母恩」、「眾生恩」四種。國家是每個公民賴以生活的國土，因此報「國土恩」就是報效國家，具體地說，就是將國家建設得更美好，這「國土」佛教稱之為「莊嚴國土」。佛教教主佛陀給予每個教徒精神信仰，使佛教徒有了充

實的精神生活，知道怎樣去做人，怎樣去生活，因此要報答
「佛恩」。人之身軀來自於父母之精血，父母對子女都有養育
之恩，報「父母恩」就是孝敬父母兄長，長幼有序，行使後
代應有的責任。眾生就是群體，人人生活在一個互相依靠、
互相幫助的社會中，報「眾生恩」就是要去關心每一個人。
「報四恩」是中國佛教徒根據中國社會和中國傳統文化的特
點、精神倫理道德準則而提出的，也是印度佛教思想傳入中
國後與中國社會思想相結合的具體反映。

　　人們常說「自古名山僧占多」，此話絕沒有誇張。在 960
萬平方公里的土地上，我們到處可以見到佛教的影響，見到
佛教徒的蹤跡。它說明中國佛教徒曾經對開發建設我們偉大
的中國貢獻卓越，「莊嚴」了國土。

　　在印度，佛教僧人到深山實行修習苦行，沉思冥想，體
悟親證佛法的真諦和進入清淨涅槃的境界。直到現在一些南
傳佛教國家的僧人仍然遵循了這個傳統。佛教傳入中國，這
一方法也影響了中國佛教徒的生活，他們棲心山林，遠離塵
囂，一意修習，專心悟道。佛教僧人到人跡罕見的深山密林，
開荒結茅，茹素吃蔬，嘗盡了人間的艱難，方開出塵剎。佛
教畢竟生存在「人間」，所有的佛教徒並不是全部都隱居於深
山密林，城裡的人同樣也需要佛教法乳的滋養，需要有一個
從事佛事活動的「空間」。所以在人煙稠密的都市，也聳立了
一座座鬧市中的「淨土」。

　　雖然有人稱佛教是「禁欲」的宗教，但是佛教仍然主張

追求完美與和諧。佛經裡把釋迦牟尼描繪成有「三十二相」、「八十種好」，在寺裡塑成面目慈祥，神態莊嚴，體態各異的精美雕像。佛教所描繪的西方極樂世界，是一個美好的世界，有各種美麗的景物，人間所不能及。在現實世界的佛寺裡，廟堂被各種精美的飾物裝飾，寺外百花爭妍，亭閣樓榭，假山水池，蜿蜒曲折，景色美不勝收。

當我們把歷史再往回看時，「莊嚴國土」決不是一個簡單的口號。我們所見到的佛寺名剎的開發建設都不是一帆風順，而是經歷了各種意想不到的困難和挫折。每座寺宇都飽含著不盡的滄桑，走過了風風雨雨，灑下了辛酸淚水。創建於東漢年間的洛陽白馬寺，雖是中國佛教徒公認的「祖庭」，然而在它的歷史上卻經歷過數度興廢的過程。5 世紀中葉北魏永熙年間，洛陽城內發生禍亂，寺院遭到破壞。200 年後的唐安史之亂，寺院又毀於回紇的兵火。時隔 100 年，再度被唐武宗滅佛搞得山門冷落，齋飯不供。已有 1500 年歷史之久的禪宗祖庭少林寺、西藏佛教第一座佛寺桑耶寺，同樣也經過了重創，幾度慘遭劫難，瀕於危地。這些「天下第一剎」，都是如此命運，更何況其他寺廟呢！

但是，佛教僧人們並沒有在困難面前屈服，他們勇敢地面對現實，在廢墟上重新站立起來，一次又一次地進行重建活動。北京郊區房山西面的東峪寺在唐以後已成為廢墟。清代普興和尚接任住持以後，以「為人之道，在己不在人」❶

---

❶　《白帶山志》卷九，第 143 頁，中國書店 1989 年版。

的理念，發願重新恢復古剎。「自是躬耕力稼，植果種蔬，濡體沾足，晝夜不輟。度其所得，除焚香供眾之外，皆蓄為物料工役之需。」❷在信徒的捐助支持下，經 3 年時間，東峪寺重新整修一新。千年古剎雲居寺萬安公瑜和尚，引泉水分流，為寺僧飲用和灌溉之用，「至於種果植園，造橋闢路等偉功盛業，莫可殫還。」❸

明代，四大名山之一的峨眉山伏虎寺，毀於兵火，貫之和尚率領門人在龍神堂廢址上，再造寺院，歷時 20 年之久，建成 13 殿，成為全山最大的寺院。貫之門孫寂玩和尚，在寺周廣植樹木 10 萬餘株，將四山的林木連成一片。如今古樹參天，林海濤濤，濃蔭蔽日，將伏虎寺包圍在密集叢林之中，成為著名的「密林藏伏虎」一景。後人把寂玩和尚的辛勞成果稱做「布金林」。佛教講「布施」，寂玩和尚「布施」於後人的是等價於黃金的一片林海。

1936 年，萬年寺在一場大火中除無梁磚殿外，只剩下一片瓦礫。普超和尚四處化募，開始重修，逐漸恢復往日舊觀。牛心寺住持圓照法師重建寺院，帶領門人在寺周圍種植杉樹萬餘，如今杉林鬱鬱蔥蔥，覆蓋山野，成為一大景觀。中國佛教的寺山正是在知名和不知名的眾多僧人的默默耕耘下，往復興建，成其規模，而且建得越來越好，規模越來越大，更加富麗堂皇。宏偉精美的寺院，把中國大地打扮得更加美

❷　同上。

❸　同上。

麗，做到了道場莊嚴、國土莊嚴。

也許中國佛教僧人在創業之初，僅是憑著內心虔誠的信仰，懷著為法捐軀的堅定信念和弘興佛法的滿腔激情，從事著前無古人、今無來者的事業。也許他們並沒有想到過後世會有如此旺盛的香火，吸引了成千上萬的朝野信徒，以及包括無數的國內外觀光遊客。但是他們確實做了一件對後人來講是功德無量的盛舉，為國家的文化和經濟事業的繁榮，做出了直接的、巨大的貢獻。他們傾其全部心血，精心營構了一座又一座金碧輝煌、或素樸典雅的名寺伽藍，在中國大地上撒下了一顆顆明珠。當我們巡禮於名山大寺，當我們走進一個又一個的殿堂，當我們仰望一個又一個形態各異的佛塔，當我們欣賞一座又一座雕像，當我們觀賞一張又一張佛畫，我們的心靈無不一次次地受到震撼，我們的認識總是在一次次地昇華。如果沒有他們的辛勤勞作，如果沒有他們堅韌不拔的毅力，我們今天就見不到舉世聞名的樂山大佛，看不到氣勢磅礡的布達拉宮，體會不出龍門石窟的精美佛刻，欣賞不到線條流暢的敦煌壁畫……。

我們的祖先──中國的佛教徒，用他們的智慧，用他們的雙手，建起了一座座「莊嚴」的豐碑，妝點了中國大地，為後人留下了取之不盡的寶貴文化遺產，直到今天人們仍然受益無窮。

第一章

佛寺和石窟

「數珠觀音像」，頭戴花冠，袒胸露臂，髮絲垂肩。低頭下視，嘴角微收，含顰欲笑，又面帶羞色，像一位天真爛漫的少女，脈脈含情，嫵媚動人，全然沒有菩薩的威嚴。因此，人們給她起了一個好聽的名字，叫做「媚態觀音」，認為她是東方的「維娜斯」。

一、佛寺產生

婆羅門教祭祀尋

　　釋迦牟尼創立佛教以後，才有了佛教的寺廟。但在此之前，作為宗教的寺院，則早已有之。

　　原始宗教時期，人們由於對雷電、風雨、疾病和死亡等自然現象沒有正確的認識，於是認為在現實周圍存在著某些超自然的力量。他們崇拜山嶽河流，敬奉日月水火、動植物等眾多的神祇，還祭祀鬼魂、祖靈、圖騰及偶像等。這類崇拜活動一般是通過一定的儀式和禁忌，在固定的地點和固定的時間舉行，從而形成了最早的聖地。因此，一般認為，宗教的產生和宗教崇拜有著密切的聯繫。

　　據西方學者研究，古代的雅利安人中曾經盛行過樹神崇拜；日耳曼語中的「神殿」一詞，「表明日耳曼人最古老的聖所，可能都是自然的森林。」❶克爾特人所用的古語「聖所」一詞，同拉丁語 "Nemus" 一詞的語源相近，"Nemus" 的詞義是小樹林，或森林中的一塊空地，至今仍以 Nemi（內米）這個詞的形式保留下來。❷當然，崇拜樹神並不是宗教聖地的

❶　《金枝》，第 168 頁。（英）詹·喬·弗雷澤著，徐育新等譯，中國民間文藝出版社，1987 年。

❷　同上。

主要來源之一，類似於這種崇拜的活動還有動物崇拜、植物崇拜、祖先崇拜、英雄崇拜等等，以此說明，宗教聖地的形成是與宗教的崇拜有著密切關係的。

佛教產生於古代印度。但它在印度並不是最早的宗教，在它產生之前，古印度恆河大地還有著更早於它的傳統宗教——婆羅門教 (Brahmanism)。

婆羅門教也可以算作古印度宗教的淵源之一了。這個宗教的特點是：因崇拜梵天而得名。公元前 13 世紀左右，當地的達羅毗荼土著人建立了原始宗教的吠陀教，隨後而來的雅利安人慢慢地吸收了土著人的原始宗教，發展成崇拜多神和祭祀的宗教，即婆羅門教。該教使用吠陀為根本經典。所謂「吠陀」，是指用梵文寫作的一些經典，主要有「吠陀本集」、「梵書」、「森林書」和「奧義書」四大類，它們皆為各種學說總匯在一起的文集，是一部百科全書，將古印度的全部學問都囊括在內。婆羅門教又以「吠陀天啟、祭祀萬能、婆羅門至上」為三大綱領，宣稱「吠陀文獻」不是由世俗之人創作出來的，而是由聖人受到天神的啟發而誦出的，代表了神的旨意。世俗之人的生活都是由神來庇護的，因此要向神祭祀，以獲得神的恩寵和感謝神意。在人與神交往中，婆羅門是專門掌管祭祀大權的人，負責與神溝通，代神傳達旨意，在印度種姓社會中，地位最高。「梵我一如」是婆羅門教教義的核心，「梵」是世界最高的實在，主宰了一切事物。它不表現任何形式，也不能用邏輯語言來表達，卻永遠存在於整個

世界。人們要把個體的我和世界的梵統一起來，通過修行而
證得同一境界，就能達到最後的解脫。婆羅門教認為，每個
教徒一生要過四種生活，即從師學習吠陀，接受宗教訓練的
梵行期；在家過世俗生活，進行家祭和施捨的家住期；隱居
森林，親證梵我的林棲期；雲遊四方，尋求解脫的遁世期。

　　婆羅門教既以「祭祀萬能」作為三大綱領之一，祭神拜
神是該教行事生活中的一個重要內容。在婆羅門教中，創造
神梵天、護持神毗濕奴、毀滅神濕婆三大神是主神，此外，
還有眾多不可計數的各種神祇，如酒神、風神、火神、雨神
等等，曾有人稱之為有 3 億 3 千 3 百萬個神。既要拜神，必
有一個固定的地點，因此婆羅門教的寺廟成為該教的一個重
要的組成部分，其寺廟遍布全國各地，有的寺廟極盡奢華，
是印度傳統藝術精華所在。

四大聖地來巡禮

　　佛教是一個體系博大、理論精深、內容豐富、歷史悠久
的宗教。佛教的教義以戒、定、慧三學體系概括而成的。「戒」
是佛教徒必須遵守的準則，有規範人心的作用。南北二傳佛
教對戒律有不同的數目，但基本戒條有「五戒」或「八戒」。
「定」是佛教徒的宗教實踐，主要指禪定。「慧」是佛教的理
論，是佛教對世界、社會和人生的根本看法。佛教認為，光
知道戒和定並不等於是一個合格的佛教徒，只有掌握了佛教
的理論以後，才能成為真正的佛教徒。所以「慧」也是佛教

與外道相區別的根本標誌。佛教教義的核心是「苦」。它把整個世界，包括人生都看作是一種苦難，教導人們要認識這種「苦」的現象和道理，通過各種不同的修行方法和認識，否定自我，體認與佛合一，於是才能擺脫諸苦，達到清淨涅槃的終極目的。在生成論上，佛教以緣起說為特點，認為世界萬物皆處於一種互相待緣的情況，各以對方為生起的條件。在修行方法上，通常以禪定為基本方法，教徒要遵守一些戒律，學習經典。總之，釋迦牟尼創教，在宗教哲學思想上提出了自己的學說，主要表現在佛教三學之一的慧學方面。

　　佛教在教義理論上具有自己的特點，但在佛教的儀軌和行事方面仍然吸收了婆羅門教的內容。例如在三學的定學方面，佛教與婆羅門教一樣，提倡禪定之學，主張修行坐禪。佛教提倡出家為僧，因此僧人賴以生存的寺廟就不可避免地出現。釋迦牟尼生活的地方就是佛教史上最早的一座寺院。我們翻開佛經，往往一開頭就能見到如下的話：

　　　　如是我聞，一時佛在王舍城耆闍山中，……

　　這裡的「如是我聞」，是佛教經藏中的開篇語和基本格式，意思是「我曾經親自聽佛說」，表示決不是瞎說。「王舍城」是古印度摩揭陀國的首都，現位於印度比哈爾邦巴特納地區。據佛教傳說，釋迦牟尼在成道之前，第一次來這裡，受到頻毗娑羅王的禮待。成道之後，就在王舍城長期居住，並在這裡宣說佛法。頻毗娑羅王為他施造了竹林精舍，佛陀住在這

裡剃度了舍利弗、優婆離等著名弟子，並且接受了頻毗娑羅
王的皈依。「耆闍山」是離王舍城 14 公里處的一座小山，也
稱作「靈鷲山」，全山景色宜人，是避暑的好夫處。據說它是
佛陀生前說法的另一地方，佛陀入滅後，佛弟子們曾經在這
裡的七葉窟舉行了佛教史上的第一次結集，將佛陀生前的說
法給複誦出來。如今王舍城早已不復存在，耆闍山雖然依舊，
但也無昔日的盛況。

　　11 世紀以後，隨著穆斯林大軍的進攻，佛教在印度最終
滅亡，但是它作為世界佛教的源頭和佛教的祖國卻仍然受到
了世界其他國家佛教徒的重視和崇奉。對佛教徒來說，古印
度有四個地方是佛教徒終生應該至少去朝拜一次的，它們是：
藍毗尼、拘尸那、鹿野苑、菩提伽耶四大聖地。

　　藍毗尼 (Lunbini)：是佛祖釋迦牟尼的誕生地，現在屬於
尼泊爾。據佛經記載，迦毗羅衛國淨飯王娶了拘利國王的女
兒摩訶摩耶為妻。摩訶夫人在 45 歲時才懷孕，夫人想念家裡
的親人，準備回娘家暫住一段時間。在回家的路上，夫人突
感不適，於是走到藍毗尼花園，在菩提樹下生下了一子，從
此世界出現了一位哲人。

　　菩提伽耶 (Buddhagaya)：位於巴特納城南 150 公里。釋
迦牟尼出家後，在這裡修行，於菩提樹下成道，創立了佛教，
佛教徒尊此為佛教的發源地，而加以奉祀。公元前 3 世紀，
阿育王在此建造了佛塔，高約 50 公尺，形如金字塔，底部為
邊長 15 公尺的正方形，頂部向上呈圓柱狀。四角有 4 個小金

字塔，東門兩旁闢有佛龕，供佛像數尊。西側是著名的大菩
提樹，原樹已經枯掉，現在的樹是後人補栽的，樹下立有紅
砂石板，上刻釋迦成道的紀念文字。塔周圍還有石塔、牧女
供奉佛陀乳粥和佛陀影窟等遺址，以及世界各國佛教徒建造
的佛寺。佛教在印度衰落後，此地曾被印度教徒管理，20 世
紀在佛教徒的要求下，經過法庭訴訟，法院判決由印度教徒
和佛教徒共同管理。

　　鹿野苑 (Deer Park)：位於北方邦貝那勒斯地區。釋迦牟
尼成道後，在這裡首先接納弟子，演說佛法，是佛教的「初
轉法輪處」，也是佛教開始傳播處和教團成立處。

　　拘尸那 (Kusinara)：位於北方邦哥達拉克普凱西地區。佛
陀晚年時自吠舍離城赴王舍城時，途中身體不適，在這裡的
婆羅樹下圓寂。佛教徒尊此處為佛陀的涅槃地。

　　以上分別代表了佛陀出生、成道、轉法輪、涅槃四大聖
事的聖地，從古到今，一直受到各國佛教徒的禮拜。中國古
代許多僧人都來此地瞻仰過，詳細地記錄了當時的情況，並
在此留下了漢文石碑，彌為珍貴。中國著名的僧人、旅行家
法顯、玄奘等人都來到這裡謁拜後，寫下了著名的遊記。各
國僧人還在此建造了風格多樣的寺院，有的人終生生活於此，
將自己的一生託付給佛陀，最後客死異鄉。現在，每年來此
朝拜的各國佛教徒仍然絡繹不絕。

二、石窟利用

原始人與印度禪

在當今世界大都會中，高樓林立，場面壯觀，北京也已從四合院一下邁進了世界大都市的行列，不僅大樓櫛比、商場林立，而且還有亞洲最高的電視塔。人們住在高樓大廈，室內裝修豪華，設備現代化，盡情享受著物質文明帶來的美好生活。但是，你可曾知道，我們的祖先卻是從山洞中走出來的……。

考古學家曾經考證，人類的祖先最初就住在山洞裡。當時自然條件惡劣，人們面對的是殘酷的生活，出於安居，他們暫棲在一些山洞裡，因此山洞成為人類最早的天然的房屋，這是大自然賜給人類最早的安身之處。

原始人棲住山洞，乃是順乎大自然的恩賜，但當人類社會逐漸發展進步，文明社會的發達，人類也從山洞中走出，住進了自建的房舍，於是人類從利用自然到征服自然跨出了決定性的一步。

早在原始人居住在山洞的時候，人類的宗教思想萌芽即已產生。北京周口店的山頂洞人，一方面過著茹毛飲血、饑寒交迫、朝不保夕的艱難生活，另一方面又開始了豐富的精神幻想。他們在岩洞裡將赭紅色的礦石粉撒在死者的周圍。

紅色代表了血和生命，是火與暖的象徵，撒上這種赭紅色的礦粉，可能給死者以溫暖，企望死者獲得再生──表達了人們最早的靈魂不死之觀念。

印度是世界上四大文明古國之一，迄今已有 6、7 千年的歷史，古老的文化非常發達。印度人最早的思想產生，離不開宗教，當人們面對嚴酷的生活，面對惡劣的自然條件，並不能隨意戰勝它時，只能到宗教中去尋找力量，以此求得心靈的平衡和慰藉，於是他們發展了宗教的思想，這在印度最老的著作「奧義書」中隨處可見。在宗教思想經過人類充分發展之後，漸漸為人們普遍接受，最後成為蘊藏於人們生活中的精神底蘊，同時也變成民族精神的積澱或民族的特性。

印度傳統宗教都以講究修禪為其特點，把禪作為與神交接的一種手段之一，這是人們在經過長久探索之後，找到的一種被認為是最有效的修行解脫方法。

印度處於低緯度的地帶，北部受喜瑪拉雅山的屏障作用，南部瀕臨印度洋，受海洋季風影響等因素的作用，使印度大部分地區氣溫偏高，炎熱期長。在熱季和旱季到來的 5 月份，北印度地區平均氣溫可達攝氏 32 度以上，絕對最高溫度甚至可以達到 42–48 度。而瀕臨海邊受海風影響的南印度地區，5 月的溫度通常也保持在 30 度以上。這種日子在印度大部分地區要持續 3 個月的時間（每年的 3–6 月），直至雨季來臨才結束。所以，如何躲避熾熱的高溫天氣，使身體的體溫盡量保持較低的溫度，或獲取涼快的感覺，是印度人民生活中的

一件有意義而又比較重要的事情，同時也構成了印度民族宗
教文化的一個方面。與這種宗教文化相聯繫，並反映印度民
族文化特點的，就是「禪」或「禪定」。因為「禪定」是以靜
制動，宗教徒通過靜心、集中精神的修持方法，來達到「控
制心思」、「統一感官」，與「神」或「梵」相接或相契合，由
此獲得宗教悟解的功德，體會因「禪定」而帶來的喜悅。這
種喜悅不是內心激動而感到高興，相反，是一種很平靜或很
平和的心態。有了這種心態，就有了一種去除因炎熱而引出
的煩躁不安，於是身體也就產生了一種清涼的感覺。從另一
個角度來講，人們面對的是長期的炎熱天氣，為獲取清涼，
就只能盡量地減少室內外的活動量，所以修持「禪定」，心中
無住無動，也是一種不得已的辦法。

印度石窟見佛陀

佛教創立時，印度社會已經進入了農耕社會，雖然石窟
仍然是一些人的住所。然而這時的石窟不再是社會進化和文
明程度的標誌，而是作為一種宗教修行的活動場所。

既要修禪，必須要有一個好的地點或適合修禪的地方，
於是作為天然的山洞，通常被佛教徒視為最理想的修行場所
之一。這是因為，一來不用花費太多的力氣就能有一個固定
的住處，二來有山洞的地方通常地點比較偏僻，受到干擾較
少，適合於專心修煉。第三就是山洞裡冬暖夏涼，可以滿足
修行者的一般居住要求。既然山洞裡有這麼多的特點，人們

又何樂而不為呢? 於是,人們住進石窟,又在裡面開闢了不同功能的場所,有的地方用來禮佛,有的是專用的禪房,有的是燒火煮東西的地方,有的還在牆上畫畫或在石壁上從事藝術雕刻等活動。

印度的石窟有二種,一種是稱為「毗訶羅」的洞窟,這是僧人們禪定、休息的地方,漢語稱為「僧房」;另一種是「支提」,這是僧人們用於舉行佛事活動的地方,裡面通常設有佛塔、佛像等,漢語稱為「塔廟」。

據說釋迦牟尼圓寂後,他的弟子 500 人在靈鷲山的一個叫七葉窟的地方集合,開會討論釋迦生前所說的教法。這次會議,由佛的十大弟子之一的大迦葉主持,阿難複誦出經藏,優婆離誦出律藏,這是佛教史上最早記錄的佛經結集活動,史稱「第一次結集」。佛經結集地點的七葉窟,實際上是一個天然的山洞,最長處 36.75 公尺,最短處 10.36 公尺,從東到西寬 3.65 公尺。因為窟前生長著一種七葉樹,所以才以樹名命名窟名。七葉樹亦名車帝,所以這個石窟也叫車帝石室。在印度,屬於佛教史上著名的石窟還有以下一些地方:

巴克石窟 (Bagh Cave): 位於中央邦印多爾城 170 公里處,離巴克城 7 公里。原有 9 個窟,現只有 4 個較完整,以第 2 窟保存最好。此窟中間有一個大殿,是僧人們聚會和舉行佛事活動的地方,周圍有 18 間小屋,是僧人們居住的地點。窟內還有 5 尊佛像,過去人們曾把這幾尊佛像當作印度教的般度王來崇拜,故此窟也有人稱為般度窟。巴克石窟的第 4

窟面積最大，總長 220 公尺，中間是大廳，三面有 27 間二室
或三室的小屋。大廳和 10 間小屋裡面都有石柱相連，牆上和
天花板上以及石柱上都畫滿了圖畫，這些壁畫內容豐富，構
思精巧，筆法細膩，有極高的藝術價值，表現了世俗生活和
宗教境界的理想。

　　阿旃陀石窟 (Ajanta Cave)：位於瑪哈拉斯特拉邦，距阿
拉巴德 106 公里。相傳是公元前 2 世紀阿育王時代開鑿，8 世
紀竣工，歷時千餘年。一共有 29 個窟，其中 25 個窟是佛殿，
其餘 4 個窟是僧人住的僧房。第 9 窟為公元 1 世紀建成，年
代較早。窟內壁畫多為小乘佛教的內容，有牧童放牛、六牙
象等故事，結構厚重，筆法古樸。第 16、17 兩窟的壁畫為 4、
5 世紀的作品，用現實主義的手法，表現了佛陀棄家求道的
故事，情節生動，富有人情味，是印度古代藝術高峰的精品。
第 1 窟為 7 世紀大乘佛教的作品，高約 3 公尺的釋迦佛像從
左、中、右三個角度表現了佛祖的快樂、痛苦和冥想的三種
神態，概括了釋迦牟尼一生的坎坷經歷。窟的拱門和六根大
石柱上雕刻的飛天仙女像，體態輕盈，富有動感。四周牆上
畫的 500 羅漢像，神態不一，笑容可掬。窟內還畫有印度國
王和波斯國王的像，是印度與波斯的宗教文化交流真實反映。
第 2 窟也是 7 世紀所建，窟內的壁畫有潔白的錦羅雲、青翠
的羅勒草、展翅的小天使、天真的孩子，描寫生活氣息的味
道最濃厚，是阿旃陀藝術成熟的作品。第 19 窟於 5 世紀修建，
窟門刻有「龍王攜妻圖」，石柱、飛簷、壁龕上有各種雕像，

是佛教鼎盛期的寺廟建築代表作。第 4 窟最大，是以寺廟為其特點的石窟，其中有一根長 28 公尺的大石柱，上面刻滿了佛及其弟子像。第 10 窟是最早開鑿的石窟，面積達 369 平方公尺，長 29.5 公尺，寬 12.5 公尺，有 39 根石柱，現為印度第二大石窟。窟內還畫有 10 幅佛本生故事的壁畫。所謂佛本生，就是指以佛的前世生活為內容的故事，當然這些故事裡面有很多傳說和神化的地方，但是它們始終流傳在佛教徒之間，尤其在民間有著廣泛影響。整個阿旃陀石窟位於一個環形山谷之中，山下是著名的巴哥拉河。佛教僧人要在石窟裡修行，水源是最重要的保證，所以絕大多數的石窟都是建在依山傍河的地方。阿旃陀石窟因為保存完好，又具有較高的藝術價值，被認為是印度宗教藝術的寶庫和東方藝術的明珠，其影響波及整個亞洲地區。1983 年被列入世界文化遺產名錄。

坎赫里石窟 (Kanheri Cave)：位於瑪哈拉斯特拉邦，距孟買城 40 公里處。從 2 世紀到 10 世紀，經歷了 800 年的開鑿時間。坎赫里石窟一共有 109 個窟。第 3 窟是最大的一窟，也是印度第四大石窟，長 26.4 公尺，寬 12 公尺，總面積 317 平方公尺。窟裡有 34 根 15.2 公尺高的石柱，以及一座 5 公尺高的佛塔和一些石龕，上面鎸刻了從公元 180 年開始到 5 世紀時完成的作品。其中既有小乘佛教的內容，也有大乘佛教的內容。在走廊的兩端，聳立近 7 公尺高的佛像，牆上繪有觀音和佛陀像，十分精美。第 10 窟裡有一個大佛殿，是當

時作為會議廳而使用的。在窟的東牆和南牆分別有 12 個大房間，對面入口處有一尊坐佛像，兩邊是菩薩像。會議廳在最裡面，長 23.3 公尺，寬 9.8 公尺，三面有座位圍繞，牆上的壁畫中佛陀端坐於中，施無畏印。第 41 窟有一尊十一面觀音像。第 50 窟有一塊鑲嵌板，表示佛陀的宣法。第 60 窟有一尊雕刻精美的拯救八難觀音像，兩邊是多羅像。第 90 窟也有大量的佛陀像和觀音像。坎赫里石窟縱橫交錯，石梯蜿蜒，是印度唯一一處沒有間斷鑿刻的石窟。全窟的排水系統良好，每個石窟都可以自己解決用水問題，反映了當時印度人高超的科學技術。

三、中國石窟

新疆石窟風韻存

隨著印度佛教向世界各地的傳播，佛教石窟也隨之到了亞洲各國，現在亞洲的一些佛教國家都有自己的石窟，比較著名的有斯里蘭卡當不拉石窟，緬甸的賓達雅洞窟、大聖窟，韓國的石窟庵等，而中國更是一個有名的石窟國土。

中國人以博大的胸懷，對來自異國的宗教文明給予充分的重視，並將其改造後，成為自己的傳統宗教。中國佛教石窟聞名於世界，分布於南北各地，而以北方居多。

中國石窟具有非常豐厚的遺存，分布在大江南北。新疆

克孜爾、庫木吐拉、柏孜克里克、甘肅莫高窟、炳靈寺、陝西延安萬佛洞、山西雲岡、河南龍門、山東濟南千佛山、河北響堂山、四川大足、廣元千佛崖、樂山大佛、浙江杭州西湖石窟、新昌大佛寺、江蘇棲霞山石窟、遼寧義縣萬佛洞、內蒙赤峰石窟、雲南劍川石窟、廣西桂林北山、北京雲居山等地，都是中國乃至世界有名的佛教文化遺址。這些遺址，與世界其他景物相比，也可謂首屈一指。中國石窟與國外石窟不同之處，在於大多數都是依靠人工鑿出的。石窟的形制即如建築，窟中有石刻或泥塑的造像，又布滿了壁畫，將佛教造型藝術的要素集於一體。

　　沿著絲綢之路行進，我們可以看到一座座石窟彷彿是一串串明珠，穿綴在古代的交通商貿線上。新疆是絲綢之路的孔道，在這片中國面積最大的地區，曾經是外來的佛教傳入中國的首要之地。

　　包括今新疆在內的西域地區，原為佛教的第二故鄉。盛行佛教的西域，在很長的歷史時期裡，曾是佛教一統天下。大約在公元前後，印度貴霜王朝信仰佛教，經由貴霜王國到西域主要有二條路線：一是越過蔥嶺，沿著塔克拉瑪干沙漠南緣行進，主要經過新疆的莎車、于闐（今和田）、尼雅（今民豐）、且末、鄯善（今若羌）和樓蘭，然後過玉門關到甘肅的敦煌；另一條是跨過蔥嶺，沿著塔克拉瑪干沙漠北緣前進，經過新疆的疏勒（今喀什）、姑墨（今阿克蘇）、龜茲（今庫車）、焉耆、高昌（今吐魯番）和伊吾（今哈密），到達敦煌。

2 世紀，新疆地區的佛教達到初期繁榮的階段，佛教中心地，南道為于闐、鄯善，多建佛寺；北道為龜茲，多建石窟。

新疆地區的石窟遺存，主要分布於天山南路北道、塔里木盆地北沿一帶。按其地理區域劃分，可分為古龜茲、古焉耆和古高昌三個地區。在這三個地區石窟之間，由西漸東，存在一個由小乘佛教轉向大乘佛教，由龜茲土著風格轉向漢民族風格的漸變過程。龜茲石窟以庫車為中心，是新疆石窟的主體部分，主要有拜城克孜爾石窟、庫車的庫木吐拉石窟、克孜爾尕哈石窟、森木塞姆石窟、瑪札伯哈石窟和蘇巴什石窟等。4 世紀時，龜茲佛教達到盛期，都城中有「塔廟千所」，在東郊建有著名的雀離大佛。龜茲石窟沿襲貴霜王國的習慣，依附於佛寺。新疆開鑿最早、規模最大的拜城克孜爾石窟，即開鑿於 3、4 世紀之際，直至 4 世紀漸趨衰落。

從新疆維吾爾自治區首府烏魯木齊市向南出發，越過天山山脈，進入南疆地區，舉世聞名的克孜爾石窟就位於這一境內。克孜爾石窟是整個新疆地區規模最大、保存最好的一個佛教石窟群，位於拜城縣克孜爾鎮東南 7 公里處。歷史上這裡屬於古龜茲國的屬地，龜茲國又是中國新疆地區最古老的一個國家和三大佛國之一，曾經養育出中國佛教史上的一代宗師鳩摩羅什大師。克孜爾一帶多為堆積而成的黃土山，雖高達百丈，大部分山上卻沒有石頭，即使有石頭的山，都是夾著一層一層鵝卵石的沙石相混的石山，石頭堅硬無比，泥沙鬆散無形，從剖面上可以明顯地看到地殼的摺曲作用，

使這些泥沙石頭相雜的層面被擠壓在一起而改變了平鋪的形狀，變得上下扭曲。可以看出這裡在很多年前曾經是大海的世界，以後因為地形的變化，海底隆起，變成了高山，許多土山無疑就是海底泥沙沉澱的結果。又因為沒有集中降水，山上大部分地區沒有樹木，只有在有泉水滲出的山谷兩邊，還可以看到翠綠的勃勃生機，為滿目的荒涼做了點綴。山下是清澈見底、水綠如青、冰冷浸人的木札提河（亦名木札提河），湍急的河水從上游瀉下，到了這裡經過一個「之」字形急彎，突然變得平緩起來，然後折東而去。河邊是茂密的灌木叢，半人高的蒿草起伏，與黃土山相映，反差極大。石窟就建在河的北岸。所謂石窟，實際上就是在土山上鑿出的一個個山洞，它與印度那種由大自然天賜的洞窟又不一樣。木札提河畔的大山，遠背城邦，人跡罕至，土層厚實，易於開鑿，傍於河邊，適於生存，是理想的禪修場所。

　　克孜爾石窟現已編號的洞窟一共有 269 個，分布在谷西、谷內、谷東和後山四個片區。眾多的石窟分別為中心柱形支提窟、方形支提窟、毗訶羅窟、大像窟和混合窟幾種不同的建築形式。其基本式樣是：在窟中鑿出前室，立一根中心柱，柱兩邊是甬道，通往後室。前室面積很大，後室面積稍小，主要佛事活動在前室舉行。這種樣式來自於印度，但傳到中國以後已經有了一些變化。最明顯的變化是，印度「支提」是紀念和供養佛的地方，在窟裡建有舍利塔。但在中國，石窟通常只是供佛的場所，沒有舍利塔，實際上是一所寺廟、

佛殿、禪堂。在比較小一點石窟的中心柱鑿有佛龕，大一點的石窟中心柱畫有佛像。

今天，對我們來說，克孜爾的 200 多個石窟，最有特色的並不在於它的建築式樣，也不在於它的寺窟功能，而是在於它所擁有的美麗佛畫，至今仍有 80 多個窟裡留下了題記或佛畫。這些佛畫是中國古代西北民族繪畫的精品，它們都是用彩色顏料直接繪在牆上。按內容可以分為本生故事、因緣故事、供養故事、千佛故事、說法圖、天象圖等等。壁畫布局合理，著色鮮豔，筆法多變，線條流暢，形象生動。我們在這裡可以領略漢代藝術的粗獷大度、兩晉藝術的明朗爽快、南北朝藝術的圓潤挺秀、唐宋藝術的向背分明和深遠透空，每道線條，每支筆觸，每塊畫面，每個故事，各種畫風，無不展示了釋迦牟尼佛弟子一步步走向成熟的光輝歷程，也是中國佛教從無到有，從少到多，從簡到繁，從生疏到成熟的真實寫照和歷史縮影。我們面對這些無名而又默默奉獻的民間藝術家創作的偉大作品，體內湧動著引人向上的力量，領受到迎面撲來的春風，更體會到佛教的寬廣襟懷和博大精深。以第 98 窟裡的「降魔圖」為例，釋迦牟尼佛袈裟右袒，右手指地作降魔印，神態安詳地跏趺而坐，金剛座周圍魔王魔兵怪獸刀劍出鞘，躍躍欲試，但在釋迦佛的正氣凜然威懾之下，始終不敢出手，魔將敗倒在地，菩薩諸神歡喜頂禮。整個畫面用褐色作底色，突出了群魔亂舞、刀劍相逼的恐怖氣氛，所有人物都用較淺的顏色勾出特徵，唯有釋迦用深色來描繪，

更加顯示了佛的定力，處事不驚的大智大勇，眾魔只好在佛的威嚴下俯首稱臣，而被降伏。又如在第 38 窟的「鹿王故事圖」裡，一只三足烹器正放在火上，一隻鹿頭已將下鍋，另一隻鹿也被綁住手腳，等待宰割。在穿著錦袍的烹鹿人面前跪著另一隻鹿，牠正在用哀求的神態，請求得到人類的同情和哀憫。這個故事過去就一直在人們中流傳，旨在勸說人們發出慈悲心腸，對萬物要採取寬容的態度。即使在今天，人們面對此景，也不能不發出感慨，環境保護和生態平衡的道理其實早由佛陀講出了，但是我們現在才認識到它的存在對人類生存是有多麼的重要。

　　100 多年前，隱藏在深山的克孜爾石窟被人發現，接踵而來的卻是遭到西方國家一些人的破壞和任意切割，致使許多最好的精品流失國外。可喜的是，現在所剩下的這一部分已經受到了人們的關注和保護，已發現的石窟並沒有繼續坍塌，窟內的壁畫得到了補救，新的石窟也正在被不斷地發現，最近，新疆龜茲石窟研究所在山腳樹立了鳩摩羅什大師的紀念銅像，每年來此瞻觀的中外學者和遊人絡繹不絕。雖然建造克孜爾石窟的人和創作壁畫的藝術家沒有留下任何名字，我們甚至連他們的文字材料也沒能見到，但是克孜爾的風采並沒有隨著歷史的消逝而過去，它依然蘊含了深深的底蘊，展現出強有力的生命力，正像清清的木札提河流水長流不息，給人們帶來永遠的啟示。

　　庫木吐拉石窟位於新疆庫車縣西南約 30 公里的木札提

河流經確爾達格山山口處的東崖間。現存編號石窟共 112 個，是龜茲地區僅次於克孜爾石窟的大型石窟群。石窟開鑿於 5 世紀初，一直到 7 世紀才停止。其早期石窟與克孜爾石窟極為相似，晚期石窟則受中原漢族文化影響較深，在藝術風格上唐風較濃。庫木吐拉石窟是現存的新疆石窟中保存最完好的石窟之一，有的石窟從來就沒有遭到破壞，牆上的壁畫保持完好，色澤如新。20 世紀這裡修建了水庫，清澈的河水與山上的石窟一起組成了美麗如畫的風景，猶如在乾枯少水的沙漠，突然昇到了一處甘泉，那種心境真的無法讓人形容。

森木塞姆石窟，在新疆庫車縣東北約 40 公里處。它是古龜茲東部最大的一處石窟群，現存洞窟 52 個，完整的有 19 窟，始鑿於 4 世紀，終於隋唐時期。該石窟以佛殿窟為主。早期壁畫和塑像呈現龜茲當地風格，以小乘題材為主。後期洞窟的風格受中原地區影響。森木塞姆石窟沒有克孜爾石窟和庫木吐拉石窟那樣宏偉、集中，而是散落在各個山丘之間，窟與窟的距離並不太遠，有丘陵地帶的風景，別有一種趣味。

克孜爾尕哈石窟位於新疆庫車縣城西約 12 公里處。現有編號石窟 46 個，其中窟形較完整的有 38 個，但是保留有壁畫的只有 11 個。它在窟形上的特點是，毗訶羅式石窟較多，有 19 個。不論在石窟的形制上，還是壁畫的風格上，克孜爾尕哈石窟都比較接近克孜爾石窟，較少見到中原文化的影響。尕哈石窟是克孜爾石窟系統中最荒涼的一處，由於它的周圍沒有樹木，甚至連水也不能見到，看上去真是讓人不能思議，

古人在這裡是如何生活的？然而他們的確在這裡開鑿了眾多
的石窟，而且生存下來。

　　古焉耆石窟保存部分不多，主要是 4、5 世紀的七格星石
窟，位於焉耆縣西南約 35 公里處。殘存 12 個石窟，從窟形
及壁畫風格上看，與克孜爾石窟相似。

　　古高昌石窟，主要有吐魯番土峪溝石窟和伯孜克里克石
窟。土峪溝石窟在新疆鄯善縣城西南約 40 公里處。始鑿於 5
世紀，一直延續到回鶻高昌時期（9–14 世紀）。原有洞窟近
百，現僅數窟殘存壁畫，穹廬頂外四隅繪千佛，左、右、後
三壁分上、中、下三層：上層繪千佛；中層繪佛本生故事，
圖上有漢文題記，說明曾受過中原文化的影響。高昌王國曾
經流行過摩尼教，因此有學者認為吐峪溝的石窟有很多是屬
於摩尼教的洞窟。摩尼教是古代波斯（今伊朗）流行的宗教，
以崇拜善與惡、光明與黑暗兩種思想為特點的二元觀宗教，
6 世紀伊斯蘭教創世後，摩尼教逐漸衰滅，不再流傳。

　　柏孜克里克石窟在吐魯番縣城東北約 50 公里處。始鑿於
9 世紀以後，共編號 57 窟，有壁畫 1200 平方公尺。此石窟
結構特殊，一種是就山崖開窟，由土坯壘砌前室；另一種則
完全用土坯砌成，裝飾成石窟樣式。壁畫內容以大立佛為主，
有供養圖、橫幅連環畫式佛經故事畫和經變畫。壁畫上佛像、
僧侶和供養人像旁，大多用漢文和回鶻文雙行並書榜題。它
是古代高昌地區保存最好、內容最豐富的一處石窟。柏孜克
里克石窟處在一個山谷裡，山腳下流淌著溪水，灌木叢生。

高昌佛塔

在它的旁邊，有一座全是紅褐色岩沙的土山，在強烈的陽光
照射下，紅沙反射出烘人的炙熱，耀眼灼人，這就是《西遊
記》裡面提到的火焰山。如今在山下，人們樹立了一組唐僧
取經的雕像，凡是到吐魯番的遊人，都要來此一遊，親自體
會一下唐僧師徒前往西天取經的艱辛。

河西石窟影響大

　　中國佛教是伴隨著絲綢之路的商貿活動而傳入的，佛教
在新疆地區傳播曾有 1000 多年的歷史，還流傳諸如摩尼教、
景教、祆教等宗教派別。但不可否認的是，佛教始終占據絕
對優勢地位。直至 10 世紀末、11 世紀初，中亞回鶻黑汗王

朝人侵喀什噶爾，伊斯蘭教開始傳入新疆，逐步征服新疆各地，佛教遭受沉重打擊，但佛教遺跡還是保存了不少。從這些遺跡，我們可以想像出當年佛教在這片廣大土地上流傳的盛況，香煙裊裊，祈禱聲不絕，僧人們屏息專注地坐在石窟內的佛像面前，⋯⋯。

　　大西北的戈壁灘是有名的。當你坐火車行經在這片廣袤的大地，給你帶來的是一個驚奇！你會發現你身邊一望無邊，腳下全是卵石和塵土，白天夜晚伴隨你的是沉寂。清早，湛藍的天空烈日當照；傍晚，落日餘暉將整個天邊染得通紅，戈壁灘在月光下泛出青色的冷光，然而就在這寸草不生的戈壁灘上，佛教依靠雪山流淌的雪水，頑強地紮下根來。雪水澆灌了肉體的生命之花，佛教孕育了精神的魂靈。

　　在河西走廊的眾多石窟中，涼州石窟非常重要，這是因為其年代既早，影響最廣。5 世紀是中國戰亂頻仍、兵戈相見的大動亂時期，偏於一隅的北涼 (401–439) 統治者沮渠蒙遜痛感世事無常，於是把他的信仰寄託在佛教的身上。他提出寺塔不夠堅固，宮室金寶恐遭火焚盜毀，只有在山崖岩石雕像造窟，才可保持永久「終天」的思想。這是在石窟的建造史上，是最早而且意識明確的思想。在這個思想的指導下，他開鑿了天梯山石窟。涼州，指今甘肅的中部和西部地區。從公元初漢平帝（公元前 9 年－公元 5 年）時開始，這裡就是中原文化的傳播地。佛教在這裡紮根以後，又成為佛學的重鎮。歷史上許多高僧，都在此譯經講學，特別是在 5 世紀

時，涼州已經成為中國北方地區的譯經中心之一。佛教徒在此開鑿的石窟，窟有窟式，像有像形，它是融會了于闐和龜茲佛教文化後再產生的一種新型的地方佛教文化，學者稱它為「涼州模式」，這種模式不僅體現在佛教石窟及其造像藝術上，而且在譯經等方面也表現得非常明顯，對後出的佛教高潮可以說有導開先路的作用。

沿河西走廊還有包括金塔寺石窟的馬蹄寺石窟群，以及昌馬石窟和文殊山石窟，它們均開鑿在綿延千里的祁連山中，位於張掖、玉門和酒泉地區。這些窟中精華所在也是中心塔柱窟，以及大像窟，主要造像有釋迦、交腳彌勒和佛裝彌勒。壁畫有千佛，也有說法圖、西方三聖和供養人。飛天形體較大。造型因素中汲收了新疆龜茲、于闐的佛教文化，對河西與中原的重要大石窟產生過深深的影響。

位於絲綢之路上的敦煌、雲岡和龍門是中國最重要的石窟，它們的影響巨大而深遠。

站在茫茫戈壁，腳下流動著滾滾黃沙，眺望無邊無際的遠方，突然你會看到沙漠當中的一叢綠色，挺拔的楊樹林，清澈的月牙泉，與滿目黃沙形成了強烈的對比。生命在這裡更能顯出它的存在價值和可貴之處，佛教徒就在這裡開鑿了舉世聞名的敦煌石窟。

敦煌位於河西走廊最西端，是扼據古代絲綢之路的咽喉門戶，自古即是東西往還、中外交流的必經之路。敦煌是河西走廊的重鎮，歷來為兵家爭奪之地。古書《西域圖記序》

說：「發自敦煌，至於西海，凡為三道，各有襟帶。……總湊敦煌，是其咽喉之地。」敦煌的佛教也像它的地理位置一樣重要，要談中國佛教，不談敦煌的佛教似乎是不可能的，它是中國佛教發展史上的一個重要鏈環，緊扣著佛教的發展，我們甚至可以這樣說，如果沒有敦煌的佛教，中國佛教就不會有那樣龐大的氣勢，也不會發出熠熠的光輝。所以當我們談到敦煌時，首先就想到的是敦煌壯觀的石窟，想到的是敦煌奪人眼目，令人怦然心動、嚮往的各種壁畫藝術。

　　敦煌石窟由東千佛洞、西千佛洞和榆林窟等洞窟組成。但我們一般所說的敦煌主要是指莫高窟。莫高窟位於敦煌東南 25 公里處，創鑿於前秦建元二年 (366)，後經北魏、西魏、北周、隋、唐、五代、宋、西夏、元諸代相繼鑿建，現存洞窟 492 個、壁畫 45 萬多平方公尺、彩塑 2400 餘軀，內容豐富，歷史悠久，位居中國石窟之冠，也是世界聞名的藝術寶庫。

　　根據莫高窟洞窟形制、塑像和壁畫的題材及其藝術風格的特點，莫高窟可分為北朝、隋唐、五代、宋、西夏、元等幾個大的發展時期。從洞窟形制看，主要有兩類：一是具長方形前後室的中心柱窟，一是方形平面、後壁開一龕的覆頂窟。早期的中心柱窟，與新疆庫車、拜城間的克孜爾、庫木吐拉千佛洞的中心柱窟形制相當接近，應當是從印度「支提窟」的形式演變而來的，但敦煌這種支提式窟，已把舍利塔改成一根直通窟頂的方柱；塔後留作迴旋禮拜的空間，也改

成了長方形或方形，這樣，原來馬蹄形的窟，就變成長方形的窟了，這是適合中國民族建築習慣的。方形平面、後壁開一覆龕的頂形窟，與印度「毗訶羅」窟有關係，但是中國式的毗訶羅窟，大部分並不用於作打坐修禪，把四周僧侶居住的小窟，改成一座座佛龕，住在裡面的不是活人，而是泥塑的菩薩。覆頂窟也稱為「覆斗頂窟」，正壁大多開一大龕，供養主尊，這種石窟出現於北魏末、西魏初，一直沿用到元代，只是在龕的形制和位置上略有變化。

　　清光緒二十六年 (1900) 在莫高窟發現了「藏經洞」，出土歷代寫經、文書和文物 5、6 萬餘號。這一舉世矚目的重大發現，把對敦煌的研究推向了世界，促使世界產生了敦煌學。一座小小的洞窟，發現了舉世矚目的眾多文物，這在世界也是少見。20 世紀中葉在西亞死海邊的洞窟裡發現了一批寫在羊皮上的古代猶太教經文，西方學者驚呼這是世界文明史上的一次重大發現，因為它對西方基督教文明的研究的確有著重大的價值，然而，莫高窟經卷的發現，其價值絕不在死海古卷之下，只要看看至今出版的那麼多研究著作，就能知道它對研究中國文化、中外關係史、亞洲的佛教，乃至古代東方的基督教（亦稱景教），有多麼大的重要性了。如今已經形成了一種叫做「敦煌學」的專門學問，藏經洞的文物引起了世界這麼多人的關注，這是我們前哲所未料到的。敦煌是中國人民的驕傲，也是世界文化的寶貴財富！

中原石窟氣魄宏

　　雲岡石窟的最初開鑿者是曇曜。曇曜從小出家，信佛堅
貞，志勵修行，風範有儀，曾在涼州沮渠政權下生活過。《高
僧傳》卷十一說：「時有沙門曇曜，亦以禪業見稱，偽太傅張
潭伏膺師禮。」我們知道，涼州的佛教的特點之一是開鑿了石
窟，影響了後來佛教造像開窟的活動。曇曜到雲岡主持建造
石窟的活動，是在北魏和平年間 (460–465)，當時北魏佛教曾
被太武帝的滅佛活動搞得大傷元氣，他感歎佛教凋凌，欣喜
今日始得重興，於是一方面聚集僧眾，組織譯經，另一方面
又開鑿佛龕，建立佛寺。《續高僧傳》卷一記載，他「去恆安
西北三十里武周山北面石崖，就而鎪之，建立佛寺，名曰『靈
岩』。龕之大者，舉高二十餘丈，可受三千許人。面別鎪像，
窮諸巧麗；龕別異狀，駭動人神。櫛比相連，三十餘里。東
頭僧寺，恆供千人……。」雲岡石窟的重要性還在於它是中國
歷史上第一座官方鑿刻的石窟。中國官方的史書最早記載宗
教的《魏書·釋老志》說：「曇曜白帝，於京城西武州山塞鑿
山石壁，開窟五所。鎪建佛像各一，高者七十尺，次六十尺，
雕飾奇偉，冠於一世。」現在編號為第 16 至第 20 窟，稱為曇
曜五窟，為雲岡石窟最有特色和代表性的窟室。尤其是第 20
窟露天大佛，是雲岡石窟的象徵。曇曜五窟的窟形，是馬蹄
形平面，穹窿頂、內部鑿以巨大的佛像。人們一旦走進窟中，
會感到佛的高大和自身的渺小，給人極為強烈的震撼。

　　曇曜五窟以後諸窟，就更多地體現了中國化的特色。窟形組合上出現了許多雙窟，窟門也雕成四柱三間，門楣屋形。窟內多為方形，有前後室，也有中心柱的形制。窟內壁畫琳琅滿目，布列左右分段，上下重層的龕像、龕形也受富於中國特色的屋形龕影響。造像顯出意境豐富、清秀雍容、雕飾奇麗的新風格。特別值得注意的是北魏太和十三年（489）前後，佛像出現了褒衣博帶樣式的漢式服裝。雲岡石窟的出現，開始中國石窟營造活動的又一個中心，其影響波及河北、東北、山東、江蘇等地。

　　洛水之濱的洛陽，是六朝古都，它不僅是中國佛教的源頭，而且還是中國佛教石窟史上最輝煌的時期！

　　居住在漠北草原的鮮卑族拓跋氏以開放的心態接受了佛教，入主中原以後，在這裏開鑿了舉世聞名的龍門石窟。

　　龍門石窟石質非常堅硬，開鑿不易。北魏洞窟中最早的是古陽洞。更有代表性的是賓陽洞。《魏書·釋老志》記載，景明初年，為高祖、文昭皇太后營石窟二所。永平年中，為世宗復造石窟一，凡為三所。……「從景明元年至正光四年六月已前，用工八十萬二千三百六十六。」賓陽洞是賓陽南、北、中三座洞窟的統稱，賓陽三洞中北魏完成的僅有賓陽中洞。北魏時龍門重要窟室還有蓮花洞、火燒洞、魏字洞、普泰洞和皇甫公窟等等，窟中多有精美秀骨清相式佛像。

　　唐代洛陽被朝廷定為東都後，皇帝太子、皇后六宮都到此遊幸，這對龍門石窟的建造活動，無疑產生了重要影響。

龍門石窟有百分之六十的石窟雕造於唐代,著名的賓陽南洞、賓陽北洞、奉先寺洞、萬佛洞、極南洞等都是唐代佛教石窟的經典之作。作為官方營造洞窟的事業,龍門石窟的影響流布到中原北方的鞏縣石窟寺、天龍山石窟、響堂山石窟等地,成為這一時期石窟的主流,它的影響還達於河西與西域等地區。

　　河北邯鄲是古代戰國時期趙國的首都,在這片土地上的響堂山也開鑿了北朝晚期的重要石窟。響堂山石窟共分南北兩部分。它的重要性並不是石窟的本身,而是響堂山石窟的刻經在中國石窟中有著長久的影響。佛教傳入中國數百年後,到了北朝,曾經發生了北魏太武帝、後周武帝的二次滅佛活動,佛教受到了傳入中國之後前所未有的打擊,寺廟被拆除,經像被焚毀,於是佛教徒對「末法」(指佛法將滅)之世的憂慮而採取了另一種應對措施,這就是把佛經鐫刻在石上,以圖水淹不濾,火燒不焚。這種刻經的活動對以後河南安陽靈泉寺石窟等處,特別是四川安岳臥佛院和北京房山雲居寺石經發生過深刻影響,這些地方隨後也刻出了數量驚人的石經。

　　現在保存完好的石經有泰山經石峪的《金剛經》石刻,它與刻在那裡的石刻儒家十三經可以相媲美。但是有影響的還是北京房山雲居寺的石刻佛經。沿著現代化的京石高速公路向北駛去,約一個小時,就可以到達雲居山下。順著蜿蜒的上山小路,越過半山看山人住的孤零零的房舍,你就可以來到珍藏石經的藏經洞前。藏經洞位於一座凸起的巨大岩石

下面，從門口的小窗往裡看，經板整齊地堆放。掛著沉重鐵鎖的大門開啟，陽光透過小窗照射進來，牆上嵌入的石經，歷歷在目，它們歷經隋、唐、宋、元、明、清各個朝代，共

雲居寺藏經洞

刻經 1000 餘種，3000 餘卷。刻成之後它們就馬上被全部封閉在洞窟裡，實現了佛教「永留石寶，劫火不焚」的願望。房山石經由於刻經時間長，經卷多，成為當今世界文化史上最壯觀的一幕。2000 年，房山石經又被重新掩埋回窟，據說這樣做是為了更好地保護文物。當然，現在的回埋，已與古代的做法完全不同。它是在現代科技的利用下，所有的石經被放在恆溫的洞窟裡，我們仍然可以通過特製的玻璃窗，欣賞古人的偉大傑作。

河南安陽是古代中華文化的誕生地之一，我們的祖先殷

人在這裡建立了商朝，創立了中華文明史上著名的甲骨文。
古人觀天象，決占卜，應人事的活動，使歷史開始進入了文
字的時代,對後出的中國文化產生的重要影響是不言而喻的!

　　但是，就在這塊古老的文化沃土，同樣也不能不受到西
來佛教文化的浸潤。安陽靈泉寺，原名寶山寺，由高僧靈裕
所創建。北齊東安王婁叡是寶山寺施主，傾散金貝，寺院香
火盛極一時。靈泉寺周圍有石窟，最著名的是大留聖窟和大
住聖窟。大留聖窟門口有數條題記。據「東魏武定四年……
（道）憑法師造」❸的題記得知，道憑是少林寺的僧人，曾
經是北齊僧統慧光法師的弟子，以修行得道而留名於世。可
知此窟原是高僧道憑修禪所在的「道憑石堂」。大住聖窟門口
有「那羅延神王」和「迦毗羅神王」，形如漢族武將，威猛神
武，說明外來的佛教神祇已被漢化。這裡保存的三階教資料
非常重要。三階教是隋代佛教出現的一個派別，創始人信行
將佛教從時間的「時」上劃分為三個階段：佛在世時是第一
階，佛滅 1500 年內是第二階，佛滅 1500 年後是第三階。又
從世界組成的「處」劃分為：一乘世界是佛教的最好世界，
也名蓮花藏世界，是第一階處。第二、第三階處是三乘世界，
也名五濁世界、娑婆世界、盲暗世界、三界火宅，又名三乘
眾生十惡世界。從根機的「位」劃分為：第一階位是聖賢菩
薩階位，第二階位是根機不定，可成大乘人，也可成不是大

---

❸　轉引溫玉成著，《中國石窟與文化藝術》，第 35 頁，上海人民
　　美術出版社，1993 年。

乘人的不定階位，第三階位是偏執於空，或偏執於有的邪解邪行的階位。信行認為，佛教已經進入了末法期的時代，唯他自己是一乘菩薩，第二、三階位的人，當信當行當學「普真普正佛法」的三階教法，即可獲得解脫。安陽還有小南海石窟。北齊天保元年 (550) 由靈山寺方法師等人創建。天保六年 (555) 又由著名高僧、國師大德僧稠重營修成。僧稠在重修小南海石窟時，把自己也放在供養人中間，刻下了自己的石像。如今這座石像仍然保存下來，安然無損，十分珍貴。

南方石窟多精美

從魏晉南北朝到隋代，中國佛教的特點可用「南方重義理，北方重實踐」來概括。這就不難解釋為什麼當時有名的石窟大都在中國北方地區，處在北方黃河流域的絲綢之路一線。雖然這時在南方長江流域也有一些著名石窟，如江蘇的孔望山、南京的棲霞山等，但這些石窟無論從規模到內容，都是不能與北方石窟相比的。

中原北方地區的石窟造像，至唐玄宗開元、天寶年間達於極盛。此後迭經「安史之亂」和唐武宗會昌五年 (845) 廢佛事件的打擊，從此一蹶不振，漸入衰境。中、晚唐以後，南方西蜀和南唐地區，社會秩序相對穩定，經濟比較繁榮，大批文人墨客避難南下，因而形成寺院經濟發達，鑿窟造像事業昌盛的局面。大足石刻正是興起於這一北方石窟重心南移之際，成為研究中國晚期佛教石窟藝術的重要代表。亦是中

國晚期石窟藝術中的燦爛明珠。

　　四川石窟密宗獨盛淵源有自。唐代密宗大師不空的門下弟子「六哲」之一的惠果大師再傳弟子是劍南惟上。劍南屬於四川。此後四川密教出現了兩位祖師式的人物——晚唐五代的柳本尊和南宋的趙智鳳。他們有「唐瑜伽部主、總持王」和「六代祖師傳密印」的稱號，從晚唐到宋代數百年間，弘傳金剛界五部密法，留下不少遺跡。四川安岳毗盧洞、大足寶頂大小佛灣都是他們的道場。安岳毗盧洞約南宋時鑿，主尊雕毗盧遮那佛。窟內主要表現柳本尊的「十劫行化十煉圖」。

大足石刻

　　大足石刻方圓幾百餘里，分布70餘處，石窟主要分布在北山和寶頂，起於晚唐，盛於兩宋。大足寶頂大佛灣狀若馬蹄形，全長約 500 公尺。岩高 15 至 30 公尺。寶頂是大型佛教密宗道場。而此時，中原漢地的密宗已經走向衰滅。

　　北山造像，起始於唐末靖南軍節度使韋君靖。唐昭宗景福元年 (892) 韋君靖於大足北山築城牆、建敵樓、貯糧屯兵，

構築「永昌寨」並開窟造佛像。自此以後，經五代、北宋至南宋紹興年間，陸續營造，達 250 餘年。北山造像主要集中於佛灣，其餘則散布於營盤坡、北塔、觀音坡、佛耳岩等處。佛灣共編號 290 龕，都是中小窟龕。另有彌陀、藥師、禪宗造像、碑刻、塔龕，此外還有不少殘龕。

大足寶頂山又名香山。南宋僧人趙智鳳於淳熙六年至淳祐九年 (1179–1249) 的 70 年間，在這裡主持營造了寶頂山摩崖造像。大佛灣主要用於鐫刻佛教造像。

與此同時，雲南的大理國在劍川開鑿了著名的石鐘山石窟（又名劍川石窟）。這是白族佛教徒的傑作。雲南高原群山峻嶺，逶迤起伏，大理三塔高聳，洱海水清如許。石窟在山巒之間依地形而建，是大理國鼎盛時期的產物。在五百里滇池周圍，安寧法華寺石窟最具特色，粗獷豪放，宏大酣暢，與細膩精鑿、小巧繁複的石鐘山石窟迥然有異。

劍川石窟，位於雲南劍川縣石鐘山。石窟群依山開鑿，包括石鐘寺區 8 窟、獅子關區 3 窟和沙登村 5 窟，總計 16 窟，開鑿於南詔、大理時期，相當於內地晚唐至兩宋時，是一處以白族等少數民族佛教徒為主體開鑿的石窟。

劍川石窟開鑿於晚唐至宋代，此時正為四川石窟的盛期。劍川石窟造像的題材和造型與四川石窟多有相同之處，而四川石窟受到唐兩京地區密宗的影響較多，這就為探討雲南的密宗造像提供了重要線索。

魚米之鄉的江浙一帶也是佛教流行的重要地區，這裡開

鑿石窟的事業早在東晉時就已開始。東晉永和 (345–356) 初，
高僧曇光來到天臺山延脈的剡山，看到這裡群峰連嶂，幽谷
奇深，陡壁兀立，遂搭起茅篷，百年後這裡已成千佛窟規模。

　　元代，藏傳佛教傳入內地，受此影響，一些帶有藏式風
格的石窟在內地出現。人間天堂杭州西子湖畔武林山，有一
處叫做飛來峰的「東南異境」。從唐代起就有人在這裡鑿刻佛
像，到了元代因江南釋教總統楊璉真伽為報答朝廷恩寵，在
這裡開窟造像，使飛來峰成為江南藏式石窟最集中的地方。

　　內蒙古巴林左旗林東鎮是遼代石窟最多的一處。這裡曾
是遼朝故城，開鑿了 100 多個石窟。

　　元以後，中國佛教發展的高潮已經結束，大規模營造石
窟的現象不再發生，但個別的、小範圍的活動仍然時有發生。
只不過這些活動不發生太大的影響，已不能和以前盛大氣勢
相提並論了。

　　西藏的石窟摩崖較為少見。在拉薩市的附近有曲布桑摩
崖石刻和藥王山查拉路甫石窟。在西藏與錫金交界的崗巴縣
有昌龍石窟，共 5 窟，其中仍有一窟存有造像。近年在阿里
高原發現的皮央——東嘎石窟更是西藏佛教藝術考古的重大
發現，窟群規模較大，共有窟室近千個。部分洞窟中有保存
完好的珍貴壁畫。畫面有曼荼羅壇城，還有佛傳故事和千佛
等題材。與石窟共存的還有前堂後塔的塔寺和靈塔群等重要
遺跡。出土文物中有以金汁、銀汁和礦石所寫的佛典經卷，
堪稱藏族佛教藝術的瑰寶。

四、石窟造像

印度造像震懾強

石窟開鑿總是與造像活動聯繫在一起的，佛教史上很少有只開窟不造像的情況。開鑿石窟就是為了舉辦宗教活動，為了修行和向佛表達敬意。歷代佛教徒在開鑿石窟時，也雕刻了大量的佛像。佛教造像活動成為佛教文化的一個重要的組成部分，所以佛教也稱為「像教」。

最早的印度佛教徒表達對佛的紀念是不雕刻人像，而是用佛足、法輪、佛座等雕刻來象徵性地表示佛的存在。這些藝術形象已經達到了相當的水平。公元前 3 世紀，印度山奇大塔的浮雕，威武莊嚴，富有動感，有強撼的震懾力。現珍藏在鹿野苑博物館的浮雕獅子座就是這一時期的代表作。

大概在公元 1 世紀左右，恆河地區已經出現了佛和菩薩像，由於它們在創作技法上汲取了古希臘的雕塑藝術，因此在造型上具有厚重、寫實的感覺，鐫刻的佛像眉深鼻高，飾物簡單，線條突出。著名的佛像是現位於阿富汗的巴米羊大佛。中國高僧唐玄奘也曾專程前去謁拜。他在遊記《大唐西域記》裡寫道:「王城東北山阿立有佛石像, 高四百五十餘尺, 金色晃耀, 寶飾煥爛。城東有伽藍。此先王之所建也。……城東二三里伽藍中有佛入涅槃臥像, 長千餘尺。」「城東伽藍

有石立佛像，高百餘尺。臥佛像長千餘尺，莊嚴微妙。」這座
著藍色裂裟的 38 公尺高的巨佛，在陽光下，「金色晃耀，寶
飾煥爛」，經千餘年的風霜沖洗，仍然不減當年的魅力。巴米
羊佛教石窟藝術曾受到印度貴霜王朝和波斯薩珊、東羅馬拜
占庭藝術等風格的影響，對中國敦煌、龍門、雲岡等地石窟
的大佛也有間接或直接的聯繫。可惜的是，2001 年巴米羊大
佛在塔利班的炮彈下，徹底毀滅。為了制止塔利班的毀佛，
整個世界都動起來了，發起了一場救佛運動，但是最終還是
失敗了，佛像是無法復原的，毀掉古老的佛像，就是毀掉了
一個時代的文明，其損失是無法挽回的。世界又少了一個「文
明之最」！多少人為之惋惜，為之憤怒。

　　4 世紀中葉至 7 世紀中葉，是印度佛像藝術的成熟期，
佛像在造型上具有輕縹的感覺，秀美又不失誇張，但在局部
的處理上更加注重細節，飾物背景刻畫複雜，手法細膩，線
條流暢，極富動感，更加重視神擬的效果，從形式到內容體
現了美學的高度統一。在阿旃陀石窟裡，我們可以看到一座
這樣的雕像，從左面看，佛陀是一快樂的尊容；從中間看，
他充滿了痛苦；從右面看，他正在沉思。這幾種神態，巧妙
地把佛祖一生的坎坎坷坷全部勾畫出來，令人感動！

中國北方造像多

　　印度佛教造像藝術傳入中國以後，經歷了中國化、民族
化的過程。古印度的佛陀、菩薩形象，逐漸演化成了中國人

喜聞樂見的面貌。佛像的中國化，是經過許多的藝術家辛勤
勞作，歷時數百年的時間才完成的。

　　大同石窟曇曜五窟的主要造像題材是三世佛，即過去、
現在、未來三世之佛，也有主尊雕出交腳彌勒菩薩像。北魏
的佛教具有強烈的皇權色彩，僧人領袖法果曾將皇帝比作佛
陀，認為「現在皇帝即是當今如來」，其鑄佛造像也有將帝王
比同於佛陀的傳統。因而，曇曜五窟很可能也是比附於北魏
太武帝以下的五位皇帝而造的。其中第 19 窟最大，主佛高達
16.8 公尺，應代表開國皇帝拓跋，第 17 窟的交腳彌勒菩薩像，
很可能是代表未即位就死去的景穆帝。

　　曇曜五窟佛像的造型，具有古印度犍陀羅藝術的特點，
肩寬身厚，體魄雄健和鼻直目廣，也有印度馬圖拉藝術的裝
飾圖紋等特色，更由於佛像是在中國大地上刻成，融進了涼
州、中原等地的技藝和造型，是中西佛教藝術融會貫通的成
就和結果。

　　敦煌是世界知名的佛教藝術寶庫。這座寶庫不僅以豐富
的壁畫聞名於世，它的雕塑也同樣有自己的特色。這裡有
3000 餘身優美的彩色塑像，從佛祖釋迦牟尼到飛天、魔鬼，
應有盡有，神魔雜居，凡聖混住，此種異景人間哪裡尋找？

　　敦煌地屬沙礫岩，鬆軟易碎，不宜雕刻，因此它發展了
絢麗多彩的塑像和壁畫。塑像多是以泥土和麻布做成的夾紵
造像，再塗上鮮豔的色彩。莫高窟保存完整的塑像 1400 多尊，
殘缺的 70 多尊，經後代修補的 720 餘尊。其中大的有 15 公

尺，小的僅 2 公分，雖經千餘年，至今仍泥堅如石，色澤豔麗。現存最早的塑像是北魏時期的作品，風格與印度的造像藝術相似，通體高大，鼻凸高額，眉眼細長，髮髻呈螺旋狀，長袍袈裟，有飄逸之感。後來發展為面相清癯瘦削，面帶微笑，有一種既可畏又可親的森嚴之感。塑像加彩方式與壁畫一樣，常見的有白、土紅、石綠等色。塑像貼於壁面，有浮雕效果。到了隋代，瘦削清癯的塑像轉向雍容渾厚，佛像面容豐滿，耳垂增大，手足肌體豐腴可愛。彩繪日趨細膩精巧，衣著表現追求華麗，衣褶線紋清晰柔和。那些袒露胸臂的女性、寧靜、秀美，象徵著善良、美麗、智慧和尊嚴。袒露部分雖很少，但菩薩冰肌玉膚的細膩潤澤卻躍然欲現；力士則肌肉凸起，青筋暴露，動作剛健，面容可畏，體現出習武者的剛毅和力量。塑像的服飾襞紋流利的如同繪畫的線描，絲綢的質感薄於輕紗。塗彩和壁畫渾然一體，使整個造像栩栩如生。

莫高窟第 45 窟的佛大弟子迦葉塑像，長臉濃眉，眼瞼下垂，正在深索沉思，這是一位得道智慧青年的高僧形象。第 419 窟的迦葉則是一位皺紋滿面，眼凹神退的老態龍鍾形象，與前面那個充滿朝氣、富有生命力的年輕人相比，迥然不同。但是從老者的形態上，不難看出，經歷過一生坎坷。但那位充滿智慧，富有人生閱歷的老人，心情已經達到了大徹大悟的境界了，能隨心所運，這又是一種成熟美。

第 45 窟的菩薩像眉目清秀，肌膚潔白，體態輕盈，嫵媚

端莊，儀如嫻雅貴婦。第 96 窟的彌勒大佛，高 33 公尺，神情嚴肅，凝望世人，是中國現存最大的泥塑佛像。

　　佛像中國化的完成，在龍門石窟北魏時期的造像上得到了完整的體現。北魏造像的典型特徵，可以用「秀骨清相，褒衣博帶」這八個字來概括。

　　「秀骨清相」是指形貌清瘦，神氣清爽。「褒衣博帶」是指衣袍寬大，冠帶峨博。它最初是指南朝的士人與宮廷中喜好和推崇的衣飾服裝與形貌神情。人們把它用來作畫，後來在佛像的雕造中也流行起來。

　　秦嶺是中國南北氣候的分界線。這片山脈，逶迤起伏，山青水秀，瀑布飛下，風景獨特。假若你有幸坐火車經過寶成線或隴海線時，尤其能夠感受到這一點。特別是你要是從西北關外到內地，已經看夠了戈壁的荒涼，進入秦嶺地段，一覺醒來，映入眼簾的是一片翠綠，那是一種何等的驚奇，何等的愜意！

　　就在這個叢山峻嶺之中，同樣有一個舉世聞名的麥積山石窟。麥積山石窟在千仞峭壁之中，凌空飛架的棧道，從山腳到山腰密密麻麻的洞窟，構成了獨特的風景線。

　　麥積山石窟是「東方雕塑博物館」。從後秦到明清 1500 餘年時間，一共雕塑了各種造像 7200 餘尊。這裡保存的很多佛、菩薩像都是身材修長，面目清秀，是典型的「秀骨清相」。在第 100 窟和 115 窟裡的二位菩薩，貼壁而立，衣裙輕紗，緊貼胴體，似乎能把胴體望透。技藝高超的藝人，尤其注意

在裝飾上下功夫，把衣帶設計成繚繞飛揚，裙帶褶紋細密，飄飄升起，輕盈欲升的飄逸美感，瘦而不腴，姣而不俗，豔而不媚，靜中有動，是麥積山佛教藝術的特點。這種特點，我們還可以在第74窟、78窟、100窟、115窟、121窟、123窟各窟裡隨意見到。

麥積山雕刻

北魏孝文帝親政以後，極力推行漢化政策，努力學習南朝的先進華夏文化。他將首都從山西平城遷到先進文化的古都洛陽，又規定穿漢服、改漢制，用漢姓的措施，這些都在他開始營建的龍門石窟的佛像裡烙下了鮮明的印象，也使北魏佛教造像的世俗化程度比後代更高。在這些造像裡，雖然充滿了鄉土氣息，一副世俗人的打扮，但是它們仍然充滿了強烈的宗教精神。那種超凡脫俗的境界，那種神秘的微笑，就是在以後朝代裡也難以企及。

龍門賓陽中洞外立面構圖精美嚴謹。窟門上方為尖拱火焰紋，拱梁如龍身，門柱上刻希臘式柱頭。窟內主尊釋迦牟尼佛結跏趺坐，旁侍二弟子二菩薩。佛髮為波浪紋，面部長方，鼻直口小微笑。佛身內著僧祇支，胸前繫帶；外著褒衣博帶式大衣，

雙領下垂。衣紋平行而密集，衣裙垂覆於臺座之前。束腰方座兩側為雙獅。左右壁上，各雕一身立佛並二脇侍菩薩。全窟主像是過去、現在、未來三世佛。穹窿窟頂浮雕狀如寶蓋。窟門內兩壁分四層鑴刻精美的浮雕。上層為「維摩、文殊對坐說法圖」。二層為「佛本生故事」中的「薩埵太子捨身飼虎圖」和「須達拏太子施捨圖」。三層為著名的「帝后禮佛圖」。左為孝文帝及群臣禮佛，右為文昭皇后及妃嬪禮佛。四層較低，刻有十神王像。這精美絕倫的歷史長卷式浮雕已在 30 年代被盜走。現分藏於美國堪那斯納爾遜博物館和紐約藝術博物館。

　　到唐代武周時期，龍門石窟又雕出了足以體現盛唐氣象的奉先寺盧舍那大佛像，至今雖然略有損毀，仍不失為一代巨製。

　　「盧舍那」是光明普照的意思。盧舍那佛是佛教三身佛中的報身佛，意思是信徒在未來世中得報身為佛。唐高宗發願鑿刻這尊高 17.4 公尺的大佛，本意是追悼死去的父王唐太宗，但是這尊高大的佛像刻造的太成功了，以致人們忘記了他的真正目的，對這尊像的本身給予了中國佛教藝術史上最高的評價。古人云:「相好希有，容顏無匹。大悲，如日如月。瞻容垢盡，大慈祈誠願畢。正教東流，七百餘載。佛龕功德，唯此為最。」❹今人則認為他是「中國佛像最典範的作品，而且是人類藝術寶庫最閃光奪目的瑰寶之一」❺。

---

❹　洛陽奉先寺，《河洛上都龍門山之陽大盧舍那像龕記》。

　　盧舍那佛倚山端坐蓮臺上，頭高 4 公尺，耳長 1.9 公尺，大佛面相圓滿，頭頂高髻，波狀髮紋，頭後有環光、火紋，象徵著光明遍照。雙眉彎如新月，一雙眼睛凝視前方，目光溫柔。高直的鼻梁，雙唇微啟，欲吐珠璣，面帶微笑，圓融安祥，和諧自在。大佛身著通肩式袈裟，衣褶疊起，簡樸無華。面對開闊的天空，佛像與山體連成一體，更顯出空靈的氣勢。雄壯的軀體與山河大地融在一起，更凸顯大自然的無窮魅力。大佛身邊是阿難和迦葉二位大弟子，他們充滿關懷和悲憫，將大佛的至尊地位捧到極致。人們面對此景，感到可親可敬，「大慈大悲，如日如月」的尊崇之心油然生起。旁邊窟裡的文殊、普賢二位脅侍菩薩和金剛力士一起，襯出了盧舍那佛的莊嚴偉大。特別是幾位金剛力士身上肌肉隆起，面部猙獰，神態恐怖，是力量的象徵。這種威懾力，自古至今曾經鎮懾了多少惡人。

中國南方造像精

　　四川大足石窟是中國現在保存最好的一處。這裡的佛像全為石刻，因此大足享有「石刻之鄉」譽名，它表現了唐末五代以後集大成的完全中國化的佛教藝術。

　　大足寶頂山石刻造像為統一規劃，精心安排，內容十分豐富，氣勢非常宏偉，藝術價值極高。11 窟釋迦涅槃聖跡像

---

❺　胡光凡、趙志凡著，《中國佛像巡禮》，第 163 頁，湖南出版社，1996 年。

表現了佛祖釋迦臨終前的安詳入滅的神情。這位已經得道的大徹大悟的釋迦牟尼佛坦然對待生死，在生命入滅之前沒有任何痛苦，是多麼難得。有生就有死，死生只在剎那之間。坦然地面對生命的死亡，有多少人能做到這一點呢？相比之下，釋迦佛前眾弟子、佛的眷屬，泣舉哀像，對佛涅槃而痛苦，因為他們失去了一位偉大的導師。3 號龕「六道輪迴圖」，轉輪王口銜巨輪，手轉輪盤，盤上刻出三圓，分成六份，用日月、動物、人鬼來表示佛教所說的三界出離、六道輪迴、十二因緣的教義，旨在要人積德修善、解脫苦海。8 號龕「千手千眼觀音像」，1007 隻形狀各異的手像孔雀開屏，令人目不暇接，眼花繚亂。傳說，一位聰明的木匠在給觀音像塗金時，每塗一隻手，就扔一根竹簽，一共扔了 1007 根竹簽，這樣人們才最後弄清楚了這位大慈大悲的觀音到底有了多少隻手。

30 號龕是長達 27 公尺的「牧牛圖」。「牧牛」本是用來形容佛教徒作禪時牧心的譬喻，但是在這座石刻裡全然不見任何宗教味道，是一幅農村田園風光。你可以看到，牛兒多麼悠閒自在，兩個牧童在一起玩得多開心。20 號龕養雞女，手撫雞籠，沉思期待，正在遐想美好的未來。

值得一提的還有北山第 125 窟的「數珠觀音像」，頭戴花冠，袒胸露臂，髮絲垂肩。低頭下視，嘴角微收，含蓄欲笑，又面帶羞色，像一位天真爛漫的少女，脈脈含情，嫵媚動人，全然沒有菩薩的威嚴。因此，人們給她起了一個好聽的名字，

叫做「媚態觀音」，認為她是東方的「維娜斯」。

　　如果說，在大足之前的石刻主要刻意渲染宗教的神聖性，那麼大足石刻在世俗性方面用力更多，把天堂拉回到了人間，中國佛教的世俗化在大足石刻裡得到了充分反映。

　　樂山大佛是四川佛教徒為人類文化做出的又一偉大貢獻。這座世界最大的石雕巨佛，是由貴州僧人海通法師及其後人在 8 世紀募資鑿刻的。據《佛祖統紀》記載：「沙門海通於嘉州大江之濱，鑿石為彌勒佛像，高 300 餘尺，……」淩雲山氣勢磅礴，山上樹木蔥蔥，山下岷江、青衣江、大渡河三水波滔滾滾，舟楫行走如飛。法師看見淩雲山下三江匯合處的迅猛江水，每逢汛期，多少舟楫傾覆，多少人命亡在須臾，於是發願雕刻了這座大佛，用意當然是在減殺水勢，永鎮風濤。

　　樂山大佛在整整一座山上鑿出，「山是一座佛，佛是一座山」，高 61.2 公尺，頭高 11.2 公尺，肩寬 24 公尺，腳背長 19.92 公尺，寬 8.5 公尺。人能從他的耳朵鑽進去，他的腳趾能夠同時坐下好幾人。大佛足踏江濱，頭頂山崖，體形魁梧，雄視著奔流不息的滔滔江水，曾經給多少人心理上慰藉！更令人叫絕的是大佛處的淩雲山本身看上去就是一座臥佛，這是大自然的巧作天工，其間奇景，令人咋舌之外，不得不感歎萬分！

　　樂山的臥佛是 1980 年代末一位來此旅遊的廣東退休工人發現的。這個發現，使樂山的佛國聲名更加遠揚，來此觀

佛的人如潮湧一般。大佛和臥佛並為奇觀，最終在 1996 年 11 月被聯合國教科文組織授予世界文化遺產。而這位發現臥佛的退休工人被好客的樂山人民視為有貢獻的功臣，樂山政府每年請他免費來樂山旅遊一次。

四川佛像特色除了表現在鑿刻大佛的偉業外，我們還可以看到在四川境內其他地方的巨大佛像。例如 37 公尺高的榮縣大佛、長 36 公尺的潼南馬龍山臥佛、長 23 公尺的安岳臥佛、高 18.4 公尺的潼南大佛，至於 10 公尺以上的大佛還有多處。位於重慶長江邊上的 7.5 公尺大佛，高度上不算高，但它卻是長江邊上第一座大佛，每逢夏天江水上漲時，江水逐次淹沒了佛座、佛足、佛腿和佛身，人們據此就可以知道江水的漲落變化，這難道不是又一奇嗎！

雲南劍川石鐘山石窟，不是以大稱奇，而是以它的細膩精鑿、小巧繁複為其特色。而且所有的造像，民族風味濃厚，民俗化的特點明顯，是世俗化的典範之作。

石鐘山第 7 窟的甘露觀音，容貌端麗，身材修長，神情聖潔，是勤勞、智慧、善良、美麗的白族婦女的化身。第 8 窟愁面觀音，身軀前傾，雙眉緊蹙，對人間的種種不平之事流露出無限的惆悵，充滿擔憂，悲含憐憫。

在第 7、8 二窟中，大理國王也被刻在畫面中，國王出行，禮儀於後，隆隆重重，人世間的熱鬧場面被搬上了天國，這不正說明了宗教是來自於人間，天堂就是人間的再現，這樣一個事實嗎。

　　江蘇南京的棲霞山千佛岩石刻是江南最早的石刻之一。相傳南齊臨沂縣令仲璋繼承父志,發願在棲霞山西崖鑿刻了無量壽佛和菩薩像。後經梁齊惠王太子、靖惠王蕭宏等人的發揚,共刻 294 龕,佛像 515 軀。這些散布在山上各處的佛像,代表了江南佛教造像藝術的精粹,其中三聖殿的佛像高數丈,氣勢宏偉,雕刻技法精湛,人物造型生動。最後一窟是一個石匠的造像,石匠手執鐵錘和鑽砧,英武且有力量,體現了創造者的光輝形象。民間傳說這位石匠在鑿刻佛像時,因為時間已到,他還沒有刻完,於是連工具也沒來得及丟掉,乾脆拿著工具,縱身跳入窟中,化為石尊,立地成佛。像這種塑像在中國各地的石窟中是不多見的,由此更看出其珍貴和重要。

　　浙江新昌有一座大佛寺。沿著寺內的彎彎曲曲竹木參天的林蔭道,就會見到一座五層寶塔形龕閣,著名「江南第一大佛」就在這裡。這座身高 14 公尺的石刻大佛起於南齊永明年間 (483–493)。僧人僧護因見天然峭壁,發願鑿造彌勒佛像,但他僅僅刻了佛頭雛形就圓寂了。繼之僧淑乃續其志,終因財力有限,未能畢其一功。梁天監年間 (502–519),梁武帝聽說此事,遣僧祐律師前來助力,終於在天監十五年 (516) 完工。由於大佛由三代僧人相繼才成,所以這座佛像也稱為「三世石佛」或「三生聖跡」。大佛二膝相距 10.6 公尺,頭高 4.8 公尺,耳長 2.8 公尺,全身塗金,佛光耀耀,吸引了眾多的遊人香客。在大佛腳下不遠處,是中國佛教天臺宗創始人智

顗的圓寂處，後人為了紀念這位大師，特地樹了一塊石碑。

杭州飛來峰的元代藏式造像，數量居中國之最。這些造像充分體現了藏傳佛教的審美情趣，又含有江南雕刻細膩、傳神的藝術特點。這裡雕刻的無量佛母準提像，面相安詳，三頭威武，袒胸露肩，八臂來風；兩側天女飛繞，輕曼質麗；四大金剛威嚴鏗銼，氣勢渾勝。北崖的布袋和尚像，頭大圓滿，笑口大開，體態臃腫，袒胸露肚，詼諧幽默，人見人愛，為後世寺院天王殿內的大肚彌勒佛的原形。

拉薩附近的藏傳佛教曲布桑造像有尊勝佛母、宗喀巴大師、綠度母、藥師佛和祖師像等。這些像以浮雕、減地浮雕等或陰線刻成，刻工稚拙，布局散漫。尊勝佛母像高 1.04 公尺，寬 0.9 公尺，三頭八臂，頭冠五佛，身繫腰帶。宗喀巴大師像，高 0.73 公尺、寬 0.85 公尺，頭戴「班智達帽」，身披袈裟，結跏趺坐，肩刻蓮花，頭身背光。綠度母像高 1.62 公尺、寬 1.18 公尺，通體綠色，體態豐滿，冠戴花蔓，髮髻高束，上裸雙乳，下著裙帔，左手持蓮花，右手施無願印。查拉路甫石窟有佛像、菩薩像，也有歷史人物和高僧大德。菩薩造像身軀豐滿，動作優美，體態為三折 S 狀，具有印度犍陀羅藝術風韻。

佛教石窟和造像雖然千變萬化，形象不同，但是它們都是人為的結果，因之無不體現出人的意志，人們通過豐富的想像將那些虛構的天上的各種尊神請到地面，然後按照人間情形加以描繪，反映了人們的倫理價值觀和美好的願望。

第二章

中國寺院

佛教以追求解脫為宗旨，達到解脫的境界就是空、無相、無作三解脫。走進寺院的人，就應該是去追求解脫之人，所以寺院三門，中間的取「空門」，兩邊分別是無相門和無作門。

一、寺院布局

佛寺淵源建築物

　　佛教規定凡是出家為僧的人都要集中居住，所以佛寺是僧侶的住處，賴以生存的安身立命之地。佛寺是一個實體，每天要舉行各種活動，人們要來這裡朝拜佛祖，供養僧人，做各種佛事，因此它又是佛教活動的中心。僧人們在佛寺裡學習佛教理論，學習文化知識，在寺院裡講經說法，著書立說，所以佛寺也是進行佛教教育的地方。歷史上佛寺曾經做為世俗教育的基地並擔負著培養人才的使命。

　　釋迦牟尼創立佛教後，住在王舍城的祇園精舍和舍衛國竹林精舍等地，廣招弟子，宣講佛法，佛教從此開始橫空出世。「祇園精舍」和「竹林精舍」也成為佛教史上的最早寺院。一般來說，印度佛教寺院的基本布局是前塔後殿，即僧人先繞塔禮佛後再上殿拜佛。佛教傳入亞洲各國後，各國佛教徒建立了自己的寺廟，這些寺廟根據其民族文化的特點和地理環境，做了適當的修改，體現了各民族的文化、建築風格，它們也是世界建築文化藝術的瑰寶。

　　佛教的寺廟有各種形式，沒有一個統一的模式，多是根據當地的自然條件和經濟能力而定。例如我們已經介紹的石窟。因為佛教徒講究修行，因此他們開山鑿石，棲居山林，

　　遠離塵囂，一意修習，專心悟道，體悟親證佛法的真諦和進入清淨涅槃的境界。除此之外，就是處在山林田野和城市裡的佛教寺院，這是大多數僧尼和俗人活動的地方。在印度梵文裡面，讀作「伽藍」。

　　中國有漢傳佛教、藏傳佛教和雲南上座部佛教三大語系佛教。由於這些佛教所處的語言文化和地理環境的背景不同，故表現在寺院建築及布局上不大一樣，有著各自的風格與特點。同時，因不同的民族和各語系佛教之間的交流，又使這些佛教寺院充滿了互相融攝的現象。

　　中國是一個有著悠久歷史和深厚文化底蘊的國家，宗教是中華民族最早的思維活動之一。祭天拜祖是中國傳統宗教的特點，祭天是皇帝的專利，拜祖是一般人的心態。人們祭拜祖先，求得先人保祐全家平安，賜福於今人。舉行祭祖活動的地方就叫做「廟」，《說文解字》注「廟」是「尊先祖，皃也」。「皃」是頌儀的意思，「從人，白象人面形」。也就是說，祖廟是崇拜人格化實體神祖先的地方。佛教的寺院之所以以「寺」命名，是因為中國古代官署稱作「寺」，例如接待四方來客的是「鴻臚寺」。東漢時佛教初傳中國，漢明帝詔令為外國來的天竺僧人攝摩騰和竺法蘭二人建立一所居住的場所，並以傳說中馱佛經而來的白馬命名，於是有了中國第一所佛寺白馬寺。由於寺與廟都是宗教活動場所，所以後來就將其混合使用，稱為寺廟。此外，佛寺還有梵剎、精舍、道場、禪林、叢林、蘭若、旃檀林、紺園、尼庵等不同的稱謂。

佛寺組成及功能

　　一般來說,中國漢傳佛教的寺院通常按一定的式樣建造。主要建築放在中軸線上，坐北朝南。山門是寺院的門戶，再往裡是天王殿、大雄寶殿、法堂，最後是藏經閣（樓）。東西兩邊是配殿，有伽藍殿、祖師堂、觀音殿、藥師殿等。僧人的生活區在東側，有僧舍、香積廚、齋堂、職事堂、茶堂等。西側是旅館區，有雲會堂等。當然，由於地形不一樣，有的寺院在形式上也會有所變化。下面分別介紹寺院最基本的組成部分及其功能。

雞足山山門

　　山門：是佛寺的大門。由於佛教把世俗社會看作塵世的世間，認為佛教就是要超越世間，走一條出世間的道路。同時佛教僧人講究清淨修行，遠離鬧市，並以此來標榜與世俗社會的區別，走出凡塵。他們有很多人都到人煙稀少的山林或農村去建寺造廟，特別是在深山裡開拓寺院，所以寺院的大門也叫「山門」。一般佛寺有三個門，即左、中、右三門，故「山門」也叫「三門」。佛教以追求解脫為宗旨，達到解脫的境界就是空、無相、無作三解脫。走進寺院的人，就應該是去追求解脫之人，所以寺院三門，中間的取「空門」，兩邊分別是無相門和無作門。山門裡塑有門神二金剛，民間稱「哼哈二將」。

　　天王殿：這是位於中軸線上的第一重大殿，或稱前殿。因兩邊塑的是四大天王而得名。中間供奉彌勒像，與彌勒像背靠背的是護法神韋陀像。

　　大雄寶殿：是位於中軸線上的第二重大殿，也稱正殿。「大雄」是梵語 Mahavira 的意譯，表示偉大英雄的意思。佛教徒把佛看作是大智慧、大威力者，大雄也成了佛的尊稱。顧名思義，此殿供奉的是佛，所以它是寺院的主殿和朝拜中心。不過在佛教裡佛像有多種，因宗派的不同，大雄寶殿裡供奉的佛也不同。一般常見的是釋迦佛與弟子及菩薩在一起，或燃燈佛、釋迦佛與彌勒佛在一起，或盧舍那佛、毗盧舍那佛和釋迦佛在一起，或阿閦佛、寶生佛、大日如來、阿彌陀佛、不空成就佛在一起。淨土宗的寺院則主供阿彌陀佛或者

是接引佛。大雄寶殿的兩邊通常供奉十八羅漢或二十（四）天眾神。在佛像的背後，一般供奉觀音菩薩，也有的供奉文殊或大勢至菩薩，或者放在一起供奉。

法堂：這是中軸線上的第三重大殿。「法」是梵語 Dharmma 的意譯，表示佛教的智慧，即教義理論，是佛教的佛、法、僧三寶之一。信佛的弟子不僅要齋供事佛，還要聽聞佛法，增長智慧，掌握佛教的真諦，法堂就是法師講經說法的地方。明代佛教分為禪、講二教，「禪」指禪寺，即禪宗的寺院；「講」指經教，即指禪宗以外的其他宗派的寺院。法堂是禪宗出現後才有的，禪宗以教外別傳自詡，為區別與其他宗派的「講教」，故只樹立法堂。

七佛殿：尊放釋迦佛和在他以前的六佛共七佛之處，位於中軸線藏經閣（樓）前的建築。不一定每個寺廟都有七佛殿，有的寺廟就沒有。

藏經閣（樓）：這是中軸線上的第四重大殿，也是最後一座大殿。藏經指的是佛經。佛教自稱自己的經典是《大藏經》。佛教自創立後，經過佛陀和眾弟子們不斷增演，撰述了大量經典，總數現在已達 2 億字以上，數萬卷。這些經典過去是由人手抄出來的，印刷術發明以後，變成鏤板印刷，以後又改用鉛字排版，現在使用電腦製作。浩瀚的經典集中放在一起，存放、供養佛經的地方，就叫做「藏經閣」。有很多寺廟都把藏經閣建成多層建築，因此也叫做「藏經樓」。

鐘樓：位於山門的東邊，是懸掛鐘和撞鐘的地方，一般

為二層閣式建築。也稱撞鐘堂、
鐘堂、鐘臺、釣鐘臺等。

鼓樓：位於山門的西邊，
是放鼓和擊鼓的地方，一般為
二層閣式建築。鼓樓與鐘樓兩
兩相望，因此在寺裡有「左鐘
右鼓」之說。

鼓樓

伽藍殿：「伽藍」是梵語 Samgharamar 的略稱，全稱是「僧
伽藍摩」，意謂僧園、僧院，泛指僧人居住的寺院。「伽藍殿」
通常建造在法堂的旁邊，裡面通常供奉的是寺廟的保護神。
有的寺院以土地神為保護神，故又稱此殿為「土地殿」。

祖師堂：「祖師」指的是佛教各宗派的創始人和歷代掌門
人。佛門弟子將這些祖師的遺像供奉在專門的建築物裡。祖
師堂也稱「影堂」或「祖堂」，通常建在法堂的旁邊，與伽藍
殿相對。

觀音殿：亦稱「大悲閣」，是專供觀音的地方，一般位於
鐘樓後面的配殿。

輪藏殿：原為經藏殿，後衍為今名，裡面樹有代表佛經
的輪藏。按舊制一般位於鼓樓後面的配殿，與觀音閣相對。
清代以後，輪藏殿不大使用，現今在一些古老的寺院裡還能
見到。

藥師殿：是供奉藥師佛的專殿。在一些寺院裡通常位於
輪藏殿的地方，即取代了輪藏殿而立藥師殿。

羅漢堂：是專門供奉五百羅漢的地方，一般在寺院最後邊的廂院裡。

僧舍：為僧人居住的地方，位於寺院中軸線兩側。

香積廚：位於寺院東邊，是僧人的廚房，與齋堂毗鄰。

齋堂：寺院的食堂，也是寺院設齋施飯之地。

茶堂：寺院接行施主或外來掛單客人之處。

庫院：寺院的倉庫，存放東西之處。

雲會堂：僧人集中的地方。因僧人眾多如雲，相聚與會而得名，也稱「僧堂」。

方丈室：因方圓一丈而得名。是寺院住持辦公或居住的地方。位於寺院的後面，亦稱「丈室」、「函丈」、「止堂」、「堂頭」等。

放生池：一般位於寺廟旁邊，讓信徒放養魚、鱉等生靈的地方。放生池通常與花草樹木在一起，有的還修了一些亭廊，頗有寺院花園味道。

以上將漢傳佛教的寺廟基本布局和主要建築做了概略介紹，還有一些輔助設施就不一一講說了，總之按照佛教的說法，組成寺院最基本的建築物有七種：山門、佛殿、法堂、庫院、僧舍、西淨（廁所）、浴室。這裡的「七」是代表圓滿之意，故此七種又稱「七堂伽藍」或「悉堂伽藍」。佛教又以人體來譬喻七堂伽藍的重要性，認為法堂是人腦，佛殿是人心，山門是人的會陰處，此三者處在一條線上。僧舍是右手，庫院是左手，西淨是右足，浴室是左足，由是可以看出缺一

不可。

寺院建築樣式新

　　就中國漢傳佛教寺院的建築形式而言，以漢式建築為其特點，其建築形式無外乎來之於兩種式樣，一種是皇家宮殿式，即與皇宮的樣式相近或相同；另一種是民居式。中國歷史上一直有一些虔信的佛教徒將自己的住宅施捨給僧人，作為寺院，因此在過去，捨宅為寺是佛教寺院的主要來源之一，尤其是民間寺院更是如此。

　　藏傳佛教在中國建立晚於漢傳佛教。藏族社會全民信教，從 14 世紀後進入了政教合一的時代，所以藏傳佛教的寺院更多地體現出在這一背景下的建築文化精神。其布局不像漢傳佛教那樣以中軸線為主、兩邊是配殿的形式，而是以大經堂或佛殿為中心，四周環繞其他建築組成龐大的建築群。有的寺院的布局按照密宗的教義儀軌，突出曼荼羅壇場的功能。「曼荼羅」是僧人修習密法時的一種觀想對象，或用於成就解脫的途徑之一。經堂是僧人學經處，非本寺的僧人不得入內；佛殿是拜佛之所，任何人皆可入內。其他建築主要是構成寺院主體的學習密教、佛教哲學、天文曆法、醫學的四大札倉，以及活佛住地和僧寺等等。藏傳佛教寺院數量多，其建築風格與漢傳佛教寺院有所不同。由於歷史上政教一體的原因，很多藏寺既是政治中心，也是世俗權力中心，所以這些寺院建造得極其豪華，氣勢宏偉，本身就是一座堡壘。依

山勢而建，錯落有致。盡量利用當地的建築材料，石木結合，牆體厚實，可抵擋高原冬天的寒冷，並起到保溫的作用，冬暖夏涼。主體建築多層，房間空間高大，可容納很多人在一起活動。寺院內部迴廊曲徑交錯，房屋相連，布局精巧，裝飾精美，既帶有藏族的風格，又吸收了漢族建築梁架、斗拱、金頂、藻井等風格，凝聚著藏漢兩族人民的聰明智慧。與漢族接近的地方，其寺院建築風格又受到了漢式建築風格的影響，或者是漢藏兩種風格混合，而在內地的一些藏傳佛教的寺院，則又接納了漢式建築的風格。

　　雲南上座部佛教也是全民信教，傣族佛教徒是上座部佛教的主體。寺院在上座部佛教地區是「村村有佛寺，家家有佛龕」，因此佛寺就建在村內外，與民居無大異。其布局也沒有定式，更多的是依地形或自然環境而定，充滿了自由和隨意的特點，一般來說，寺內佛殿居中，前有經堂，後有僧舍，最後有塔，或者是經堂居右，僧舍居左。在一些政治、經濟文化中心的地方，寺院的布局更為講究，其規模也要大得多。

　　總之，中國的佛教有多種語系並存的特點，這是中國佛教與世界其他佛教國家有所不同的地方，換句話說，世界上唯有中國佛教是涵括了世界三大語系的佛教。由是在寺院的布局和建築風格上表現了它的多樣性、民族性、融合性的特點。

二、佛門法器

夜半鐘聲到客船

　　人們生活在一個有著文化背景和不同生活風俗習慣的地區，寺院建築就代表了這一特定的文化現象。但是僅有寺院建築是不夠的，因為佛教是一個整體，寺院建築僅僅是一個可以給人們提供宗教活動和僧人居住的場所，如果寺院建築內沒有任何裝飾和擺設，那麼建築也僅僅是一個軀殼而已。佛教有自己的一套嚴格規定，寺廟內部非常講究擺設和裝飾，所以我們走進任何一座寺院，都會發現裡面有不少擺設和裝飾，它們有各自的名稱和用途，人們將這些叫做法器。

　　佛門法器種類繁多，其作用、大小、形狀、質地也各不相同，由於歷史變遷、區域文化差異、宗派不同等原因，一些法器也隨著時代的變化而發生變異。佛教法器的用途，一般可以分為報時、供養、裝飾、法會、修持等幾大類。

　　走進寺院山門，首先映入眼簾的便是天王殿前兩側的鐘鼓樓。鐘和鼓是佛門中用來報時與集眾的法器。

　　鐘又有梵鐘、半鐘、殿鐘、吊鐘之分。鐘樓內懸掛的是梵鐘，也叫大鐘，取其為清淨梵剎之鐘的意思。亦名「洪鐘」，因其聲音洪亮而遠。鐘多為銅、鐵鑄成，並以銅鑄為多。

　　古人云：「每逢佳節倍思親」。在中國人的心目中，春節

無疑是人們生活中一年一度的最重要的一個節日了。每逢此時，在大年三十的喜慶夜晚，電視臺春節聯歡晚會都要用鐘聲來結束狂歡的時刻，悠勁十足的鐘繩，將鐘杵來回運動，慢慢往復，敲打鐘體，發出渾厚、深沉、圓潤、綿長的鐘聲，扣人心弦……這就是來自佛教的大鐘。

在北京三環路的一座立交橋旁邊，有一座世界聞名的佛寺，這就是被人們稱之為大鐘寺的寺院。大鐘寺珍藏了一口明代永樂年間銅鑄的大鐘。永樂大鐘是明朝皇帝朱棣在武裝奪權後，取得皇位的情況下，為超度歷次戰爭的冤魂，發心鑄造了這口大鐘。永樂大鐘有五個特點：第一個特點是它是現今世界上最大的銅鐘。此鐘通高 6.75 公尺，直徑 3.3 公尺，鐘唇厚 1.85 公分，重達 46.5 噸。第二個特點是鐘的內外鑄有漢文經咒 16 種，共 23 萬多字，這也是世界第一。據說在上面刻寫經文是因為鐘聲可以代表誦經聲，每響鐘聲一次，就表示誦讀了一遍經文，與佛就更加親近了一步。第三個特點是大鐘撞擊後能發出十幾種音調，鐘聲可達方圓百里，低音頻率緩慢，尾音可長達 2、3 分鐘。它不僅餘音繞梁，而且對人有淨化的功能，悠長的鐘聲可以使人感到心情舒暢，在曠谷中回響的鐘聲把人帶入了另一個境界。第四個特點是大鐘的科學技術領先，據科學家測試，大鐘的金屬元素成分的比例是：銅 80.54%，錫 16.4%，鉛 1.12%，此外還有少量的鋅、鎂、鐵等金屬元素。據研究，這種金屬元素成分的配比可使鐘聲可以發出最悅耳的效果。第五個特點是這口大鐘是一次

鑄造完成的，所以大鐘表面平整，製作水平高超，閃爍著中國古代工匠的光輝智慧，是中國古代冶金鑄造史上的傑出代表作。

除了鐘中之王的永樂大鐘之外，中國佛教裡有名的鐘還有五臺山顯通寺的「幽冥鐘」，重 5000 公斤。望海寺的鐵鐘也是有名的明代巨鐘。此外，最有影響的還是蘇州寒山寺的大鐘，唐代張繼曾寫下：「月落烏啼霜滿天，江楓漁火對愁眠，姑蘇城外寒山寺，夜半鐘聲到客船。」的著名詩句。在靜謐的夜晚，徐徐的江風撲面拂過，漁船家的燈火在江風中緩緩地搖曳，城外的寺院悄悄而立，小橋流水輕輕地流淌，突然，半夜響起了悠長的鐘聲，沉寂的寺院開始變得熱鬧起來，遠方的遊客來了，船伕的吆喝和客人的說話，打破了漫長的夜晚，使一向清靜的寺院又有了生氣……。寒山寺因它的鐘聲而著名，而這首詩又傳到了日本，被編入了日本小學生的課本，遠方的域外之國也流傳著這首千古絕唱。每到除夕之夜，有多少東瀛的客人專程來此品味，親耳聽一聽這嚮往已久的鐘聲，為新一年的幸福平安而祈禱，發古人之悠思。可惜的是，寒山寺的夜半鐘聲成了千古絕響。唐代鑄的那口大鐘在 20 世紀初被日本人偷走，現在的這口鐘是後來重做的，於是似乎少了一些原汁原味的感覺了！

傳說海裡有一種叫「蒲牢」的野獸，最怕鯨魚。每當牠到岸上尋找食物時，看見了鯨魚，就嚇得大叫，發出的叫聲好像鐘聲一樣。所以大鐘又有了「鯨鐘」另一名稱了。人們

還把蒲牢的形象刻在鐘上，再把敲鐘用的杵做成了魚形。

半鐘因體積為大鐘的一半，故得名。半鐘掛在僧堂，所以也叫僧堂鐘。僧人日常生活與宗教修持都在僧堂，半鐘是他們的作息鐘。後代寺院的生活與修持區域逐漸分開，僧堂成為專門修禪的禪堂，但禪堂內仍然掛有半鐘。

半鐘也稱「行事鐘」。有的半鐘掛在大雄寶殿內，用於僧尼們早晚功課或者在佛事法會的時候敲打。由於它通常是吊著的，也名「吊鐘」。在法會時，為了避免唱念時過慢或過急，它又起到調整節拍的作用，所以它也是一種樂器。

現在寺院很少敲鐘樓上的梵鐘了，通常在早晚或佛事活動只敲殿鐘。

佛教是西方來的舶來品，鐘卻是中國的土特產。中國古代就使用鐘來演奏娛樂，按照樂律的音域，發明了編鐘，鐘也成了貴族的身分象徵。佛教敲鐘與世俗不同，因為佛教認為鐘聲含有功德在內。在後半夜敲鐘，被稱為「幽冥鐘」，據說這是為救贖地獄的亡靈而設的，因為《增一阿含經》曾說過：「若打鐘時，一切惡道諸苦，並得停止。」《百丈清規》云：「大鐘，叢林號令資始也。曉擊則破長警睡眠；暮擊則覺昏衢疏冥昧。」也就是說，鐘聲能夠去煩惱，醒昏沉，有去欲望的功用。

寺院內設有專門負責敲鐘的「鐘頭」。鐘頭敲鐘，有一套嚴格繁瑣的規矩。敲鐘前，先默念一首「叩鐘偈」。敲鐘的過程也要默念《大悲咒》或者佛菩薩名號，或者是大乘經名。

敲鐘的板眼，因宗派或區域的不同而有差異，講究敲鐘時動作要平緩，敲出來的鐘聲要深長，並且分為三十六下為一組，一組也是「一通」，每次活動要敲三通，也稱「三轉」，首通和末通的節奏都要快一些。佛教各派都以一百零八聲為準。關於百八鐘聲的來歷有兩種說法：一種認為一年有十二月、二十四氣、七十二候，合起來正好一百零八。不過這只是世俗的說法。另一種是佛教的特有看法。佛門認為，百八鐘聲能警醒百八煩惱。僧尼每當聽到鐘聲，人人必須在心中默念「聞鐘聲，煩惱輕，智慧長，菩提生，離地獄，出火坑，願成佛，度眾生」。僧尼每天的生活就在這渾厚深沉的鐘聲開始，也在鐘聲中結束。

暮鼓喚回夢迷人

　　清晨先鳴鐘後擊鼓，是「晨鐘暮鼓」。

　　傍晚先擊鼓後鳴鐘，是「暮鼓晨鐘」。

　　鼓樓與鐘樓遙遙相對，佛門中有「左鐘右鼓」的說法，它們好似一對親密的兄弟。

　　中國在很早以前就把鼓作為一種娛樂的樂器，如《詩經·關雎》中的「窈窕淑女，鐘鼓樂之」。所以每當喜慶的時刻，擊鼓喧騰是必不可少的事情。作戰時，戰鼓聲聲催人急，鼓聲能讓人振奮，鼓舞士氣。現在每當華燈初放，北京的街頭也擂起了大鼓，一些人在鼓聲的節拍中盡情地扭起秧歌，活動身體，盛世娛樂，成為街頭文化一景。

　　但是佛門的鼓聲卻不是這樣的，他們把擊鼓作為報時和集眾的法器。釋迦牟尼在世時，鼓只在誦戒、聽法、用餐時敲打。《五分律》說：「諸比丘布薩，眾不時集。佛言：若打犍椎，若打鼓吹唄。」「布薩」是指做佛事活動。「犍椎」是指敲鐘。因此，這句話的意思是說，比丘們在做佛事時，老是不能按時集中，於是佛陀建議，或者敲鐘，或者擊鼓，把大家召集起來。佛教又是讓人清心去欲的，擊鼓還有另外一種功用，即所謂「晨鐘驚醒世間名利客，暮鼓喚回苦海夢迷人」，《法華經・序品》說：「天雨曼陀華，天鼓自然鳴」。相傳，忉利天宮的善法堂有一個不打自鳴的大鼓，眾生聽到天鼓美妙的聲音，都能生起一種懼惡生善的心。

　　佛教中鼓的用途廣泛，特別是禪宗寺院，連梵唄、飲茶、沐浴等場合也敲打。

　　佛門中鼓，如果按形狀、材料，可分為羯鼓、魚鼓、雲鼓、搖鼓、金鼓、石鼓、懸鼓；如果按用途則可分為法鼓、茶鼓、齋鼓、更鼓、浴鼓等。前者與世俗之人使用的沒有二樣，後者才代表了佛門的用法。寺院裡設有鼓頭一職。從前，禪宗的住持和尚上堂、小參、普說、入室等場合要敲法鼓。飲茶的習慣在佛門中非常盛行，特別是唐宋以後的禪宗，提倡「茶禪一味」，很多法事中設有茶禮。喝茶前，貼出茶狀或茶湯榜通知大家，屆時鳴鼓集眾，這就是茶鼓。林逋在《西湖春日詩》中說「春烟寺院敲茶鼓，夕照樓臺卓酒旗」。用齋敲齋鼓，沐浴敲浴鼓，甚至連相互問訊也擊鼓，現在寺院中

少有這樣的宗教儀式了，一般只在佛事集眾時，與鐘配合敲打。此外，現在佛門裡，鼓更多地成為一種讚誦的道具，在舉行佛事活動時，敲鼓是為了配合唱念的活動，用鼓聲來助陣，讓信徒們更加生發信心。寺院鼓樓是懸掛體積很大的大鼓，也有的寺院將大鼓放在大雄寶殿的屋簷下或外走廊裡。中、小型的鼓，放在專用的鼓架上，與吊鐘相配。再小一點的鼓就乾脆拿在手上使用。寺廟的鐘鼓還對中國古代科學產生過影響。唐代，河南嵩山嵩陽寺的一行和尚，就是受鐘鼓撞擊的啟發後，發明創造了自動報時的水運渾天儀，據說這是鐘錶的祖先，比西方的威克鐘還早 600 多年。現在我們還能在中國歷史博物館裡看到渾天儀的模型，一行大師的像也同時豎在那裡，這是佛教對世界科學技術的貢獻，是佛門的光榮。

佛像前面三具足

在專門供奉佛像的大雄寶殿裡，香爐、花瓶、燭臺，是佛像前不可缺少的供具，被稱為佛前三具足。

走進寺廟，要拜佛，先燒香，一縷縷清香飄渺蜿蜒向上，整個大殿香味彌漫，香氣撲鼻，沁入心脾……。

盛香的法器就叫香爐。據說佛教的香爐很可能源於古印度婆羅門教的火爐。婆羅門教認為在爐中焚燒供物可以得到神靈的保祐。銅、鐵、陶瓷、青石、白玉都是製作香爐的材料。香爐的規格大小不一，大到數尺，小到方寸。特別是小

香爐，是比丘隨身攜帶的「十八物」之一。

隨著佛教傳入中國，香爐的造型也漸漸中國化，呈現出千姿百態，有方斗型的、獅子型的、仙鶴型的、蓮花型的等等，但最具中國特色的當屬寶鼎型和塔樓型兩種。北京故宮與頤和園是中國傳統建築文化的瑰寶，在大殿外就聳有別致優雅的鶴形爐、獅形爐，不過它們不是為了供佛的，而是用於清潔環境、薰香用的。在佛門裡用的最多的是寶鼎型和塔樓型的香爐。

寶鼎型香爐，三足鼎立，兩側有耳，呈半球形，類似中國古代的寶鼎。一般都放在大雄寶殿的前面。

塔樓型香爐一般置於殿外，牢牢站立，與寺院的建築形成一個有機的整體。

相傳，江西博山的香爐，為香爐中之最。而廬山有一奇峰恰巧形似博山香爐，被人們稱為香爐峰。每天清晨，香爐峰煙霧繚繞，飄渺於青山藍天之間。旭日東升，香爐峰的水蒸氣頓化成織錦般的紫色朝霞。詩聖李白在《望廬山瀑布》吟哦：

> 日照香爐生紫烟，遙看瀑布掛前川。
> 飛流直下三千尺，疑是銀河落九天。

如今這首佳作已經收入中國小學生的課本，人人皆知，人人能詠，香爐峰成為廬山的一大景觀！

　　瓶子是比丘隨身攜帶的十八物之一。印度地處南亞次大陸，氣候炎熱。帶著一個裝滿水的瓶子，在雲遊的路上渴了可以喝上幾口，有時還可以用瓶子裝點油鹽這類食物。水瓶有兩種，裝飲用的水是「淨瓶」，裝洗漱水的是「濁瓶」。

　　不過古人所說的瓶，不是我們所說的透明玻璃瓶，因為那個時候玻璃還是一種珍貴的東西，不是一般人都可以隨便擁有的，佛門所說的「瓶」，實際指的是一些陶製或金屬製品。

　　瓶被用來盛裝五穀、香水，供養諸佛、菩薩。現在佛像前用鮮花供養，用來裝鮮花的就是一對花瓶。因為瓶能盛裝寶物，可以滿足他人的願望，所以佛門又稱瓶為德瓶、滿瓶、如意瓶。

　　釋迦牟尼涅槃後，他的遺體被焚化，得到的舍利分裝在瓶子中，但後來舍利被摩揭陀等八國取走供養，一位香姓婆羅門只得到了裝舍利的瓶子，於是他建塔將瓶供養，這座塔被人們稱為瓶塔。

　　佛門的瓶子傳到中國，在唐朝以前它可能還是裝水的容器。相傳，唐代李翱在朗州當刺史時，參問藥山惟儼禪師：什麼是道？惟儼禪師用手上下一指，然後說了一句：「雲在青天水在瓶」，意思是說，天上的雲和瓶中的水本來就是存在的，「道」亦與雲和水一樣，無處不在。可見唐代以前，瓶子仍是盛水的容器。

　　觀音菩薩手上拿的是瓶，裡面滴出純淨的水，該瓶稱作「淨瓶」。

　　密宗把瓶子稱為賢瓶，在瓶裡裝上香、藥及各種寶物，認為是地神的三昧耶形，供於修法的壇場上。

　　瓶子在密宗中更有一個重要的作用，就是用來持簽確定轉世活佛的法器。清朝乾隆五十七年 (1792)，朝廷頒發了兩個金本巴瓶，一個置於西藏拉薩的大昭寺，一個放在北京的雍和宮。雍和宮的金本巴瓶是用來持簽蒙古及駐京的轉世活佛的，而大昭寺的金本巴瓶是用來持簽西藏轉世活佛的。

寶蓋幢幡與歡門

　　寺院的佛殿中，常懸掛著裝飾品的是蓋、幢、幡、歡門等等。

　　華蓋罩於佛像之上，表示佛像的存在和威嚴，由木、金屬和絲織品多種製成。中國古代帝王使用的專用傘蓋也稱華蓋。華蓋的原形是來自於傘，人們不管天熱或下雨，都要借助傘來消暑或遮雨。印度由於天氣炎熱，更多地用傘來阻擋熾熱的陽光，減少曝曬。有身分的人則把傘作為一種身分的象徵，外出時必前呼後擁，上置傘蓋。傘蓋有二種，一種是中間為一柄，上用骨架撐起，就像我們日常使用的傘的形狀；另一種是中間無柄，用骨架撐起後，懸吊在空中，寺廟裡多使用的是這種傘蓋，它們一般放在佛像的上方，因為佛是一位有成就的人，地位很不一般，所以佛到哪裡，傘蓋就隨行到哪裡。佛教認為佛在之處是莊嚴的道場，故所用的器物都是莊嚴器具，傘蓋就是經七寶裝飾後而成，所以叫做寶蓋。

傘蓋上面裝飾有美麗的圖案，或者鮮花，也稱華蓋。傘蓋係圓形，佛法又代表了大圓滿，故稱圓蓋。因為它是為佛行遮的，懸在佛像之上面，故稱天蓋，也叫「懸蓋」。在華蓋周圍和頂部，除了繡上美麗的圖案外，還裝飾了垂下的飄帶，飄帶頭部呈劍尖形，也叫「劍帶」。華蓋除了圓形外，還有六角形、八角形等不同式樣。每個宗派也有不同的用法，例如密宗在設壇時，依據不同的壇場，設置不同名字的天蓋。

　　幢與華蓋一樣，也是一種嚴飾之具。它原是古印度將軍指揮士兵作戰的旗子。旗子一揮，千軍萬馬勇往直前，所向披靡，戰無不勝。同時也是統治階級的儀仗，代表了最高的身分。釋迦牟尼被譽為法王，以智慧之幢，戰勝一切煩惱魔軍，所以幢被引進佛門，象徵著佛法能摧毀一切，是勝利的標幟，是代表佛法的「法幢」。

　　幢亦稱「寶幢」，因為它是用如意珠來裝飾的，是莊嚴的標誌，又稱「如意幢」、「摩尼幢」。《觀無量壽經》說：「於其臺上自然而有四柱寶幢，一一寶幢如百千萬億須彌山，幢上寶縵如夜摩天宮，復有五百億微妙寶珠以為映飾。」這是說，寶幢猶如佛教的須彌山世界，五百億個微妙寶珠相互映照，放出折射的光芒。

　　佛經中記載，釋迦牟尼的故鄉迦毗羅衛國有一個叫波多迦的人。誕生的那一天，空中突然降下一個碩大無比的大幢。後來波多迦出家修行很快證得阿羅漢果。釋迦牟尼告訴弟子們，波多迦在過去世中向毗婆尸佛供養過長幢，就因這一段

因緣，波多迦在後來的生生世世中不墮惡道，常常享受天神般的快樂。所以佛教徒堅信，用幢莊嚴佛門道場，供養佛祖，可以獲得無量功德利益。

幢由絲織品或棉布做成，上面繡上佛像或彩畫，一般每一佛前放上四幢，或者掛在寶蓋四角。

密宗的幢頂部有一個骨架撐起來，幢就貼在骨架上，所以大多是圓柱形或八角形的，而漢傳佛教的幢大多是長條形。青海的塔爾寺、峨眉山的報國寺、普陀山的普濟寺、北京雍和宮等地的幢都很有特色。

「石幢」是用石頭製成的，上面刻有經咒。北京北海公園內的梵大寺及法源寺經幢、廣濟寺文殊殿前的經幢、河北趙縣陀羅尼經幢、正定縣龍興寺經幢、五臺山延慶寺經幢等都是有名的經幢。

幡又稱「勝幡」，是古代軍隊作戰時各軍的標誌，用於顯揚軍威。古代在民間世俗社會，幡的使用又帶有招牌或廣告的作用，許多商家都在店前掛幡，招引顧客。舊北京天橋藝人雜耍中有中幡，悼念死人則有招魂幡。佛教使用它，用以表示佛、菩薩降魔的威德。世俗之人造幡，可以獲得解脫離苦和延壽的功德。幡的種類甚多，用紡織品做成，與幢沒有什麼區別，一般在上面寫經文，列於佛壇周圍，數目不限。但也有人說圓柱形的叫做幢，長條形的叫做幡。

微風徐拂，幡幢輕搖。在莊嚴、肅穆的殿堂中掛上幾條幡幢，整個殿堂顯得更加空靈。幡幢後若隱若現的佛像顯得

更加高大，朝拜者虔誠之心油然而生。

幡在中國佛教史上還有一則重要的公案呢，你知道嗎？

唐代廣州有一座寺廟叫法性寺。一天傍晚，夜暮來臨，晚風吹動了寺殿前的懸幡，兩位沙彌看見這個情景，展開了一場辯論。一個說是幡動，一個說是風動，正當兩人爭得臉紅耳赤之際，被路過的禪宗六祖慧能聽見，慧能不緊不慢說道：不是風動，亦非幡動，是仁者心動。這就是禪宗史上著名的「風幡之動」的公案。慧能也因此聲名大震，後人還為慧能建了一座「風幡堂」。這座「風幡堂」就在現在廣東省廣州市六榕寺內。

藏傳佛教把幡列為祈禱法器之一，人們在幡上書寫了經文，高掛在居所顯眼的地方，據說迎風擺動的經幡，表示著人們向佛的祈禱，願佛祖護祐，俗世凡眾世世平安，生活順利。

歡門是懸掛在佛像前的大縵帳，也是用來莊嚴佛像用的。上面彩繡飛天、蓮花、瑞獸珍禽，奇花異卉。因其兩側垂幡，也稱「幡門」。

磬聲無常善思維

磬是中國傳統樂器。它是一種用石料製成的不規則多邊形石片，根據石片的厚薄不同，而發出不同的音調，有的聲音渾厚悠長，有的聲音尖厲短促，一般有 16 片，按照十二音律制定，只要分別敲打它們，就能演奏出動聽樂曲。磬的音

質最好的是玉石做的，除了石材以外，還有用銅、鐵、銀等金屬做成的。中國古代宮廷最早使用的樂器就是磬。

磬

佛門中也有一種法器叫做磬。據《祇園圖經・編磬鏡頭》說：印度梵天之王曾經造銅磬，此磬體積碩大，可容納 5 升，四周用黃金鏤作過去佛弟子像，磬鼻為紫磨金九龍形，肯上還有天人像。用玉槌敲擊，聲音悅耳動聽，傳遍三千世界。它每發出的一個音，都包含著佛向弟子說的佛法。佛陀寂滅後，這個非凡不同的磬被龍王收到龍宮裡去了，於是人們再也聽不到這樣悅耳的法音了。

佛教的磬與中國傳統的磬不同，它不是不規則多邊形，而是半圓形的，也有雲形、曲形、蝶形、蓮花形等式樣。

佛門的磬有大有小。大磬直徑達 2、3 尺，稱為大磬。大磬又叫圓磬，為飯缽形狀，置於大殿的右邊，在早晚上殿及法會等場合，念誦的時候鳴擊，它的作用是統一聲調，控制節拍，號令眾人，振作精神。大磬由主管梵唄的維那師掌握。

小磬不過寸許，附有手柄，叫做引磬。引磬一般由悅眾掌握，其作用是跟在大磬後面，配合大磬使用，如大磬在佛事活動時領誦，或在重要的誦段，或在轉折時敲擊。引磬則在根據頌詞而發出的動作時進行敲打。《佛教常用「唄器、器

物、服裝」簡述》一書對兩者的不同敘述如下：

> 「大磬」大抵用於指揮「腔調」，「引磬」則用於指揮
> 「行動」，「大磬」並有振作精神的作用，「引磬」在不
> 敲「鐃、鈸、鈴鼓」時，在必要時配合木魚作為敲打
> 「板眼」之用。過去，寺院中還有一種扁磬，類似於
> 編磬，懸掛在方丈室的廊下，有客人來拜訪方丈的時
> 候，專門接待客人的知客師鳴擊扁磬三下，告知方丈
> 有客來訪。現在寺院中已不多見這種扁磬了。

此外，僧人臨終時，寺院要敲「無常磬」，這是敲的扁磬。
據《釋氏要覽》說，臨終前敲無常磬，可使其人聞聲後，發
起善思維之念，將來也會再生善處。實際上這是一種臨終關
懷，讓瀕死之人能安心而去。

木魚曉動隨僧粥

木魚是人們最熟悉不過的東西了，許多到過寺院的人都
能在寺院齋堂的廊下或大殿中，看到這種魚形的法器，僧人
手敲木魚是日常的行為，而在以佛教為題材的影視劇裡，木
魚更是常見的道具。

佛門淨地，為什麼卻要敲擊木魚呢？這是否違背了慈悲
精神呢？相傳，從前有一位出家比丘犯了佛門戒律，死後轉
生為魚歷經無數劫。牠在大海深處本該自由自在，無憂無慮。

然而，這條魚越長越大，有一天，一粒樹種隨著海風刮到了牠的背上生根發芽，長成一棵參天大樹。每當風雨來臨，大海波濤洶湧，無情的大風與浪濤震撼著牠背上的大樹，觸動著牠身上的每一根神經，萬分痛苦。終於有一天，牠的師父修成正果，知道牠的下場，慈悲之心油然而生。師父為牠舉行了一場盛大的水陸法會，仰仗法會的功德利益，終於解脫魚身，再次重返人間，依法修行，轉凡成聖。師父為了警醒僧眾，便把魚身上的那棵大樹刻成木魚，置於佛門，時刻提醒僧眾精進修行，切勿放逸，以免墮入三惡道。

　　這不過是一種傳說，不見經典記載。但敲擊木魚提醒僧眾確是無疑的。木魚通常是將一塊木頭中間掏空，外形雕成魚的形狀而得名。內空外實，敲擊時就會發出聲音，因此也叫「魚鼓」。根據《敕修百丈清規》說，魚類晝夜長醒，不合眼睛，誦經時敲擊木魚即能控制音節，又能振作精神。

　　大殿中的木魚是為了調整誦經音節的快慢而敲打使用的。這塊圓形木魚，置於大木架上，通常直徑 1、2 尺，有的甚至更大。木魚通身朱紅，雕刻了金色魚鱗，有的刻成二首一身，共銜一珠，這是緣於「魚化成龍」的傳說而來的，表示通過修行能轉凡成聖。敲打木魚的木棒叫魚椎，一頭裹著棉布。木魚的敲法都是由慢漸快，在即將收尾時，重擊再轉慢。

　　齋堂廊下的木魚是僧眾過堂吃飯時敲打的。召集僧眾吃飯的木魚是長條形的。通常也叫飯梆或魚梆，這是因為它發

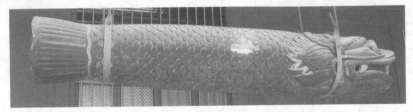

木魚

出的聲音如同梆響而得名的，佛門中有一種說法：箴響上殿，
梆響過堂。大學士蘇東坡夜宿蟠桃寺，曾經寫下了「板圖獨
眠警旅枕，木魚曉動隨僧粥」的詩句，點出了早上僧人在魚
梆響後吃粥的情況。魚梆的掛法是有區別的，子孫叢林的魚
梆，魚頭朝內，十方叢林的魚梆，魚頭朝向山門。

一缽托起千家飯

缽是僧人的飯碗。「一缽千家飯，孤僧萬里遊」，是過去
僧人外出雲遊生活的寫照。所以缽和袈裟成了僧人身分的象
徵，每個受戒出家的僧人，都要從師父那裡領到一口缽，用
它來盛裝自己的食物。

缽是印度的舶來品，據說在釋迦牟尼之前的諸佛就是用
缽來接受供養，釋迦佛成道以後，有兩位商人向佛供養麵、
酪、蜜等食物。四天王知道此事後，做了一個金缽奉上，佛
不接受，又奉上銀缽、琉璃缽、赤珠缽、瑪瑙缽等等，佛還
是不接受，因為佛教規定出家人要持金銀戒，不能接觸金、
銀等貴重物品。最後四天王奉上了石缽，佛才接受下來。

石缽捧在手裡畢竟太沉重了一些，在現實生活中僧人手

拿石缽太不方便，而且佛用的是石缽，其他的人就不能再使用了。但是人畢竟不能不吃飯，所以實際上僧人用的缽還是以瓦或鐵製的多，只是在缽的顏色、體積等方面有更多的規定。比如：有的經書說到缽只能用黑、赤、灰三種顏色，不能用其他顏色。缽的體積分為上、中、下三缽，僧人應該根據自己的食量來選擇使用哪一種，因此缽又有了另一個稱呼，叫做「應量器」。又由於缽是佛教戒律的規定物，有一定的定制，因此它還有一個名稱叫做「應法器」，意思是如法的法器。

缽的形狀是圓形，兩頭小，中間大，這樣可使飯菜不易溢出，而且能夠起到保溫的作用。有的缽中間還有幾個小缽，它們組成為一套餐具，這是用來分開盛裝飯菜的，小缽被稱作「鐼子」。有的還專門設計了用來支撐缽的架子，叫做「鐼枝」。

歷史上真還有一口大缽，它位於北京團城承光殿前，用一整塊玉做成。據《金鼇退食筆記》中所載：「其大可貯酒三十餘石。」不過，這玉缽可不是佛門法器，而是元世祖忽必烈為了犒勞將士而特製的酒甕。但是它的底座現今卻在北京法源寺毗盧殿前，缽大底座當然也不會小了！

古代僧人是持缽化緣而食，但在中國漢傳佛教裡，寺院本身就是一個小社會，僧人自己耕作，自己做食，「一日不作，一日不食」，缽在僧人生活中遠沒有印度佛教和南傳上座部佛教裡的作用大，至今在南亞斯里蘭卡和東南亞上座部佛教國家，僧人還是仍按傳統出外持缽化緣。

　　在漢地禪宗，把衣缽作為傳宗接代的信物，所以有「衣缽相傳」的說法，弟子獲得了師父付法的衣缽，就有資格做一名本宗的傳人了。

　　「還卿一缽無情淚，恨不相逢未剃時」，這是近代愛國詩僧蘇曼殊的詩句。缽作為詩人的量器，藉以抒發心中的愁悵。

生死事大敲雲板

　　在寺院齋堂的廊下，一般掛有一塊木板，這是佛門飲食報時的法器。它像一朵飄落而至的雲彩，所以叫做雲板。粥飯煮熟將要滅火的時候敲打雲板三下，這是通知廚房滅火的信號。到了進餐時間，連擊雲板三會，每會三時六響，僧眾聽到雲板的響聲，便紛紛取下缽盂，到食堂用餐。

　　板大多數是用木頭做的，凡是佛教使用的板通常上面要書寫：「謹白大眾：生死事大，無常迅速，各宜醒覺，慎勿放逸。」這是提醒大家，信佛修行是一件生死大事，世事無常，時間如駒，因之要時刻警惕，不要放鬆，如此才能得到正果。除了雲板以外，佛門還有大大小小的板，按用途、造型的不同，還有香板、禪板、內板、外板、序板、照板、鐘板、方丈板等。

　　照板是通知僧眾起床與休息的報時法器。每天凌晨，負責照板的巡照師提著照板邊走邊敲，繞寺一周。照板響過之後，禪堂才響起悠揚的鐘聲。夜晚，鐘聲響過，照板又起，僧人便在這板聲中入睡。

　　方丈室廊下懸掛的板叫方丈板。僧寮內的板叫內板。寮外的板叫外板。不過，現在已沒有專門的修禪僧了，這些內外板已不多見，只有少數寺院還保存了這種東西，例如福州西禪寺仍有內外板。

　　序板是佛門報事的板，掛在客堂內。只有在舉行重大法會或發生重要事情的時候，才敲響序板，平時是不能隨便亂敲的。

　　形如寶劍的板叫香板，它是用來監督僧眾修行的。傳說雍正皇帝仰慕玉琳涌秀國師的法力與品性，他想在佛門中再找到一位與玉琳國師一樣的人，作為自己親近的上師。有人向雍正推薦了揚州高旻寺的一位和尚，此人貌不驚人，而且頭上長疾，雍正見後很生氣，於是把他關在宮中一間小屋裡，敕令和尚七天之內必須開悟，屋外掛著一把寶劍，如果七天之內和尚不能開悟，就用這把劍取他的頭。和尚被關在屋裡，急得不得了，但也想不出如何才是開悟的境界，情急之下他突然明白了，所謂開悟是在自身內求得，而不是向外覓得，雍正讓他開悟，實際上是無所悟，於是他大喊一聲：「快拿劍來，我要取雍正的頭。」守衛的人把他的話告訴了雍正，雍正聽後龍顏大悅，知道和尚開悟了，置生死之外，拋棄了無常。後人按照這個傳說，將香板做成寶劍形，一方面用它警戒眾人，另一方面又用它懲罰違犯戒規的人。如今這種香板基本上已不為寺廟所用了，但還有的寺院將它保存下來，如北京法源寺禪堂內還珍藏有這種香板。

　　放在膝上的竹板叫禪板，僧尼坐禪累了的時候，把它放在膝上或者背後，就可以消除疲勞，不過時間不能太長。禪板也叫靠板或倚板。

　　禪堂報鐘下懸掛的板叫鐘板，是禪門報時兼報事的法器。唐宋以後，禪宗五家分燈，各立門戶，為了區分派別，禪宗五家的鐘板各不相同，臨濟宗鐘板橫掛，曹洞宗鐘板豎掛，法眼宗鐘板三角形，溈仰宗鐘板為半圓形，雲門宗鐘板為八卦形。

寶鐸和鳴響鈴脆

　　「旭日始升」，「金盤晃朗」，「微風漸發」，「寶鐸和鳴」，這是北魏楊玄之在《洛陽伽藍記》中描寫寺院風景的用語。寶鐸也叫「鐵馬」，就是現在的風鈴，它是佛門法器五種鈴鐸中的一種。

　　鈴鐸大多用銅鐵等金屬製成，是顯教、密教通用的法器。法會上用的鈴鐸叫「手鈴」或「手鐸」，長約 2 公分，直徑約 1 公分，一頭呈鐘形，內繫金屬圓球，一頭有把柄，呈金剛杵形，所以也叫「金剛鈴」。金剛鈴的把柄有獨股的、三股的、五股的。密教做佛事時，通常把獨股鈴、三股鈴、五股鈴、風鈴、塔鈴和金剛杵一起使用，放在大壇上的固定位置。五代表五智五佛，鈴代表說法，還有警覺、歡喜的意思。在三十七尊中，金剛鈴為最後一尊金剛鈴菩薩的三昧耶形象。當需要警覺諸尊或讓他們歡喜的時候，振動手中的金剛鈴，這

叫振鈴。在藏傳佛教中，鈴被作為稱讚法器而看待的。

　　在漢傳佛教中，金剛鈴主要用在「瑜伽焰口」的法會上，當在引魂、禮懺等時候，主壇法師便振動金剛鈴，同時，振鈴也能統一念誦的聲調。

　　鈴鐸在佛事中代表說法、警覺、歡喜、引魂，而用在建築上則又是一番風韻。當夕陽西下，日近黃昏的時候，微風拂過，懸掛在簷角的風鈴叮噹作響，發出清脆悅耳的聲音，寺院的沉悶的建築頓時有了一種超凡脫俗的空靈感，也為寺院增添了幾許嫵媚。

　　在寺院、佛塔等處的簷角下懸掛風鈴，還有一段美麗的傳說。相傳，釋迦牟尼有一位叫唄的弟子，生生世世用風鈴莊嚴寺塔，供養諸佛，所以他生生世世聲音清雅、圓潤、甜美，這樣說來，歌唱家們都曾經向寺院布施過風鈴了。

念珠顆顆繫功德

　　佛門中最被人們熟知的法器，莫過於念珠了。各地寺院法物流通處都有這種東西出售，每個佛教徒也必會手執此物。念珠又叫數珠、佛珠，它是佛教徒在念誦佛菩薩的名號或經咒的時候用來計數的法器。相傳，古印度毗琉璃王請求釋迦牟尼為他開示消除煩惱的方便法門。釋迦牟尼告訴毗琉璃王，用 108 個木槵子穿成一串，每念一句佛菩薩名號，過一個木槵子，念到一心不亂，便能消除煩惱，獲得幸福快樂。不過從一些資料來看，念珠的最早使用不是佛教發明的，它應是

婆羅門教的發明，在婆羅門教的經典「奧義書」中就記載了念珠的製造、功德和意義等說明，佛教只是將其援入而已，而且在佛教三藏早期律部的經典中，的確也沒有關於念珠的規定，所以學者認為，念珠在中國大乘佛教中的普遍使用，應是在隋唐時候開始的。

　　佛教還說人有 108 種煩惱，所以念珠的顆數一般是 108 顆，但也有 18 顆、27 顆、36 顆和 54 顆等數字不同的念珠，不過，這些都是 108 的約數，即能被 108 整除；還有佛經說，最上品的功德是 1080，這是 108 的倍數。在 108 顆念珠中，稍大的一顆叫母珠，代表阿彌陀佛，下面的小珠叫記子，代表佛教的十波羅密。也有的念珠為 7 顆、14 顆。

　　密宗的念珠則在每 7 顆或 21 顆上加上一顆小珠，叫四天王珠。108 顆意味著金剛界 108 尊；54 顆，意味著十信、十回向、十地和四善根。21 顆，意味著十地、十波羅密和佛果。在藏傳佛教裡，念珠是禮敬法器的一種。

　　念珠的質地多種多樣，有水晶的、瑪瑙的、玻璃的、珊瑚的、珍珠的等等。據說，念珠的質地與念佛的功德有著密切的關係，用什麼材料做的念珠，念一遍得到的福報是大不相同的。鐵質念珠，念一遍佛菩薩名號，獲得五倍功德利益；銅質念珠獲得十倍功德利益；蓮子念珠獲得萬倍功德利益；如果是菩提子念珠，念一句則可以獲得無量功德利益。《數珠功德經》說：「若有人手持數珠，雖不念誦佛名及陀羅尼者，此人亦獲福無量。」密宗甚至規定修何種功法，要用什麼質料

的念珠，如修佛部用菩提子珠；修觀音部用蓮子珠；修金剛部用金剛木珠等等，總之說法不一。

　　一身袈裟海青，掛上一串念珠也顯得十分瀟灑飄逸。不過，念珠是不能隨便亂掛的。只有受戒十年以上的僧人才有資格掛。掛的時候也有一定的規矩，方丈念珠的穗子拖在背後，知客與監院的穗子分別掛在左右兩肩。

執手拂子如意得

　　拂子也是一種佛門法器。古代衛生條件簡陋，每到夏天，蚊蠅肆虐。佛教徒不能殺生違戒，僧人只好用拂子驅趕蚊蠅。這是佛特地允許弟子們這樣做的。

　　拂子長約 2、3 尺，由拂柄與拂尾組成。釋迦牟尼在世時，曾經要弟子們用羊毛、棉麻、樹枝等不值錢的東西做拂子，而不允許使用金玉一類的高級材料，否則就是違戒。因為佛教是教人去欲無為的，使用一般的材料做成的拂子，不會造成貪欲和貪心，有利於修行和得正果。不過到了大乘佛教階段，大乘佛教信仰菩薩乘，於是拂子成為佛門內尊神的身分和地位象徵，據說菩薩與長者常常手持白氂拂，是白氂拂也成了拂子中的珍品，連千手觀音也有一隻白拂手。

　　禪宗出現後，也把拂子作為身分與地位的象徵，只有方丈和尚或他的代理人上堂說法時，才手持拂子，所以在禪門中，上堂說法又叫秉拂。

　　密宗在傳法灌頂的小壇中，把拂子和寶扇放在一起，表

示拂去煩惱，斷除障難。

　　我們到北京故宮或者去頤和園參觀，會發現在很多房間裡有一種數尺長，形狀彎曲，用玉做成的擺設，它就是玉如意。如意在佛教裡稱為爪杖。《音義指歸》說：「古之爪杖也，皮、骨、角、竹、木刻作人手指爪，柄可長三尺許，或脊有癢，手所不到，用以搔爪，如人之意，故曰如意。」原來如意就是用來撓癢癢的，又稱「癢和子」，在民間人們更願意稱它為「老頭樂」，因為人老了以後，皮膚油潤性下降，經常乾燥，容易產生發癢的現象，用它來搔癢，對老人來說無疑也是一件人生的快事。

　　佛教使用如意，並不是用來搔癢取樂，而是另有所用。法師在講經說法的時候，把將要說法的提綱或主要內容寫在上面，以免在法會上突然忘記，起到提醒的作用，猶如古代上朝時官員手上捧的「笏」做備忘錄一樣。然而也有時候法師拿它作為在舉行法會時拿在手上的一種「道具」。

　　如意在南北朝時就已為佛門所用，史載南朝梁武帝、齊高祖等人都向僧侶供養過如意。天臺宗創始人智者大師在說法時，他的老師慧思大士手上也持如意一支，稱讚弟子說法說得好。如意既是「如人之意」，故它不僅是一種涵義。例如漢傳佛教的僧人為了穿袈裟時不脫落，在袈裟上縫一個勾子，叫做「如意勾」；觀音像的手上握有如意輪等。

錫杖驅虎救眾生

　　過去在青山綠水的鄉間小路或是喧囂的鬧市，總能看見僧人拄著錫杖怡然行走，所以雲遊僧人出外雲遊叫飛錫或巡錫，每到一個寺院住下，叫掛錫或住錫。唐宋以前，錫杖在佛門十分流行，特別是雲遊僧，錫杖是不可缺少的法器，它既是用來作為一種裝飾，也可用它自衛，避免受到傷害。

　　在唐義淨著的《南海寄歸內法傳》卷四談到錫杖說：

　　　　言錫杖者，梵云喫棄羅。即是鳴聲之意。古人譯為錫者，意取錫錫作聲，鳴杖錫杖，任情稱就。目驗西方所持錫杖，頭上唯有一股鐵捲，可容三二寸，安其錞管，長四五指。其竿用木，粗細隨時，高與齊眉。下安鐵纂，可二寸許。其環或圓或扁，屈合中間，可容大指，或六或八，穿安股上，銅鐵任情。元斯製意，為乞食時防牛犬。何用辛苦，擎奉勞心。而復通身總鐵，頭上安四股，重滯將持，非常冷澀，非本制也。

　　這就是說，錫杖不是中國佛教的發明，它乃是印度傳來的東西。「錫」是發出的聲音，「杖」是它的形象，所以錫杖因聲形並存得名。印度佛教徒最早使用錫杖，是為了防身。因為印度佛教規定僧人不做飯，每天到外面乞食。印度氣候炎熱潮濕，最易於毒蟲蟒蛇的生長，故使用錫杖，就可以驅

趕野獸，保護自己。印度的錫杖頭部安有一段鐵砣與鐵管連
在一起套在木竿上，立地高度與人的眉毛齊。錫杖上方配有
一組鐵（銅）環，晃動時可發出「鏘鏘」的聲音。在印度梵
文裡，錫杖被寫作 khakharaka，"kha" 發聲近「鏘」，錫杖的
「錫」就是以 "kha" 音命名，所以錫杖也稱聲杖、音聲杖或
鳴杖。

　　錫杖傳到中國，又有了變化。在中國佛經裡，曾有一部
叫做《得道梯磴錫杖經》（亦名《得道梯磴經·錫杖品第二十》
或《錫杖經》）的經典，經中說到，佛對弟子們說：「持此杖
即此佛身，萬行盡在其中。」由此可以看出，錫杖在佛門中地
位是非常高的，誰擁有它就表示了與佛等齊，所有的佛法盡
在其中。《錫杖經》沒有說明它到底是由印度傳來而譯出的經，
還是由中國人自己寫的經，所以有人說它極有可能是中國人
撰寫的偽經，但是不管它是哪裡造出的經，至少表明中國人
曾經對錫杖是相當重視的。

　　僧人使用的錫杖有三淳、四股、十二環。三淳表示除貪
瞋癡三毒，修戒定慧三學；四股表示念苦集滅道四諦，修慈
悲喜捨四無量心；十二環表示念十二因緣，修十二門禪。當
然，也有五股、二股的錫杖，但那又另有所指。總之錫杖在
佛門的地位是很重要的，用途越來越廣，僧人傳戒、說法、
入院等場合都手持錫杖，在大法會上，手持錫杖的錫杖師是
地位頗高的「九師」之一。1986 年在陝西扶風縣法門寺塔地
宮出土的唐代皇家內道場的文物中，有三根錫杖是非常引人

注目的。第一根是純金二股十二環錫杖，純金製成，長 27.6 公分，重 271 克，杖頭為一尊坐佛，二股頂部為仰蓮上承智慧寶珠，分別套裝六只金環。杖柄實心，杖鐏作寶珠形，通體沒有任何飾紋。第二根是鎏金二股六環銅錫杖，杖頭為二重仰蓮座承智慧寶珠，二股各套裝 3 個銅環，全高 31 公分，在杖柄上刻有僧人和弟子的名字。第三根迎真身銀金花四股十二環大錫杖是最著名的。全長 296.5 公分，銀質鎏金，重 2390 克。杖頭四股以銀絲盤繞，每一股上又套裝雕花金環 3 枚，四股頂部有兩重束腰蓮座，上承一智慧寶珠。杖首以五鈷金剛杵連接兩體仰蓮寶座，下部飾有忍冬花、流雲紋等。杖柄從上到下刻背有頭光的十二圓覺菩薩像，及海棠、蓮瓣紋等，圖案精美，工藝精良，是中國古代手工藝品的上乘之作。法門寺三根錫杖都是皇帝降旨專門用來供養佛祖而做的，這已足以說明在唐代時錫杖就已成為佛門的重要法器了，連皇帝都如此，更遑論民間是何等的重視！

　　唐代法門寺是密宗的道場，錫杖上刻的供養人名中就有唐代著名的密宗僧人，迎真身銀金花四股十二環大錫杖以五鈷金剛杵來連接寶座，它應屬於密宗法器。此外有些密宗的錫杖則被擬人化，成為阿闍梨所傳曼荼羅圖位中釋迦院中的如來錫杖菩薩。千手觀音有一隻手就手持錫杖，被稱為「錫杖手」。八臂不空羂索菩薩和地藏菩薩也是手持錫杖。

　　與錫杖相關的還有一些傳說故事。據說北齊時，有一位僧稠禪師在西王屋山修禪，當時兩隻老虎正在爭鬥，虎聲震

動山澗，僧稠禪師聽見虎聲，心發慈悲，用錫杖將兩虎隔開，平息了虎鬥。隋代，曇韵法師出外旅行，路上也碰到二虎相爭，他用錫杖驅散了兩虎，所以錫杖從此也獲得了「解虎杖」美稱。唐元和年間 (806-820)，隱峰禪師登五臺山禮佛，路經淮西，正碰到一支官兵與強盜作戰，禪師不忍眾生塗炭，力願平息兵火，於是將手中的錫杖盡力拋向空中，帶著呼嘯聲的錫杖在天空鳴鳴旋轉，引起作戰雙方將士的注意，大家紛紛抬頭駐足觀看從頭上飛過的錫杖，忘記了正在你死我活的爭鬥，一場鏖戰即刻停止，這是佛教史上人們經常說到有名的飛錫故事。

人們熟悉的中國古代四大名著之一的《水滸傳》裡魯智深手舞月牙鏟，這是一種變形的錫杖。

有人以為禪杖就是錫杖，其實是一種誤會。禪杖是禪堂中專用的法器，一頭包著軟布。如果發現禪者昏睡，巡香則用禪杖將昏睡者輕輕推醒。不過，有的寺院用禪板代替禪杖。

金剛杵號轉經桶

在自然界裡的礦物質中，有一種叫金剛石的天然礦石。金剛石的硬度很高，我們生活中離不開的玻璃，就是用它來劃開。而用它製成的裝飾物——鑽戒，更是價值不菲，不是什麼人都能買得起的，英國女王頭上戴的皇冠，上面就是用昂貴的金剛鑽石來裝飾的。由於金剛石有很高的硬度，極為珍貴，故受到人們的珍視。

　　印度是一個礦產豐富的國家，盛產金剛石。在印度宗教裡，金剛鑽石是受到人們普遍崇拜的聖物。人們把它稱為「月亮寶石」，欣賞它冷峻、孤傲的風格，更喜歡它摧毀一切的特性，所以印度教和佛教都以金剛菩薩來作為修行的最高境界。佛教稱金剛為銳利、摧毀一切，著名佛經《金剛經》就是闡述摧毀一切不實之法，得到般若智慧的典籍。佛教密宗有一種法器叫金剛杵，它代表堅固鋒利的如來智慧，內降愚癡煩惱等心魔，外摧各種邪見外道。

　　金剛杵和金剛鈴一樣，有獨股、三股、五股等。獨股象徵一真法界；三股代表身口意三密；五股比喻五智五佛。

　　在密宗中，還有一些類似金剛杵的法器，如金剛橛、月刀、鉤刀、斧鉞等。

　　在漢地寺院，天王殿彌勒佛後的韋陀天手持的也是金剛杵。據說，根據韋陀天手上金剛杵的持法，就能判斷出寺院的性質。如果韋陀天雙手合掌，金剛杵橫臥手腕，這個寺院就是十方叢林，對雲遊的僧人，來者不拒，去者不留；如果韋陀天一手握杵拄地，一手叉腰，這個寺院就是子孫叢林，對來往的僧人概不接待。

　　在密宗中有一種法器叫做骷髏碗。骷髏碗是用上代活佛的頭蓋或信徒死後的頭蓋做成，上有金剛杵，下有金屬托座，內部及碗口鑲有銀皮。骷髏碗是舉行灌頂儀式時用的法器。灌頂的目的是消除煩惱，增長智慧。

　　黃銅號角大概是佛門中最長的法器了。它有 4、5 個節，

最長的可達 3、4 公尺。在密宗中，黃銅號角是作為樂器，在各種法會上使用的。它的聲音低沉有力，吹奏時可傳出數里。平時它被供置在大殿的平頂上。

在西藏、青海等地寺院中，可以看到一種可以轉動的圓桶，這就是藏傳佛教的轉經桶。轉經桶藏語叫做「嘛呢桶」，是專門為那些不識字的信徒設置的。轉經桶內裝有六字真言及各種經咒，轉動一圈與誦讀一遍桶內的經咒，獲得的功德利益同等。這樣既省事又有益處，何樂而不為呢？所以，朝山的僧俗，人人都要從這裡經過，轉上一圈。有的大經桶依靠個人的力量是根本轉不動的，必須大家一起使勁才能讓它轉動，碰到這種情況，大家一起用勁轉動經桶，將被看作積累了公德。如果沒有時間到寺院裡轉，也可以請一個小的拿在手裡轉。尤其在信仰佛教的藏族、蒙古族等信眾聚居區，在寺廟裡可以見到信徒們排成長隊，依次轉動經桶的感人情景，他們的臉上充滿了滿足的神態；在廣闊的草原，藍天飄著白雲，牛羊悠閒地吃草，馬兒歡跑，藏族、蒙古族婦女就坐在野外或帳篷內聚精會神地轉著經桶，這又是另一番感人的氣象。手轉嘛呢桶，是教徒終生的義務。轉嘛呢桶時，按規定要向右轉，如果轉壞的嘛呢桶越多，說明功德越圓滿。手動嘛呢桶是藏傳佛教徒最珍視的法器之一。

漢傳佛教也有類似轉經桶的法器，不過叫轉輪藏。它是中國佛教的特產，發明者是南朝梁傅翕。《釋門正統》卷三載：「初梁朝善慧大士（即傅翕）愍諸世人，雖於此道，頗知心

向，然於贖命法寶，或另有女生不識字者，或識字而為他緣逼迫不暇披閱者。大士為是之故，特設便方，創成轉輪之藏，令信心者推之一匝，則與看讀同功。」也就是說，佛經浩瀚，一般的人不可能把它全部讀完，而且也看不懂。但是佛教徒供養佛法僧三寶，代表佛說的佛經也是三寶之一，更應供養。於是對那些沒有文化或沒有時間的信徒來說，轉輪藏就是供養佛經的一個重要方法，輪藏每轉一次，就代表閱讀藏經一遍。最早的輪藏，可能與人們置書的書架有關係，書架做成圓形，是為了取書的方便。現在不管是轉經桶還是轉輪藏，都已成為寺院建築不可分割的一部分了。轉輪藏有些是可以轉動，有些卻是不能轉的。北京智化寺內的轉輪藏是固定的，人們只能沿著它轉圈。四川大足的轉輪藏，則是石刻的，因為它是利用了石窟的背景，轉輪藏是由一塊巨石整體鐫刻而成，安座在石窟裡面，它太重了，人們不可能去轉動它，但圍著它轉圈還是可以的，同樣也能滿足人們事佛誦經的心態。現在它已成為著名的文物，前來參觀的遊人香客只能看一看，從那魁梧的體積，體會出佛法的博大精深。

　　與藏族或蒙古族接觸的人都會有一個深刻的印象，那就是好客的藏蒙民族要向珍貴的客人獻上一條潔白（也有黃色或藍色）的哈達。哈達是一段布料，長數尺。它最早是人們向佛奉獻的法物，表達教徒對佛的尊敬，後來沿用到民間，成為迎接客人的高貴禮節，代表吉祥如意。

　　法器是人們製造出來的，它的每一部分內容，都可以書

寫出一部歷史。法器是歷史的凝聚，透過它可以讀出歷史的延續。

　　每一座寺廟都是一座佛門法器博物館，只是規模的大小不同罷了。

　　現在，越來越多的寺院向遊人開放，對於那些隨處擺設的法器，除了轉經桶可以讓人盡情轉動以外，其他法器大多是代表佛門號令，千萬不要隨便動它。

三、法事儀軌

　　20世紀已過去，人們走進一個新的時代。雖然現代化正在走進人們的生活，但是，每天世界各地仍然有不少人堅持遵循過著數千年來的宗教生活，舉行各種宗教儀式。

　　每個宗教都有自己的儀式，每個儀式都有特定的涵義，我們的祖先——原始人就曾經醉心於種種儀式，試圖從這裡找到與眾神的接引，有利於自己的解釋或者是慰藉……。

　　宗教儀式都是人為造出的，它的來源非常古老。人們在生活中因種種原因，而發明了一些儀式，其目的：一是與神交接，二是獲得祈福禳災的功用。

　　印度是宗教大國，人們總是以祭神求天來祈得上天的護祐。印度教的婆羅門掌管和解釋法事儀式大權，從事這項工作的就是精神貴族階層，他們製造了各種法事儀軌。在印度最古老的婆羅門教的聖書——吠陀裡，《阿闥婆吠陀》就是一

本記錄各種法事儀式的典籍。佛教創立後，沿襲了這一傳統，建立了自己的儀式，至今已有 2000 餘年的歷史。

中國自古以來就是一個禮儀之邦。佛教傳進中國，一些儀式和儀軌也就被佛教徒沿用，在漫長的歷史發展過程中，又增加了一些中國佛教徒自己發明的儀式，成為具有中國特色的佛門儀禮，有的儀式還變成了民俗，成為一般百姓的風俗。

佛教儀式複雜多樣，每一個宗派和法事有嚴格的儀軌，各宗各派獨特的法事，既表達了本宗本派的意願，也是禪、淨、顯、密各宗的互相糅合。

合掌跪拜三皈依

跪拜合掌等禮儀是佛門中使用最廣泛、最普通的一種，凡是佛教徒都要使用它。僧人之間合掌致意，俗人居士合掌禮拜法師。合掌又叫合十，即兩隻手掌合在一起，端放在胸前。這是佛教徒的一種禮節，不但可以用在普通人之間，也可用於禮佛。佛門有句「單合掌，小低頭，皆可成佛」的說法，就是說對佛像懷有一種恭敬心，即使是合合掌，點點頭，將來也能成佛。這是中國人的理解。其實合掌是印度來的舶來品，印度人日常見面都雙手合掌，說一聲 "Namsty"，就是互相問候一聲「你好」的意思，猶如中國人互相見面時抱拳拱手問候一樣，所以合掌的本意就是致意。

佛經裡常有這樣的描寫：「頂禮佛足，右繞三匝，長跪叉

手」或「五體投地」等等。用現在的話來說，就是「用頭頂觸摸佛的腳面，圍佛繞三圈，再在佛前長跪雙手合掌……」。僧人跪在蒲團上向佛致禮，再彎腰磕頭，一次，二次，三次……。跪是佛門中的大禮，這種禮節一般用在蒲團上拜佛。喇嘛或藏傳佛教徒是五體投地的拜佛，全身撲地，雙手高舉，手掌上翻，手背……；拜是佛門中的最高禮節，漢傳佛教的拜是匍匐於地，藏傳佛教的拜是五體投地。不管是哪一種拜，他們都投以最虔誠之心。對信徒來說，不光拜佛，跪拜僧侶也是必不可少和應該做的。因為佛、法、僧三寶，僧寶也是一寶。

法器是舉行法事時的輔助工具。在莊嚴的法會上，敲打鐘鼓魚磬，吹響嗩吶號角，營造了濃重而又神秘的宗教氣氛。例如，古人講經，強調「聲、辯、才、博」四種基本功。《高僧傳》說：「非聲則無以警策，非辯則無以適時，非才則言無可采，非博則語無依據。」「聲」是指講經時的鐘鼓聲，它能在講經的氛圍中起到令人警醒的作用；「辯」指談吐自如，恰到好處；「才」指文采橫溢，辭藻華麗；「博」指廣徵博引，例子眾多。

要成為一名佛教徒，「三皈依」是不可缺少的儀式。大雄寶殿內，佛像莊嚴，香煙繚繞，僧人身披袈裟站在佛像前，在家信徒跪在上師面前接受三皈依，眾人吟唱太虛大師創作的《三寶歌》……。

「三皈依」就是皈依佛、法、僧三寶。佛教認為世俗社

會的金銀珠寶再昂貴也比不上佛、法、僧三寶的功德妙用，三寶是指引芸芸眾生奔向快樂彼岸的導航者，所以佛、法、僧是寶中之寶。

在鐘鼓齊鳴聲中，皈依者在引禮師的帶領下請出傳授「三皈依」的上師。這是「三皈依」儀軌程序中的第一個步驟，接下去是開導、請聖、懺悔、受皈、發願、勸囑、回向等各種儀式。

在釋迦牟尼時代，「三皈依」並沒有複雜的儀軌，只要在佛前說：我今皈依佛，皈依法，皈依僧，就是一個佛教徒了。但是，隆重、莊嚴的儀式更能激發、增加信徒的虔誠之心。明代有一位嚴持禁戒的見月律師，參照比丘戒、菩薩戒的受戒儀軌，編寫了一部《三皈五戒正軌》的冊子，「三皈依」儀軌也就逐漸流行開來。現在漢傳佛教的「三皈依」儀軌仍然以這本冊子為準。

「三皈依」儀式以後，上師為你取一個法名，發一本皈依證書，你就是一名正式的佛教徒了。「三皈依」是邁向佛門的第一步，是修持一切善法的基礎，更是成為僧尼的根本。所以，「三皈依」成為中國佛教各宗各派日常念誦與各種法事不可或缺的儀式。在雲南上座部佛教中，唱「三皈依」是修持的手段之一，也是為他人祝福、祈禱最好的祝詞。

出家受戒改人生

北京西郊有一座青松隱映的戒臺寺。它的戒壇聞名於中

國佛教界，是中國三大戒壇之一。另外二座是福建泉州開元寺和浙江杭州昭慶寺。過去僧尼都來此受戒。現在戒臺寺已闢為公園，遊人可以進入這塊佛門禁地。然而，受戒儀式外人未必知道。

　　從佛教的角度來說，「出家」並不是真正意義上的成為佛門僧伽當中的一員，「出家」僅是離開了家住進了寺院而已，只有在受了戒以後，才是僧團中的正式一員。受戒儀式是佛門中最為隆重而且最為神秘的法事活動。受戒時間長短不一，少則數天，多則長達數月。受戒之前，舉行受戒儀式的寺院發出通知，意思是某年某月某地將舉行放戒活動，欲受戒的人在寺院和師父的同意下，準備好受戒的各種用具，離寺前往。每逢此時，全國各地的求戒者帶上三衣、戒具、缽、戒金，紛紛趕往放戒的寺院。戒金是作為求戒者購買香花燈燭等供品及戒牒的費用。在正式求戒之前，求戒者要預習各種戒律、預演受戒儀式。僧尼的戒律有沙彌戒、比丘戒、菩薩戒，合稱三壇大戒。現在每年中國各地都有不少寺院要放戒，前來受戒的佛子很多，但是江蘇寶華山隆昌寺則是中國最有影響、最古的放戒場所之一。

　　沙彌戒、菩薩戒的儀式，一般在大殿舉行，這是集體受戒。比丘戒則在戒壇內舉行，求戒者三人一組，叫做一壇。戒壇內設有三師七證的坐椅。中間坐的是受戒導師「衣缽傳燈本壇阿闍梨」，左邊坐的是「羯磨阿闍梨」，右邊坐的是「教授阿闍梨」，兩旁坐的是「尊證阿闍梨」，他們是受戒的證明

人。這十名大和尚必須是嚴格遵守佛門戒律,出家 20 年以上,戒齡也必須在 10 年以上的人擔任。由於受比丘戒要立標結界, 具足戒律所規定的條件, 所以比丘戒又被稱為具足戒。

釋迦牟尼臨涅槃前留下「以戒為師」的法訓,佛教徒都把受戒看成是自己解脫道上的一段里程碑,把受戒儀式辦得十分隆重, 即使是在人口稀少的地區,受戒也要請五個大和尚作為他們的傳戒師。如果是達賴、班禪或者活佛,他們的受戒儀式就更為隆重了。

受戒後,傳戒寺院發給受戒者一張戒牒、一份「同戒錄」。戒牒是受戒者受戒的證明書;「同戒錄」是當屆所有受戒者的俗名名冊。

過去, 漢傳僧人受戒後, 在泛著青光的光頭上燃上數點香疤。據說, 這是元朝的時候, 為了區別漢僧與喇嘛的標誌的做法。由於燃香疤不見經傳, 也無助於修行, 1983 年中國佛教協會明令禁止這一舊習。

受過戒的僧尼, 每月要舉行數次叫做「布薩」的誦戒儀式, 檢討自己在這段時期是否犯戒, 既為了牢牢記住每一條戒律, 也為了在將來的修行過程中, 不再違犯戒律。各地流傳下來的「布薩」日期各不相同。藏傳佛教在每月的十四、十五、九、二十四幾天舉行;南傳佛教受《摩奴法典》的影響, 每週舉行一次;漢傳佛教每月兩次, 一般在農曆的初一、十五舉行。

珍視生命行放生

　　佛門的戒律達數百條,而且每個派別的戒條也不盡相同,遵照的戒本也不一樣。但是最基本的戒條是五條。它們是:不殺生、不偷盜、不邪淫、不妄語、不飲酒五種。

　　殺、盜、淫、妄是犯重戒,凡是破此四大根本罪的人,將受到最重的懲罰,被逐出寺門。犯了其他戒條的人可以懺悔。懺悔形式多種多樣,在誦戒前公開坦露自己的過錯即為其一。中國佛教一直有一套懺悔儀軌。在每天課誦的儀軌中已納入了懺悔的內容。此外還有淨土懺、藥師懺、大悲懺等大型的懺悔法會,據說,參加懺悔法會不但可以消除今生的罪孽,還可以求福得福,求壽長壽。懺悔之後卸下心理負擔,身心輕快是無爭的事實。

　　早在 2500 多年前,佛教就提出保護動物的口號,戒律的第一條是「不殺生」。《賢愚經》裡有一個「割肉貿鴿」的故事。講的是從前有一位叫尸毗的國王,發誓「當度一切」。一天,一隻鴿子遭到老鷹的追趕,惶惶受驚的鴿子飛到了尸毗王腋下,請求保護。老鷹也來到國王面前,要國王把鴿子給他作食物。國王不同意。老鷹對國王說:「大王自稱要『當度一切』。我現在需要食物才能維持生命,那麼你也應該把我度在『一切』之內才行吧。」國王拿一些早已準備好的肉給鷹吃,但是老鷹不吃,牠要吃「新殺熱肉」。國王最後為了滿足鷹的要求,從自己身上割了一塊與鴿重量相等的肉施與老鷹。

大寶國有一位王子。一天出門，看見一隻老虎饑餓難忍，想吃掉自己親生的兩隻小虎。王子可憐兩隻小虎，不忍牠們被食，於是自己投身於虎，供虎充饑。這就是佛經裡經常講到的「捨身飼虎」的故事。

《六度集經》裡的「鹿王」的故事也為人熟知。一位國王每天需要烹一隻鹿，每次出外打獵，群鹿死傷眾多。鹿王為了減少傷亡，親自與國王商定，每天派一隻鹿到宮中的廚房。有一天，輪到一位懷孕的母鹿去送死，鹿王為了挽救母子的兩條生命，願自己親自上門代死。國王被感動，從此不再烹殺群鹿。

保護動物就是保護人類自己，這是當代人們經過痛苦的代價之後才認識到的一個真埋，現已成為環境保護者奉行的真諦。殊不知佛教徒就是動物保護主義者，而且這句口號已經吼了多年，可悲的是今天才為人們所接受！

佛教徒不僅不能殺生，而且還要放生，本著眾生平等和大慈大悲的精神，給予一切有生命的提供生的機會。中國很多寺院都建有放生池，裡面飼養了各種被放生的動物。像福建廈門南普陀寺、浙江寧波天童寺、普陀山普濟寺等寺院的放生池，都非常有名。在放生池內的魚兒游的正歡，遊人餵魚撒食，培養愛心，魚食拋在水裡，魚兒爭搶食餌，生機活潑。在沒有放生池的寺院怎麼辦？如北京廣濟寺就沒有這樣的條件，但是這難不倒聰明的佛教徒，在每年浴佛節浴佛儀式後的放生儀式，將用於放生的眾生，如鳥類等動物，由汽

車載到郊區放飛，也是一種放生。

中國佛教徒大力提倡放生的是隋朝天臺山的智者大師。在他的影響下，佛門廣開放生法會，並且形成一套完整的放生儀軌。

佛門有一句話叫做：人身難得。眾生做了惡業，死後將會轉生到地獄、惡鬼、畜生的三惡道中，所以，放生也是在提醒信徒不造惡業，以免散失人身。

觀世音菩薩是大慈大悲救苦救難的象徵，所以，在放生儀式上要敬請觀世音菩薩降臨法會，淨水、楊枝是不可缺少的道具。面對即將被放生的動物，在「楊枝淨水」香贊中，參加法會的僧尼，用慈悲憐憫的眼光看著動物，內心觀想佛菩薩的形象，借助佛法無邊的力量，不僅為牠們放一條生路，也為牠們超脫三惡道指明一條方向。

轉世荼毗行往生

藏傳佛教實行活佛轉世制度。活佛圓寂後，他將轉世到下世。尋找轉世的新活佛是藏傳佛教的一項特殊儀式。首先由德高望重的僧人根據某些徵兆確定靈童的方位，然後派出僧人悄悄地到處按照徵兆所說的去找尋靈童，一俟靈童身分被確定後，邀集四大護法，將靈童的名字和出生年月，用滿、漢、藏三種文字寫在金箔上，放在金瓶內，選派真正有學問的活佛，祈禱七日，最後抽出寫有名字的靈童，經中央政府備案，就成為上世活佛的傳世。小靈童被確定後，還要進行

坐床等一系列儀式，這些儀式都是藏傳佛教史上的大事。

　　生、老、病、死是人生四件大事。當僧人生命垂危時，看護的人要在他面前誦經或念佛菩薩名號，這是為他往生的助緣。僧人圓寂後，需要燃盡一炷香，以後才能料理後事。

　　古印度的喪葬有土葬、水葬、火葬、林葬等方法，號稱「天竺四葬」。中國漢傳佛教採取火葬方法。專用名叫「荼毗」。火葬前停靈七天，先將亡僧按坐禪的姿勢盤腿放入木龕。由住持或高僧大德主持封龕儀式，封龕前說一些偈語。火葬的前一天，客堂掛出通告火葬的牌子。火葬當天，僧人們帶上引磬、木魚等法器，在化身窯前舉行火葬儀式。

　　禪宗是中國民族化的佛教宗派，其僧人圓寂後，從入龕到火葬有移龕、鎖龕、掛真、對靈小參、起龕、奠茶、奠湯、秉炬、荼毗、入塔等極為繁雜的法事儀軌。如今這種喪葬儀軌已不多見，但在民間的喪葬儀式上仍可找出這些痕跡。

　　藏傳佛教對喪葬採取的又是另一種儀軌。達賴、班禪、活佛等高僧大德圓寂後，法體進行防腐處理，安放在靈塔內，供後人瞻仰禮拜。普通喇嘛圓寂後送到天葬臺天葬。天葬就是天葬師和他的助手對屍體進行解剖，餵養神鷲，這大概源於佛祖「捨身為鴿」的獻身精神吧。

瑜伽焰口渡亡靈

　　放瑜伽焰口是寺院中經常舉行的法事儀軌，一般是在大型法會圓滿日與節日的黃昏或夜間舉行。據說，釋迦牟尼的

侍者阿難在林中坐禪的時候，看見一個身形枯瘦，喉如細針，口中噴火，極為醜陋的餓鬼對阿難說：我叫焰口，因生前吝嗇，死後轉生餓鬼。你在三天之後也將生命結束，如我這般。阿難聽後非常恐懼，請求釋迦牟尼幫助。釋迦牟尼告訴阿難，普遍施食餓鬼，即可免除此難。所以在後來的瑜伽焰口中都要撒淨水和糧食，以示施食。

放瑜伽焰口一般是 13 到 15 個僧人參加，最少也不能少於 7 人。殿堂內設瑜伽壇，上首是頭戴毗盧帽，身披大紅袈

焰口牌

裟的金剛上師，兩邊對坐的是陪壇。大殿外設有燃面大士壇和靈壇。瑜伽壇、燃面大士壇和靈壇是瑜伽焰口必設的三壇。過去，燃面大士多用紙紮，現在一般只供牌位；靈壇上放著施主為追薦亡魂而供的靈牌位。這些牌位在焰口結束前焚燒。

中國的焰口儀軌始於中唐，最初是密宗的一種施食儀軌，唐末以後曾一度失傳，至元代才又從西藏傳入漢地。現在各地焰口儀軌有所差別，但大同小異。在唱誦「楊枝淨水贊」的淨壇儀式中開壇，每位參與法事的僧人面前都有一本《瑜伽焰口》，陪壇的僧人只要照本宣科，開卷便唱即可。金剛上師時而振搖手中的金剛鈴，時而手結各種印契。這些印契都有所表示，或代表懺悔或代表伏魔或代表開喉，金剛上師在做這些手印的時候，

心存觀想，達到身、口、意三業相應。三業相應正是瑜伽的本意。

盂蘭盆會施鬼魂

在中國的戲曲中有一齣「目連救母」，這個故事源於《盂蘭盆經》。釋迦牟尼的上首弟子目連證得羅漢後，以天眼觀其亡母生於餓鬼之中，瘦得皮包骨頭。目連用神通給亡母送飯，沒想到，飯未到嘴便化為火炭，始終不能入口。目連十分難受，請求釋迦牟尼幫助。於是釋迦牟尼告訴目連在僧尼自恣的日子，用盂蘭盆盛百味飲食供養十方僧人，仰仗眾僧的法力，不僅死去的母親能得以解脫，連更早過世的親人也能離苦得樂。於是，盂蘭盆會便在佛門流行。

盂蘭盆會始自於南朝梁武帝。最初只是主要供僧，後來的盂蘭盆會漸漸成為布施餓鬼、超度亡魂的法會了。

盂蘭盆會一般在農曆七月十五日舉行。在此之前，先設立佛壇、普施壇、孤魂壇。佛壇上供佛像和如意尺等法器，普施壇上放供物，孤魂壇上設蓮位牌。十五日清早，在手持金剛鈴的導師的帶領下，六位僧人步入法會現場，他們分別手持大鼓、木魚、引磬、鐺子、鉿子等法器。

盂蘭盆會的時間較長，有時從清晨一直延續到深夜。有的地方，白天上演「目連救母」，晚上放河燈、焚法船。這實際上是一邊向施主宣傳傳統的孝道等倫理道德思想，一邊告慰亡靈。當人們忙了一天，在夏日的夜晚，望著水中漸漸遠

去的閃爍河燈，他們相信那些孤魂和亡靈，也一定隨著河燈漂向彼岸，漂向西方。放河燈等習俗北方已不多見，但江、浙一帶有些地方仍保持這一習俗。在上座部佛教國家和地區，放河燈已成為人們每年當中的一個重大活動，夜晚河水映著青冷的月光，河燈飄流，漸漸遠去，不僅揭示著亡靈離人越來越遠，而且也是民間娛樂活動的一種方式。

安居結界守自恣

　　印度地處南亞次大陸，每年夏天有長達三個月的雨季。雨季正是草木生長、蟲蟻繁殖的季節。為了不傷害正在生長的蟲草，佛教戒律規定，在雨季中僧尼立標結界，結夏安居，不再外出雲遊參學。這一規定延續至今，但各地安居的時間有所不同。

　　漢傳佛教一般以農曆四月十六日至七月十五日為安居期。進入四月，各寺院封鎖雲水寮，不再接待來往參學的僧人。安居的前一天客堂掛出「今日受籌，明日安居」的牌子。受籌儀式在法堂或齋堂舉行，由一名悅眾將如筷子粗細的竹籌分給所有在座的僧人，再由一名悅眾收回竹籌。當年安居的人數即以收回的竹籌數為準，由維那師在佛像前當眾宣布。安居的第一天，每位僧人對自己的師長或同參說：大德！一心念我比丘某某，今依某某僧伽藍前三月安居。這叫「對首安居」。安居期內，除不能超越安居前立下的標界外，其他活動仍如常規。

在雪域西藏，冬日漫長，春寒料峭，夏天卻極為短暫，因而藏傳佛教的安居期也很短，每年藏曆的六月十五日到七月三十日是喇嘛的安居期，藏語叫「雅勒」。安居的第一天，全寺喇嘛集中大殿，由堪布帶頭宣佈安居規則。監督安居的「雅達巴」手捧一把碩大的鐵鎖和鑰匙，依次從每位喇嘛面前走過。走到誰的面前，誰就將手放在上面，並誦出規則。象徵在安居期內的行動自願受到約束。以後，每天曉會誦經後，回到各自的屋裡，並在門上放一團泥巴和一把古夏草以示閉門修禪。

在拉薩，每年安居期內，還要舉行雪頓節。「雪頓」是奉獻酸奶的意思。這是信徒向喇嘛奉獻酸奶，並上演富有地方特色的藏戲。雪頓節的頭一天，也就是藏曆六月三十日清晨，當第一道朝陽照耀在世界屋頂時，在號稱世界第一大寺哲蚌寺的後山上，展出高達數十公尺的釋迦牟尼佛像，俗稱「曬大佛」。這一天西藏各地的人們都趕到拉薩的羅布林卡，搭起五顏六色的帳篷，載歌載舞，慶祝節日。

傣族雲南上座部佛教在傣曆九月十五日到十二月十五日為安居期。雲南西南邊境受熱帶季風氣候的影響，形成了自己獨特的氣候。進入傣曆九月，西雙版納熱帶雨林的村寨，春收剛完，倉庫滿糧，夏種播畢，雨季來臨，僧人也正好在此時舉行安居儀式，叫做「入雨安居」，有的書上稱這一節日叫做「關門節」是不對的。上座部佛教的安居已成為全民的節日活動。安居的第一天，所有的僧人集中在各勐的總佛寺，

由大長老宣布安居開始，寺廟大門從此緊閉不開。從清晨開始，家家戶戶備下美味佳餚從四面八方趕來，供佛齋僧。過去地方行政官員也要在這一天到佛寺禮佛或皈依佛教，更多的人則利用這一農閒的時間到寺裡短期出家。

浴佛法會歡樂海

佛教的節日數不勝數，每一個節日都要舉行法會。在眾多的節日中，最隆重的法會大概要屬浴佛節了。北京各大寺院每年農曆四月初八舉行浴佛節。雍和宮則在農曆四月十五日舉行。浴佛節是為紀念釋迦牟尼誕生而舉行的節日。相傳2000多年前，在一個春末夏初和風煦日的時候，釋迦牟尼誕生在古印度藍毗尼園的無憂樹下。他誕生時，天女從空中向他撒下鮮花，地上九龍口噴淨水為他沐浴，這便是後來浴佛節的經典根據。

漢傳佛教在四月初八這一天，舉行盛大的浴佛儀式。這是鳥語花香的日子。清晨，僧眾就在大殿的供桌上置一浴盆，盆內倒入用各種香料配製的香湯，並在盆內放兩把小勺。當時辰一到，執事僧便鳴板集眾，出家在家四眾弟子按秩序列隊，前往迎請太子像。太子像是一個一手指天一手指地的童子像。當太子像即將來到大殿時，殿內鐘鼓齊鳴。主持人將太子像立於浴盆中。在「南無本師釋迦牟尼佛」的佛號聲中，浴佛的儀式開始了。這是佛教僧俗最激動人心的時刻，他們以最虔誠的供養和慶祝，依次舉起小勺將香水灑向太子像，

再撒上一把香花。

1995 年中國佛教協會根據國際佛教界的慣例，將浴佛節定為每年公曆五月的第二個月圓日，也稱為佛陀日。這一天中國佛教界要為世界和平舉行祈禱法會。

在浴佛節這一天，還舉行「行像」、齋僧、放生等法事儀軌。不過現在除日本、東南亞等地區仍流行「行像」外，中國已不多見。「行像」就是抬著佛像在街上遊行。

南傳佛教和藏傳佛教把浴佛節定在農曆四月十五日。在雲南傣族地區，浴佛節已演變為全民參加的潑水節了。這一天是傣族祖臘曆的元旦，傣族人民要舉行三至七天的潑水節。在第一天的「桑干日」舉行浴佛活動，還含有祈求風調雨順、五穀豐登的目的。

在傣族地區，每年農曆的正月十五日是燒白柴節。信徒們砍回白柴紮成「亞」字形底座的柴亭，在頂上放置一些易燃物。當夜暮來臨，寺裡的長老來到柴亭前誦經。在香煙繚繞和燭光閃爍中，長老手持竹杆點燃柴亭。燒白柴的時候正是初春來臨，人們希望熾熱的柴火，能夠驅散寒氣，讓天氣盡快熱起來，春天早日來到。柴亭大約燃燒一小時，待它化為灰燼，人們才戀戀不捨散去。

佛教與藏族歷史文化習俗的長期融合，形成了藏傳佛教獨特的法事儀軌。它的每個儀軌都充滿了神秘色彩。在藏曆正月二十四日，舉行「默朗欽波」祈願大法會。這是宏偉、壯觀的場面。從初三起，拉薩變成了紅色袈裟的海洋，到處

湧動著紅色袈裟的浪潮。藏、蒙、納西、普米等各族的數萬喇嘛,從四面八方湧向拉薩。法會主會場大昭寺的八角街頭,高高聳立著四根巨大的經旗杆,上面飄揚著嶄新的經旗和幡幢。法會期間,每天從早到晚有 6 次的誦經活動,並通過辯經,排定 16 名格西的名次。嘹亮的誦經聲,飄蕩迴旋在高原上空。

正月十五日,在八角街上舉行酥油燈會。這些用酥油捏成的花鳥魚蟲、神仙人物,栩栩如生、神奇富麗,在光焰的映照下,徜徉其間,如夢如幻,充滿神秘。

法會最後一天是驅邪送鬼儀軌。在喇嘛們的誦經聲中,用糌粑做成象徵邪惡與魔鬼的「多瑪」,被化為灰燼。

歲月悠悠,數千年的時光行雲流水般過去,但是,每天寺院的上空仍然飄蕩著喃喃的念經聲和悠揚的梵唄聲。在晨鐘暮鼓中,面對青燈古佛,僧尼們每天都有忙不完的法事。他們或為自己修禪、禮拜、懺悔;或為他人祈禱、祝福、念誦;也許在佛菩薩的誕生日舉行大型的紀念活動;也許在方丈入院的日子舉行隆重的慶典。不管法事場面的大小,讚美三寶,普度眾生,祈福人類是貫穿每一場法事的不變宗旨,是所有佛教徒共同的心願。

四、佛像風采

佛教博大精深,佛寺歷史悠久,佛像丰姿綽綽!

　　到寺院，你可以見到另一個世界；到寺院，你可以領略到另一種風采；到寺院，你可以有一個新的感受！

　　巍峨的大雄寶殿，莊嚴深邃；搖曳的燈火，映出了裂裟身影；凡是進入大殿的人，都情不自禁地向端莊的佛像深深地凝望，向他跪拜，似乎要有什麼話向他訴說，無聲的世界，湧動著一股熱流，蘊含著一種真情，又平添幾分神秘……。

印度佛像到中國

　　佛教又被人稱為「像教」，這是因為它擁有眾多的佛像。這些佛像千姿百態，形式各異，多少年來世人膜拜他們，但可曾知他們的來歷，可曾知他們的作用？

　　佛教造像的活動是在佛教創始人釋迦牟尼圓寂 5、6 百年後才出現的。釋迦牟尼生前曾經對弟子們說過：我死之後，你們要以佛法為根據，不要以我這個人說的話為準繩。弟子們聽從佛祖的教誨，用足印、蓮花等等圖案來代表佛陀，不去雕刻佛陀的聖像。

　　公元 1 世紀左右，印度佛教內部掀起了修習菩薩行的大乘佛教活動。一些佛教徒開始雕刻佛像，崇拜佛陀，佛教的造像活動自此漸漸發達起來，隨著佛教由印度本土向外傳播，印度佛教的造像也開始走向世界！

　　佛像的出現，改變了佛教的歷史，由是也促進了佛教藝術活動的蓬勃開展。佛教徒造像按一定的軌制和比例，規定造出的佛像要體現出佛的「三十二相」、「八十種好」，前者是

佛像

說要表現出佛與一般人不同的 32 個特徵，後者是說要表現出佛所具有的 80 種微細隱密不易一下看出，但又必須指明的特點，造佛像的根據就是《佛說造像量度經》。

佛教傳進中國，佛像也隨之進入中國。牟子《理感論》云：「（漢明帝）時於洛陽城西雍門外起佛寺，於其壁畫千乘萬騎，繞塔三匝。又於南宮清涼臺及開陽城門上作佛像。」據說漢明帝夜夢金人，派遣使者到西域求取佛法，一同而來的天竺僧人除了帶來佛經外，還帶來了佛像，漢明帝詔令將佛像畫在城門上和南宮的清涼臺上。

凡有佛寺必有佛像，遍布全國各地的寺院，已經成為當代中國的一大景觀，成為旅遊業的支柱產業，進廟看像成為人們外出旅遊必不可少的內容之一。

佛像的種類很多，按性質來分，大概可以分為佛像、菩薩像、護法神像、羅漢像、祖師高僧像、鬼神像幾大類。

太子成道涅槃佛

佛像是最常見、必不可少的像。佛是至尊的聖人，因此

雕造佛像不能夠隨意想像，必須按照一定的規則和比例，造出的佛像要符合經典的要求，所以我們現在所見到的佛像，一般來說，從面相上看，真有「千佛一面」的感覺，如果說有變化，主要表現在佛的神態、胖瘦等。但是佛有多種，要想判別是哪一種佛，主要依靠佛的手部動作來識別。手的動作，用佛教的語言來說，叫做手印。

釋迦牟尼是佛教徒尊奉的聖人導師，被教徒奉為現世娑婆世界的教主。他原本是一名小國王子，因痛感人生無常和世間皆苦，於是離家山外修行，獲得「覺悟」，創立佛教。人們尊重他、熱愛他，將他一生的經歷，以塑像的內容來分別表示，並且把這些塑像安放在寺院裡面。

太子像是釋迦牟尼佛未成道前的形象，稱「身量像」。太子站立，上身赤裸，下身圍一塊短布，或穿褲衩，右手指天，左手指地，意謂天上天下，唯我獨尊。藏傳佛教稱太子像為「覺臥佛」。

釋迦牟尼是通過禪定修行後而悟道成佛，因此成道像是最常見的佛像。釋迦結跏趺坐，左手橫放在雙膝，結定印。右手擺放在右膝上，掌心向內，手指指地，表示他為廣度眾生，天地所知。也有人說「手指指地」是降魔印，表示降服眾魔，所以「成道像」也是「降魔像」。他的兩邊是兩弟子像，左邊是阿難比丘，右邊是迦葉比丘。

說法像是坐像。表示佛向弟子和芸芸眾生宣說佛法時的形象。佛結跏趺端坐，左手橫置左膝上，右手向上屈指作環

佛陀像

形，作「說法印」。據說佛成道後初次向弟子說法時就採用了這種手印。

佛站立的像叫做「旃檀佛像」。《增一阿含經》記載，「優填王波斯匿王思睹如來，遂得苦患。是時王敕國界之內諸奇巧師匠而告之曰：『我今欲作如來形象。』是時優填王即以牛頭旃檀作如來形象高五尺。」因為這種佛像源於釋迦牟尼在世時憍薩羅國國王優填王的創造，所以也稱「優填王造像」。又因當時造這尊佛像時使用的是旃檀香木做原料，所以又稱「旃檀佛像」。站立的佛左手下垂，手掌向外，表示佛以慈悲來滿足眾生的願望，象徵施與，稱「與願印」或「施願印」。立佛右手屈臂，五指舒展，手掌向外，表示給眾生以無畏的勇氣，稱「施無畏印」。不過在中國早期的石窟造像中，立佛像的手勢與現在佛寺中所見的造型不完全一樣。

佛躺著的像是涅槃像。這是佛在行將離世時的形象。據佛經記載，釋迦牟尼活了80歲。他去世時面朝南方，側身而臥，左手放在身上，右手支著下頤，雙眼微合，神態安詳而逝。涅槃像通常供在寺院後院的臥佛殿中。

彌陀藥師燃燈佛

　　阿彌陀佛，也稱「無量壽佛」等多種稱號。《無量壽經》說：「十方眾生，聞我名號，至心信樂。所有善根，心心迴向，願生我國，乃至十念。若不生者，不取正覺……」據說阿彌陀佛在成佛前是一位王子，出家後取名法藏，精勤修行，曾經立下 48 個大願，立志解救受苦受難的眾生。成佛後成為西方極樂世界的教主。眾生只要信仰他，發大願，口念他的名號，臨死時就會得到阿彌陀佛的接引，往生西方極樂世界。

　　阿彌陀佛是諸佛之一，具有佛的一切相好。他通常被塑成站與坐兩種形象。立佛也稱「接引佛」，右手下垂，結與願印，左手屈臂，手心向上，掌中托著一個金蓮臺。坐佛結跏趺坐，兩手結彌陀印於臍下，掌心托著一個寶瓶或蓮臺。

　　阿彌陀佛一般供奉在大雄寶殿的右面，與中間的娑婆世界教主釋迦牟尼佛和左面的東方琉璃世界藥師佛一起，稱為「橫三世佛」。也與觀音菩薩和大勢至菩薩一起組成了「西方三聖」，是西方極樂世界的三位聖人。

　　藥師佛全稱「藥師琉璃光如來」。《藥師本願功德經》云：「佛告文殊師利（文殊菩薩），去此東方，過十殑伽佛土，有世界名淨琉璃，佛號藥師琉璃如來。」據說他也是經過長期修行後成佛的。他曾經發過 12 個大願，讓眾生在現世中求得安樂，成佛後成為東方淨土世界的教主。眾生只要念他的名號，就可以免於災病和橫死。因此他也被人稱為「大醫王」。

　　藥師佛是因能除生死之病而得名，琉璃光則是能照亮黑暗。在大雄寶殿裡他被供奉在釋迦牟尼佛的左邊。他結跏趺坐於蓮花座上，身披袈裟，左手執藥器，右手結定印；或左手持藥缽，右手拿藥丸。有的寺院專設「藥師殿」或「藥師堂」來供奉，藥師佛居中，左面是日光菩薩，右面是月光菩薩，他們一起被稱為「藥師三尊」或「東方三聖」。有時在三聖旁邊還供有藥師佛的護法神「藥師十二神將」。

　　燃燈佛也稱「定光如來」，《大智度論》云：「如燃燈佛生時，身邊一切光明如燈，故名燃燈太子，作佛亦名燃燈。」據說燃燈佛是釋迦牟尼佛的老師，為過去佛，因之有人又稱他為「燃燈古佛」。他一般被供奉在大雄寶殿裡，居釋迦牟尼佛左邊，跏趺端坐，作說法印，有時也騎一頭獅子。

笑口常開彌勒佛

　　彌勒佛是未來佛，又稱補處佛。《觀音玄義》云：「補處者，前佛既滅，此菩薩即補其處，故云補處。」彌勒佛的原名叫阿逸多，出生於古印度一個婆羅門家庭，後來跟隨釋迦牟尼學佛，釋迦牟尼曾預言他能接替自己作佛，所以他是未來的佛。但他早於釋迦先逝，上升到兜率天宮淨土世界。兜率天宮是「候補菩薩處」，要在前佛入滅後，才能候補成為佛。傳說彌勒在天宮要住 56 億 7 千萬年，然後降生人間，成佛作祖。

　　彌勒佛的形象有多種。漢傳佛教寺院，通常將他塑成跏

跌端坐，居左邊，與過去佛燃燈佛和現在佛釋迦佛在一起，統稱「豎三世佛」或「三時佛」。一般將他單獨供奉在寺院山門之後的天王殿中，也有專門將他供在建造的「彌勒閣」裡。藏傳佛教將他塑成倚坐像，單獨供養。彌勒佛的第二種形象是菩薩像。頭戴天冠，冠上有寶塔，上身披帔帛，胸前佩瓔珞珠寶，下身著裙，雍容華貴。在早期中國石窟裡，則更多地是交腳坐式。

彌勒佛在中國的影響很大。從東晉開始，彌勒信仰成為中國民間流行的一種時代風尚。許多有名的高僧如釋道安、唐玄奘等人都是彌勒信仰的堅定信徒。《大唐故玄奘法師行狀》說：「（玄奘）法師從少以來，常願生彌勒佛所。及遊西方，又聞無著菩薩兄弟亦願生兜率，奉事彌勒，並得如願，俱有證驗，益增克勵。自至玉花（寺），每因翻譯，及禮拜之際，恆發願上生兜率天，見彌勒佛。」特別是在多事之秋的年代，人們相信彌勒因為能作為佛祖釋迦佛的轉世降臨人間，所以從北魏太武帝滅佛後，雕造彌勒佛的活動盛行，在佛教造像活動中，雕造彌勒佛的數量僅次於雕造的釋迦佛。宋代以後，中國佛教日益世俗化，彌勒降生人間的信仰又被許多人看作是改朝換代的象徵，一些人打著「彌勒下生」或「彌勒出世」的旗號，發動了農民起義。

不過，最有影響的彌勒還是中國人自己創奉的彌勒和尚。走進寺院天王殿，映入眼簾的是一尊體胖，袒胸露腹，大腹便便，身背口袋，滿臉高興，笑口大開的佛像，這就是人們

口中的「大肚彌勒佛」。傳說在五代後梁時期 (907–923)，在浙江奉化地區有一位性情古怪的僧人，自稱「長汀子布袋和尚」。他身體肥胖，袒胸露腹，經常挑著一只布口袋在街上行走化緣，有時走著走著會突然自言自語地說：「要下雨了。」於是趕快換上濕布鞋；有時又說：「天旱了。」又換上了木屐。大家按照他所說的去做，每次都很靈驗。布袋和尚還經常把身上背的布袋裡的東西倒出來讓大家看，嘴上還要不停地叫喊，引起大家的注意和興趣。後梁年間他在奉化岳林寺逝世。去世前口說偈語：「彌勒真彌勒，分身千百億，時時示世人，世人自不識。」人們認為他就是彌勒佛的化身，按照他生前的樣子，做了塑像，把他供在寺廟裡。並在他的像旁，貼上一副對聯：「大肚能容容天下難容之事，開口便笑笑世上可笑之人」。這副對聯富有深刻地哲理，生動有趣，將人世間的各種曲態之事都給化融到裡面了。

三身五方古七佛

　　三身佛是法身佛、報身佛、應身佛三種。三佛身形相貌一樣，僅在手印上有所區別。法身佛也稱「毗盧遮那佛」，結法界定印，兩手仰掌相疊，右手在上，左手在下，兩手大姆指向上相觸。他代表了佛的智慧。報身佛也稱「盧舍那佛」，結與願印，左手安於雙膝上，右手仰掌垂下。他顯現了佛的智慧。應身佛是佛根據眾生不同的根機，而顯現不同的現身。三身佛被供奉在佛寺的主殿大雄寶殿內，法身佛居中，報身

佛在左，應身佛在右。

三身佛中的報身佛，即盧舍那佛，有時在寺院中也被單獨供奉在大雄寶殿或毗盧殿裡。《梵網經》云：「我今盧舍那，方坐蓮花臺，周匝千花上，復現千釋迦。一花百億國，一國一釋迦，各坐菩提樹，一時成佛道。」根據這句偈語，人們往往把他安排端坐在千葉蓮座上面，而在蓮座的蓮瓣上鏤刻一個個小佛就是應身佛。一千個小佛代表了佛教所說的三千大千世界的諸佛。

五方佛是佛教密宗尊崇的五位佛。有的寺院將他們放在毗盧閣裡供奉。「五方」是中東南西北五個方向。毗盧遮那佛代表法界體性智，因能「光明遍照」，又稱大日如來，位居中央，是中央佛。在金剛界裡，他右手握住左手拇指，結智拳印；在胎藏界裡，他兩手仰掌相叉，右手在上，左手在下，兩手大拇指朝上相角觸，安於臍下。

東方阿閦佛代表大圓鏡智，因能不生瞋恚，又稱不動如來。位居大日如來的左邊第一個，是一位東方淨土世界的佛。

南方寶生佛代表平等性智，據說能「滿足眾生所求」，也稱「南方寶幢佛」或「南方寶相佛」。位居大日如來的左邊第二個。在密教中他是用於作觀想的對象。其特徵是左手持衣角擋心，右手仰掌。

西方阿彌陀佛代表妙觀察智，位居大日如來的右邊第一個。

北方不空成就佛代表成所作智。據說能成就眾生成佛的

願望，位居大日如來的右邊第二個。其特徵是左手執衣角，右手舒掌，豎起五指，掌心向外。

　　早期佛教認為在釋迦牟尼佛之前還有 6 位佛祖，加上釋迦佛一共是七佛，又稱「過去七佛」。此七佛一般放在大雄寶殿後面的「七佛殿」裡供奉。

文殊智慧普賢行

　　菩薩是地位僅次於佛的尊神。《翻譯名義集》云：「菩提，此謂之覺；薩埵，此曰眾生。以智上求菩提，用悲下化眾生。」菩薩是大乘佛教的產物，是修行大乘六度，以上求佛道，下化眾生為宗旨的實踐者。所以有時我們在形容某人有慈悲心時，往往會說「他有一副菩薩心腸」。在印度和藏傳佛教中，菩薩的形象也是按照一定的規則來制定的。但在漢傳佛教中，菩薩更多地充滿了漢化，菩薩的形象更多地從男性變成了女性，適應了中國人的審美觀和倫理道德，並且加上了不同時代的特點。按佛教的說法，菩薩的數量就像恆河沙一樣多的數不清。

　　中國漢傳佛教信仰四大菩薩，即文殊、普賢、觀音、地藏四大菩薩。

　　文殊菩薩位居各位菩薩之首。文殊是梵語的讀音，漢語的意思是「妙德」、「妙吉祥」。關於文殊的來歷有種種說法。據佛經《千臂千缽大教王經》載，「於佛前大眾中，顯丈六紫磨金色身，坐法界金剛性海，百寶蓮臺座，身現大手印二百

二十二，有千臂千手，手中各持吠琉璃體，缽中各有一化佛，共千釋迦同時出現。」文殊出生於印度舍衛國的一個婆羅門家庭，後來出家，跟隨釋迦牟尼學習佛教。他聰明伶俐，智慧超群，不僅很快地掌握了佛教的義理，而且能夠融會貫通，提出創新，因此受到信徒們的尊敬，稱他為「大智文殊」。在佛教裡，他是以擁有智慧為特徵的一位尊神。在寺院裡，文殊被供奉在釋迦牟尼佛的左邊，他神態安詳，頭頂五髻，表示具足五種佛智；身騎青獅，威猛莊嚴；手持寶劍，銳利不可擋，以他的智慧寶劍來斬除一切煩惱。有的寺院還塑有千手千缽文殊，一缽表示一個佛，千缽就是千佛的化身。中國北方的五臺山相傳是文殊菩薩的道場，這裡的文殊像更是千姿百態，賞心悅目，令人讚歎不已。

　　藏傳佛教對文殊菩薩也有特殊的尊重。傳說文殊菩薩曾用利劍將叢山中的大湖劈開，湖水流走，形成了現在的尼泊爾加德滿都大峽谷。藏傳佛教徒認為，格魯派創始人宗喀巴大師就是文殊菩薩的化身，因此他擁有無上的智慧。藏傳佛教的文殊菩薩像不僅面相端莊，而且富有情感，文殊的喜怒都可通過相貌表示出來，更加富有魅力。

　　普賢菩薩是以「理德」為特點的一位大菩薩。他的來歷也有多種說法，有傳說他是轉輪聖王的第八個兒子，行願廣大，深不可測，曾經發過 10 個大願，提倡修行習菩薩行 10 種法門，因此又有「大行普賢菩薩」的美名，稱為「遍吉」。《大日經疏》云：「普，是遍一切處；賢，是最妙善義。謂菩

提心所起願行，遍一切處，純一妙德，備具眾德，故以為名。」普賢被供奉在釋迦牟尼佛的右邊，騎著六牙白象表示神通廣大，慈力無限。

藏傳佛教裡的普賢有多種形象，在密宗金剛界中，他被稱為「真如金剛」，左拳右蓮，上有寶劍；在胎藏界裡，他頭戴五佛寶冠，左手執蓮，上有寶劍，右手伸掌。傳說四川峨眉山是普賢菩薩的道場，每年來這裡敬香的漢藏佛教徒絡繹不絕。

救苦救難觀世音

四大菩薩中最具影響，最有中國化特點的可算得上是觀音菩薩了。《妙法蓮華經》云：「佛告無盡意菩薩：善男子，若有無量百千萬億眾生受諸苦惱，聞是觀世音菩薩，一心稱名，觀世音菩薩即是觀其音聲，皆得解脫。」觀音在佛教裡代表了慈悲。觀音是「觀世音」的簡稱，意思是觀照世間眾生痛苦，念誦觀音的名號，就會得到觀音菩薩的解救。正是由於觀音有解人於厄的大慈大悲精神，被人們看作救苦救難的救世主，人們親切地稱他為「大慈大悲救苦救難觀世音菩薩」。觀音的來歷有多種說法，有人說他是轉輪王的第一個兒子，因生下大慈悲心，得到佛陀的指導，而成聖人。也有人說他是蓮花化生。北宋以後，中國佛教徒說觀音是妙莊王的三女兒，出家為尼，後來得道成仙。這些傳說雖不能盡信，但都反映了人們對這位大慈大悲救世主的企盼之心和親切的感

情。其實，觀音應該來自於印度婆羅門教的馬頭神信仰，在婆羅門教裡，馬頭神是一位經常做善事的神明，他可以使殘疾人康復，使沉船獲救，在印度他獲得了廣大群眾的愛戴。

我們現在所見到的觀音都是以婦女的形象出現的，其實，觀音在中國的發展卻是經歷了一個由男到女的歷史過程。佛教最初傳入中國時，觀音被人們塑成長著髭鬚的「善男子」或「勇猛丈夫」的形象，後來隨著人們的精神需要，觀音開始變為女像，而這其中最重要的原因是：女性本來就具有慈悲的母愛天性。《大智度論》說：「大慈，與一切眾生樂；大悲，拔一切眾生苦。」慈悲苦樂用女性的陰柔之美來表現，更能打動人心，所以觀音以女性的面貌出現更能喚起人們對她的依賴，更加使人感到親切……。

佛經說，觀音菩薩為了救度眾生，根據眾生的需要，使用了種種方便法門，顯現了種種不同的化身。這些化身一共有 33 種，舉凡從佛、菩薩到人到鬼神，觀音都能以不同的形象示現。中國和日本等國的佛教徒根據經典，繪製了 33 幅觀音像，很多宗派都崇奉自己的觀音，使觀音流傳得更加廣泛。現在我們見到最多的觀音像有：聖觀音、千手觀音、楊柳觀音、水月觀音、灑水觀音等等。傳說五代後梁貞明二年 (916) 日本僧人慧鍔在五臺山請得一尊觀音像帶回國，當船行至浙江普陀山時，觸礁不能行進，慧鍔認為這是觀音發出指令，不願東渡，於是在普陀山建立寺廟，供奉觀音，普陀山成為觀音菩薩的道場。藏傳佛教奉觀音為西藏的保護神，拉薩布

達拉宮是觀音菩薩的道場，教徒信仰四臂觀音、四面觀音、騎吼觀音、千手觀音等等。藏傳佛教中尊奉的「二十一度母」，認為他們都是觀音化現的，救度眾生，得到了諸佛的稱讚，為其灌頂，稱之為「度母」。在「二十一度母」中最重要的是「綠度母」和「白度母」。

普陀山南海觀音像

眾生渡盡是地藏

地藏菩薩在佛教四大菩薩中以發「大願」著稱。《地藏十輪經》云：「安忍不動猶如大地，靜慮深密猶如祕藏。」地藏菩薩所要發的大願，就是要為眾生承擔一切苦難，而且不光是要渡脫現世人間的眾生，還要把那些在地獄中受苦受難的罪鬼一併渡盡，使所有的生物、大地生長的草木植物等等皆能繁茂滋長。「地獄不空，誓不成佛，眾生渡盡，方成菩提」，這是地藏菩薩濟世宏願最顯著的特點，也正是這個特點，使他在千百年來一直受到人們的尊奉，並且激勵著佛教徒去效法從事弘法利生的偉大事業。

佛經裡記載地藏菩薩是在釋迦牟尼入滅前受佛囑託，在

彌勒佛未出世前行使教化眾生的事業。在中國民間則流傳另一則傳說。唐代有一位叫金喬覺的新羅王子，信仰佛教，出家後取法名地藏，因仰慕中國文化，渡過大海來中國學習。他到安徽青陽縣境內的九華山，被這裡的山水美景陶醉，於是安住下來，終日苦習修行。他的行為感動了當地的人民，百姓集資為他建造寺院。金地藏 99 歲時在九華山逝世，徒眾將他的屍體放在缸裡殯葬，3 年後開缸肉體不爛，人們認定他是地藏菩薩轉世，九華山也成了著名的地藏菩薩道場。至今已有 1000 餘年的歷史。

　　地藏菩薩與其他菩薩不同之處，是他尤其關注在地獄中受苦受難的「罪鬼」，因此他被人們奉為「幽明教主」，並把他和中國民間信奉的「冥府十王」放在一起祭供，用佛教的慈悲心來善待解脫眾生。唐代以前，地藏像是一菩薩像，手持錫杖，慈悲莊嚴。唐以後，在寺院裡以金地藏為標準，地藏變成了比丘形象，光頭或頭戴風帽，身著袈裟，雙手各持寶珠或錫杖。持錫杖表示愛護眾生和持戒精嚴，握寶珠表示能滿足眾生的一切願望。在他身邊的是一對父子，年輕的是道明和尚，年長的是閔長者，他們是最早跟從金地藏出家的徒眾。金地藏的坐騎叫「善聽」或「地聽」，這是他從新羅帶來的一隻犬。

明王羅漢祖師眾

　　在佛門裡，除了四大菩薩外，還有一些重要的菩薩。大

勢至菩薩象徵著智慧，與觀音菩薩一起輔佐阿彌陀佛接引眾
生往生西方的事業。他與觀音菩薩的區別只在於觀音頭上是
寶冠，大勢至頭上是寶瓶。

　　日光菩薩以「日放千光，遍照天下，普破冥暗」而得名，
月光菩薩以發出柔和的月光，清淨遍照而得名，他們是東方
世界藥師佛的二位脇侍，同樣頭戴天冠，身披天衣，下身著
裙，佩帶各種飾物。要區別他們，只要看看他們手中握的是
日輪或月輪就行了。

　　在禪宗寺院裡觀音菩薩的身邊站著善財與龍女兩位脇
侍，他們是獲得大成就者。維摩詰是一位居士，由於他有高
深的智慧，曾經與菩薩們討論佛教義理，因此受到了知識階
層的喜愛，許多畫家樂意用繪畫來表現他。

　　明王是佛菩薩在降服妖魔時所顯示的化身。《真偽雜記》
卷十三云：「明者光明之意，即象徵智慧，所謂忿怒身，以智
慧力摧破煩惱業障之主，故云明王。」藏傳佛教尤其信仰明王，
因為明王是用他的智慧來摧毀眾生因煩惱而帶來的「魔障」，
這是一種由大悲到大智的悟道，是何等真切，又何等悲壯！

　　明王有多種，五大明王、八大明王、十大明王都是不同
的分類而已。他們都是由佛變化而來，所以形象複雜，面目
猙獰，手執各種法器，對那些作惡的人有一種威懾的力量，
起到了壓邪扶正的功用。

　　羅漢也是最容易見到的佛教造像。早期的佛教認為羅漢
是世人修行到最高階段後，取得一種徹底解脫時的究竟境界。

大乘佛教則認為羅漢仍在佛和菩薩之下，因為他只是解脫了自己，還沒有解脫眾生，所以還需要繼續修行。

羅漢的形象出現時間比佛、菩薩像晚，大概在唐代中期才出現。禪宗的創立，刺激了羅漢造像活動的發展，使羅漢由四大羅漢到十六羅漢、十八羅漢，最後到了現在我們所能見到的龐大羅漢群。這些羅漢通常達 500 位之多，被供奉在專門建造的羅漢堂裡，十八羅漢則塑在大雄寶殿兩邊的山牆上。由於羅漢都是一些世俗之人修行之後而得到的果位，所以羅漢的表現通常是以出家人的形象來展現，也就使羅漢充滿了更多的人間味道，形象多樣，富有活力，惹人喜愛！

羅漢是引進外來宗教文化的產物。我們見到的大多數羅漢都是一副外國人的長相，與中國人的模樣完全不同。其實中國人也有自己的「羅漢」，這些羅漢就是一些得道的高僧，由於他們對中國的佛教發展做出了卓越的貢獻，因此受到了中國佛教徒的崇拜，把他們的塑像放在寺廟供養，作為永遠的紀念。

唐玄奘是《西遊記》裡的唐僧，他不憚辛苦，前往印度留學 17 年，取到了佛教的真經，回國講學，譯經培養了眾多弟子，譯出佛經 1300 餘部，創立了佛教的法相宗，推動了中國佛教文化事業的發展，後人把他的像供奉在十八羅漢裡面。

在藏傳佛教寺院裡供奉的十八羅漢中有一位叫大乘和尚的羅漢，他是一位中國漢族僧人，因為曾經將禪宗傳入藏區，被藏族佛教徒尊為羅漢。大乘和尚為漢藏佛教文化交流作出

重慶羅漢寺

了貢獻，受到人民的懷念。

寒山和拾得是二位詩人，他們不僅詩做得好，而且還有突出的個性，於是人們把他們供奉起來。在大年三十的夜晚，人們聽著寒山寺的夜半鐘聲，再看一看寒山、拾得的雕像，那是一種什麼樣的感受？

菩提達摩，一聽就是外國人的名字，但是查遍印度的史書卻見不到他的事蹟。原來他是一位在南朝梁 (502–557) 時來華的一位印度高僧，在中國傳授了印度的禪法，禪宗把他奉為中土初祖，只有中國和日本、韓國等國的禪宗信徒才專門崇拜他。

慧能和尚是禪宗的實際創立者，被禪宗弟子尊為禪宗六祖。如今這位和尚的弟子遍布大江南北，中國佛教已是禪宗一枝獨秀。他的肉身經過特殊處理後，至今仍然保存下來，

六祖真身像

廣州光孝寺六祖像

歷 1300 多年，供奉在廣東昭關南華寺裡。廣州光孝寺六祖殿慧能坐像和碑廊的線刻像、廣州六榕寺六祖堂慧能銅像都是著名的六祖像。

在民間流傳最廣的還是濟公和尚。他是浙江天臺人，俗名李心遠，在杭州靈隱寺出家，法名道濟。據說道濟生性好動，不遵佛禮，飲酒吃肉，衣衫不整，舉止如癡。但是他又嫉惡如仇，通過嬉笑怒罵、詼諧幽默的形式，專門幹劫富濟貧、見義勇為的豪舉，因此受到了人們的熱愛，親切地稱他為「濟公活佛」，認為他是「降龍羅漢」的轉世。濟公羅漢的形象很特別，身穿破僧衣，頭戴破僧帽，手拿破扇子，肩扛

破掃帚。傳說他因到寺廟裡來晚了，位子也沒有了，於是他只好站在過道上，或者蹲在房梁上，擠在眾位羅漢之中。而且不管從哪個角度看，他的臉部表情或者愁眉苦臉，或者半嗔半喜，或者春風得意，反映了他的不同的特殊性格。浙江天臺縣赤城山濟公院，杭州虎跑寺濟公殿、濟公塔、靈隱寺飛來峰、青林洞濟公床和濟公桌、淨慈寺的濟公井，蘇州西園寺的濟公站像，北京西山碧雲寺的濟公蹲像都很著名。

天臺山濟公院

佛教造像眾多，但藏傳佛像數目遠遠超過了漢地的佛像數目，據說有 8000 種以上。每個派別都有自己的祖師，因此在這一支佛教中，祖師的造像比漢族還豐富。要判別藏傳佛教祖師的像，主要是通過像的頭飾和手印，並以頭飾最為重要。寧瑪派的祖師除鼻祖蓮花生戴紅帽外，其他祖師一般頭挽髮髻，或肩披長髮。噶當派祖師頭戴通人冠（班智達帽），這是一種表示擁有大智慧的象徵。噶瑪噶舉派祖師頭戴黑帽。格魯派祖師一般戴桃形尖帽，或者不戴帽。祖師的手印變化較少，手上執的法器主要有鈴、缽、香爐、法輪等等。一些

有名的派別，如格魯派祖師宗略巴左肩背經典，右肩佩劍，
兩手結說法印；五世達賴兩手托法輪；蓮花生左手捧人骷髏
碗，右手拿月形刀，左手臂扶人骷髏杖。

諸天鬼神齊護法

　　諸天鬼神是佛、菩薩的護法神，他們在佛教神祇隊伍中，
屬於地位較低，職能單一的尊神。《華嚴經》云：「一切諸佛
退位，或作菩薩，或作聲聞，或作轉輪聖王，或作魔王，或
作國王、大臣、居士、長者，或作彩女、宰官，或作人力鬼
神、山神、江神、河神、海神、主日神、主月神、晝神、夜
神、主水神、主火神、一切苗稼神、樹神及外道作種種方便，
助我釋迦如來化導眾生。」按佛教的說法，有時佛、菩薩為了
教化方便，也會化為諸天鬼神的形象來方便說法。諸天鬼神
原形來自於世俗社會，因此他是世俗之神，又有地方化的特
點，在民間的影響更大，造型眾多，神態不一，姿勢各異，
更多地反映了地域佛教文化的面貌。一般說來，男性神兇惡、
驃悍，猙獰恐怖，給人一種鎮懾的威力，是力量和勇氣的象
徵；女性神慈悲、端莊、嫻雅，讓人感受到一種柔情，充滿
了母愛。

　　二十諸天是佛教護法神的統稱。明代以後，又增加了四
位，所以最後定型為二十四天。「天」是外國人稱呼神的說法，
傳進中國後仍然沿用了這種叫法而已。二十四天裡即有印度
傳來的舶來品，也有中國傳統的神明，包括道教的尊神，以

及後來人們再創立的新神。

二十四天通常被供奉在大雄寶殿東西二側的壁上，單數居左，雙數居右，各像站立，前傾 15 度，表示對主佛的尊敬。其形象和面貌不同，多以漢式為主。

走進寺廟的山門，最先映入眼簾的是二位英武的金剛，這是佛教寺廟的門神。傳說這二位是兄弟倆，擁有無盡的力氣，是大力士。民間稱為「哼哈二將」，他們原是《封神演義》描繪的鄭倫和陳奇的傳說，佛教把他們引入寺門裡面。

在寺廟的前殿天王殿裡，塑有威武的四大天王，亦是護持佛教的四大金剛。四大天王的持國天王是東方守護神，身穿甲冑，左手握刀，右掌寶物放光。《大集經》云：「妙丈夫。此四天下閻浮提中，東方第四分當應護持。何以故？此閻浮提是諸佛興處，是故應最上護持。」

南方增長天王是能降伏邪惡，使眾生增長善根之神。他身穿甲冑，右手持劍，左手握拳，交腳而坐。或者左手握刀，右手持矟。

西方廣目天王是以淨眼觀察眾生，縛人皈依佛教。他身穿甲冑，右手拿三股戟，左手握拳。或者手上纏繞一條龍，也有用赤索來代替。

北方多聞天王因多聞佛法，獲大福德而得名。他身穿甲冑，右手拿寶傘，表示降魔護眾，左手握鼠，表示財富；或者右手持寶劍或棒，左手擎塔。

四大天王是印度神的原形，但傳到中國後發生了變化，

成為影響最大的神祇之一。中國人根據固有的傳統文化理解，將他們又賦與了中國神的特點，而且寫進了小說裡面。《封神演義》將四大天王描繪為商朝的魔家四將，說他們因助紂為虐，最後死在疆場。姜子牙說：「今特敕封爾等為四大天王之職，輔弼西方教典，立地水火風之相，護國安民，掌風調雨順之權，修厥職，毋忝新綸。」他們具體的分工是：

增長天王魔禮青擎青光寶劍，職風；

廣目天王魔禮紅拿碧玉琵琶，職調；

多聞天王魔禮海捧混元珍珠傘，職雨；

持國天王魔禮壽穿紫金龍花孤貂，職順。

唐代中國流行北方多聞天王的信仰，傳說他曾經幫助過唐玄宗退敵兵。之後，人們又將其與唐太宗的將領李靖聯繫起來，塑造了總兵大元帥「托塔李天王」的形象。《楊東來批評西遊記》說：「天兵百萬總歸降，金塔高擎鎮北方，四海皆知名與姓，毗沙門下李天王。」

在天王殿裡與彌勒像背靠背的是韋陀。在印度佛教裡，他是四大天王的領導，但是在中國佛教裡，他卻淪為四大天王的部屬。韋陀面北而立，身穿甲冑，手握金剛杵。據說寺廟若供奉合掌捧杵的韋陀像，就表示可以接待外來掛單的雲遊客人，如果供奉的是將杵拄地的韋陀像，則表示不接待外來的僧眾。

藏傳佛教還有自己的不少護法神像。這些神像有男女二種性別和出世間與世間二種分類。有的是由印度傳入的，有

的是本民族傳統的神。經常見到的有大黑天、吉祥天母、財
神、地獄主、墓葬主、歡喜天、曜神、事業王、載末爾、長
壽五仙女、獅面佛母、熊面佛母、虎面佛母等多種。

第三章

寺院巡禮

清晨，旭日初升，映在白馬寺的山門，趙朴初會長書寫的
「白馬寺」蒼勁有力的大字門匾，在日光中反射出耀眼的
光芒。長年守衛在寺門的石刻白馬立在大門前面，雖無言
無聲，但似乎仍在向人們訴說著那佛法西來的漫漫路途
上發生的感人可歌可泣的事蹟。

　　有很多人也許會有這樣的感受：在山巒起伏的大山中間，天上雲彩飄蕩，迴繞在半山之中，遠處有一座紅牆或黃牆的建築，金黃色的屋頂在茂密的樹林中若隱若現，縷縷清煙從房頂飄出，慢慢地升上天空……。順著崎嶇的山間小路再往前走去，可以見到一座牌樓式的山門，走過山門，就見到深山中的佛寺大門……，這時你的心情一定會有另一種新的感受，你也許會為能在滿目青山中突然見到一處莊嚴的寺院，心中不由地騰升起柳暗花明又一村的感覺……。

　　在中國古代就流傳著這樣一句話——「自古名山僧占多」，這是說許多佛教寺院都設在深山裡面，例如中國漢傳佛教的四大名山五臺山、峨眉山、普陀山、九華山都在大山中，似乎好像佛寺就只能在深山裡面，其實並不是這麼回事，在人煙稠密的都市，也有一座座聳立在鬧市中的「淨土」。現代城市北京的繁華大街有廣濟寺；在上海有玉佛寺和靜安寺；在西安城中心有大興善寺；在重慶有羅漢寺；在成都有文殊院；在南京有雞鳴寺；在廣州有光孝寺；在深圳有弘法寺等等。而且這些寺院大都規模宏大，金碧輝煌，又具清新淡雅，不僅成為城裡人的佛事活動中心，還成為城中一景呢。

一、絲路佛寺

　　佛教的傳入就是走古老的絲綢之路！
　　古老的絲綢之路一共有五條。第一條是人們早已熟知且

經常提起的，從古都長安（今西安）起，經甘肅的張掖、酒泉、武威、敦煌，西出陽關或玉門關，至新疆哈密，然後分天山南北兩路，到達蔥嶺，經中亞細亞，到達地中海諸國；或由蔥嶺轉至印度。

第二條是「海上絲路」，又稱「香料之路」。從內地出發，到達廣州，從那裡乘船，經馬六甲海峽抵達印度、獅子國（今斯里蘭卡）等國，再從那裡到達地中海沿岸國家；或由馬六甲海峽向南抵達東南亞諸國。

第三條由長安出發，至錦城（今成都），經雅安、冕寧、瀘沽抵邛都（今西昌），這一段路古代民間稱「氂牛道」。接著由邛都到南華，進入雲南境內。南華向東，經呂合、楚雄、平浪、祿豐，抵達今昆明，向南到達中緬邊境。或由南華向西，經普朋、祥雲、鳳儀、大理，渡漾濞江，至永平，渡瀾滄江，向南抵達中緬邊境。或從永平經保山到達邊城瑞麗，由此進入緬甸。

第四條是商道，有的學者稱之為「麝香之路」。其一經四川、雲南，從雲南的麗江北上進入西藏，經昌都達拉薩、日喀則，到達中印邊界，進入印度。或由四川經青海入西藏，抵印度。第五條是從朝鮮半島或走路、或乘船進入中國東北，復入關內。

絲綢之路是中國古代對外交流的孔道，是商業、宗教、文化交流的必經之路。商業的行為必然伴隨著宗教文化的行為，佛教沿著這條古老的道路蹣跚而來，沿途撒下了一顆顆

種子，催化出沁潤人類心田的一片片香瓣，結出了一個個豐碩的果實。

要知道古人出外沒有現在的飛機、輪船，也沒有火車和汽車代步，頂多有幾匹牲口權當車輿。能夠承擔弘傳佛法的人，沒有健康的體魄和堅強的意志是不能完成此大任的。

當年那些不知名的人為了把佛教傳進中國，頂著風沙，冒著酷暑，過雪山，越沙漠，走戈壁，粉身碎骨，在所不辭，多麼壯觀，多麼感人！

在洶湧波濤的大海下面，躺著多少為法捐軀的法子。佛教傳入中國就像這海水浪花，一卷一卷地不停地向前，從沒止息。

佛教，在廣袤的華夏人地掀起軒然大波……。

佛教，在中華民族的身上拓下了刻骨銘心的烙印……。

佛教，一個外來的宗教文化，卻從此改變了東方文明古國的精神面貌！

高昌交河猶悲壯

關於佛教初傳，有「伊存授經」與「感夢求法」兩種說法。但是，佛教傳到中國是隨著絲綢之路的商貿活動而進行的，因此不能排除一些商人在從事貿易活動時就把佛教同時傳了進來，只不過我們現在沒有更多的證據來證明此事，但是談到佛寺，我們還是循著前面的思路，從絲綢古道的西域新疆地區的佛寺開始談起。

高昌佛塔遺存

古代西域有 36 國，但是受佛教影響較深的則是于闐、高昌、龜茲三大佛國。從新疆首府烏魯木齊市乘汽車往東南行走三個多小時，就到達了著名的塞外江南吐魯番地區。吐魯番是以美味的葡萄和世界最低點而聞名於世。然而早在 1500 年前，它已成為古高昌國的中心，從 4 世紀起，佛教就已在這一地區有了影響，流行大乘佛教。東來西往的佛子都在這裡稍事休整，然後再西往禮佛求學，或者東去傳送佛經。現今距吐魯番東約 45 公里的高昌故城是古代高昌國的都城，全城周長約 5 公里，占地面積約 220 萬平方公尺。這座用泥土壘起的城市雖然在 13 世紀下半葉毀於兵火，但是它那宏偉的氣勢，龐大的城廓，至今依然歷歷在目，向人們展示著以往的光輝一頁。在都城的西南角和東南角，都建造了恢宏的佛寺，佛寺大門寬敞，佛龕高十餘公尺，周圍是僧房，排列數間。西南佛寺的禪窟至今仍然保存完好，東南佛寺的佛塔，雖然只剩下了半截塔身，挺拔屹立，雄姿仍然不減當年，依然表現出灑脫雄健，這是佛

教歷史的輝煌昨天。

　　與高昌故城相映成輝的是位於吐魯番以西約 10 公里的交河故城。這是一座建造在一片柳葉形高臺上的古城，四周被河水環繞，故名「交河」。故城地勢奇特，僅深達百丈的幾面深壑，足使來攻打的人望而生畏，易守難攻，自古就是兵家攻戰的要地。不過就是這樣一塊西陲軍事、政治重地，最後還是沒有逃掉戰火的劫難，終歸成為廢墟。如今在這片廢墟上，佛寺的遺址依然明顯可見，在稠密的民居遺址區內，佛寺可謂是最高大的建築物之一。大佛塔位於城內的主要道路的一邊，從殘存的塔底基座來看，應是一座方塔，至少不低於三層。寺院中心建築是高大的佛龕，這座佛龕也是多層建築，至今在第二層龕上還留有殘存的佛像。佛龕的前面有一個較大的廣場，大概是佛教徒舉行法事活動的地方。佛龕周圍是僧房，寺院四周的圍牆有幾人高，一般人是絕難攀越過去。在房屋稀疏的故城後區，還有一座高聳的大佛龕，從殘存的形狀來看，應是一個坐佛像，至今只有兩腿及軀幹的主體尚可辨認。大佛腳下是塔林，由數十座佛塔組成，整齊劃分為四個方陣，將大佛簇擁在中間。不遠的地方還有一座較小的佛龕，這些佛龕的布局應是主佛居中，二脅侍佛位於左右。整個交河故城是一個平壩，全部建築都是用土坯夯成，一般不宜建造較高的建築，於是像佛寺和大佛龕這類的高層建築，無疑應是城內最雄偉、最壯觀的特色建築之一。它們是交河城建築藝術的代表，是故城的象徵。

　　高昌與交河這兩大古城遺址，浸潤了佛教的精神，薰陶了一代又一代的佛子，接待了一批批東來西去的法門龍象；著名的中外佛教文化交流使節、世界文化名人玄奘就曾經路過這裡，然後再去西方求取真經；玄奘的弟子，高昌僧人玄覺曾在長安玉華宮譯場參與譯事，從師學習大乘教義。它溝通了內地與塞外的佛教文化交流，是外來的佛教和倒流的中原佛教相互交匯、融合的重鎮和聚散地。殘寺斷塔，映照了昔日的顆顆佛心；堆堆黃土，遮不住法輪的常轉印跡。

長安佛寺祖庭多

西安華嚴寺塔

　　陝西西安古稱長安，是中國唐朝的首都，也是絲綢之路的終點。唐朝是中國歷史上的強盛朝代，也是中國古代文化、經濟高度發展的時期，還是世界政治、經濟文化的中心。中國佛教就是這一時期走上了它的頂峰。佛教在中國最終完成其民族化的時期是在唐代，許多有名的高僧大德都在長安活動，一些宗派也在長安建立。宋代以後，長安逐漸衰落，佛教的影響減弱，但是它在中國佛教史上的重要地位以及所起的重要作用是抹

煞不掉的。

　　陝西八百里秦川，還是中華文明的發源地之一，這裡曾是十一朝古都，地下埋有數不清的文物，每一次文物的發掘都能在世界引起轟動，號稱世界七大奇蹟的秦始皇兵馬俑的發現，就曾經震撼了全世界。在這片古老的土地上，佛教文物的發現同樣也是舉世聞名的。

　　比起全國各地成千上萬的佛寺來說，長安的佛寺並不算多，甚至比起古代同期金陵或洛陽等地的佛寺來，其寺院的數目也少多了，有關資料顯示，唐代長安有寺 200 餘所，而在南北朝時期，南朝金陵（現江蘇南京）有寺 480 所，北朝洛陽有寺 1300 餘所。但是作為國都長安，它的重要性在於：一是有名的大寺多；二是由貴族和朝廷出面建的寺院多；三是佛寺是全國的學術研究和文化的中心，所以這些寺院的特別之處不在於寺廟建築的本身，而是在於它的歷史文化，我們可以說個個寺院都有一個悠久的歷史，每座寺院都在中國佛教史上占有重要的地位。

　　佛教東來，能夠在中國立足發展，在很大程度上靠的就是理論和義學的繁榮，而繁榮義學又離不開佛經的翻譯，長安在南北朝時就是中國北方的京邑和政治、經濟、文化中心，僦絲綢之路的終點，很多由這條道路來中國的僧侶，都是到此落腳後，再轉道往其他地方。

盧縣草堂寺

草堂寺是西安地區現存最古老的寺院。公元 401 年從西域來的龜茲高僧鳩摩羅什大師應後秦王姚興之請，在此從事譯經的活動，草堂寺遂成為中國歷史上第一個官辦的國家譯場。

羅什是中國古代四大翻譯家之一，他對中國佛教的最大貢獻就是譯介了大量的佛經，譯出佛經 35 部 294 卷，並把印度大乘佛教般若空宗的學說系統地介紹到中國，對後來中國佛教理論的建設起到了重要作用。他所提倡的空之學說，是南北朝時期三論宗的重要理論，因之他被奉為三論宗初祖。日本佛教的日蓮宗尊羅什翻譯的《妙法蓮華經》為宗經，羅什亦被奉為日蓮宗的宗祖。羅什還為中國佛教培養了大批的人才，史載他當時主持譯經活動時，有弟子 3000 人，其中著名的有 10 人。他的弟子分布大江南北，後來中國佛教裡出現的佛教學派有很多都與羅什的弟子有關。唐太宗李世民曾經這樣寫詩讚道：

秦朝朗現聖人星，遠表吾師德至靈。

十萬流沙來振錫，三千弟子共翻經。

文如金玉知無朽，舌似蘭蓀尚有馨。

堪嘆逍遙園裡事，空餘明月草青青。

　　唐代圭峰宗密定慧禪師曾在草堂寺住過，宗密禪師是佛教華嚴宗五祖，又是禪宗荷澤一派的傳人，他「合華嚴於禪」，是中國佛教著名的理論家。如今的草堂寺已不如盛唐時期的規模，但寺內仍然保存了眾多的文物，唐碑、宋塔、元圖、明鐘，再加上 1982 年日本日蓮宗送的「鳩摩羅什楠木金身像」，均為珍貴的寺寶，受到了中外佛教徒的參拜。

　　佛教提倡做人的原則是「諸惡莫作，眾善奉行」，因此創辦大興善寺的人開始立名時就取的是「遵善寺」，到了隋代以後，因隋文帝曾為「大興郡公」，才改為現在這個名字。大興善寺是隋唐兩代的國家譯場。當時長安城有三大佛經譯場，大興善寺就是其中之一。與草堂寺一樣，在這裡中外僧人曾經譯出過一大批外域的佛經。隋唐佛教譯經，可以分為三個階段：隋末唐初為第一階段，玄奘譯場為第二階段，會昌滅佛之前為第三階段。大興善寺譯場是屬於第一個階段和第三個階段這二個時期。在第一階段裡，在此寺譯經的主要是從天竺來的僧人那連提黎耶舍、闍那崛多、達摩笈多、波頗等人，翻譯了佛經 59 部 278 卷。第三階段是密宗僧人善無畏、金剛智、不空等人在此翻譯了密教典籍 500 多部，並且創立了密宗，所以它也是密宗的祖庭。大興善寺現為西安古寺中

最大的一個，同時它又處於城中，位於公園裡面，是繁華的西安城內寶地，成為人們休息遊玩的好去處。

大慈恩寺是著名高僧、世界文化名人唐玄奘生前住過的地方，在這裡他主持了唐代的譯經活動，創立了中國佛教史上的法相宗，是法相宗的祖庭。慈恩寺原是唐朝太子李治為追薦亡母文德皇后而修建的，玄奘住進去前曾經進行了擴建，最盛時有 1897 間房間，寺內的壁畫都是當時有名的畫家閻立本、吳道子等人畫的，但經歷代戰火，寺屢有興廢，現在寺內最著名的是西院的大雁塔。這座方形七層塔，高 60 公尺，聳立於古老的西安市內，不僅是遊人必到之處，也是古城西安文明的象徵之一。

大雁塔

玄奘就是《西遊記》裡所說的唐僧原形，俗姓陳，河南偃師人。13 歲出家，因對佛教的一些理論弄不明白，於是下決心到西方尋求真理，求取真經。629 年他從長安出發，翻雪山，越蔥嶺，受盡磨難，行經數十國，來到印度。他先在那爛陀寺學習，後遊歷印度各地，到處尋師拜友，遍學經論，終於成為通曉三藏的名僧。印度朝野上下，均仰慕玄奘的道德學問。戒日王曾召集萬人大會，為他標

宗立說。印度各地名僧紛紛起來辯難，均被玄奘駁倒，會期
18 天，沒有一個人能攻破其說。玄奘留學 17 年，譽滿全印
度，返回中國後，受到了唐太宗的禮遇甚厚，曾請他參與政
事，還俗做官，但他一心要專研佛學，致力於譯經的工作，
於是唐太宗為他敕建了慈恩寺譯場，讓他領導譯經的活動。
玄奘領導的譯經活動是唐代佛經翻譯的第二個階段，也是古
代中外佛教文化交流取得最有成效、最輝煌的時期。玄奘一
生譯出經論 76 部，1347 卷，其中有很大一部分就是在這裡
完成的。同時他還培養了一大批佛教人才，推動了佛教文化
事業的發展。

西安大慈恩寺玄奘院

　　中國歷代到西天佛國印度取經的人中，最著名的就屬玄
奘了。明朝吳貫中的小說《西遊記》就是以玄奘取經的事蹟

進行加工後再創作的。它所創造的各種人物形象栩栩如生，膾炙人口，至今仍是家喻戶曉，蜚聲海內外。唐僧的慈悲憐憫，孫悟空的神通廣大，豬八戒憨厚中不乏狡點，這一個個活靈活現的人物，出生入死的搏擊，正是取經人艱苦旅程的真實寫照。近年來，為了紀念玄奘大師，慈恩寺內建造了玄奘院。

薦福寺是為唐高宗逝世百日祭而建造的。它原為唐太宗女兒襄成公主的私宅，後「捨宅為寺」而成寺廟。現在這座寺廟已經沒有往日的盛大氣勢，但有一座著名的塔，此塔與大雁塔外形相似，但規模和體積要小一些，因此被人們稱為「小雁塔」。薦福寺在歷史上對中國佛教的譯經活動有過重要貢獻。唐朝另一位著名的旅行家、佛學家、翻譯家義淨法師曾經撰寫了一部《大唐西域求法高僧傳》，記述了唐代 65 名僧人不畏艱辛，嘔心瀝血的求法事蹟。義淨本人也曾泛海南行，經今蘇門答臘，到達東印度，留學那爛陀寺。15 年（一說 20 餘年）間遊歷了 30 餘個國家，695 年才帶著 400 餘部經卷回到洛陽。此後他又攜帶這些佛經到了長安，在薦福寺裡組織譯場，一生譯經 61 部 239 卷，為中印文化交流做出了重要貢獻。

古城長安不僅連結了西方印度文化與中國文化，而且也把中國文化向東輸出到日本、朝鮮等國。唐代有許多日本留學生來長安學習先進的中國文化，佛教也是日本留學僧到中國學習的主要內容之一。9 世紀初日本僧人空海到長安，向

住在城內青龍寺的密宗傳人惠果阿闍梨學習密法，得到了老師的真傳。空海學成後回國致力於密宗的弘傳，使日本的真言宗成為佛教中最有影響的一個派別，在日本佛教中產生了深遠的影響。在青龍寺學習的日本僧人還有圓行、圓仁、圓珍、圓載、惠運、宗睿等 6 人。青龍寺是中日佛教文化交流的基地，可惜在宋代被毀滅了。直到 1981 年，才由日本真言宗捐資在原址重新修復，所有建築均按唐代式樣建造，如今新建的空海紀念堂已經聳立，中日佛教文化交流正在譜寫新的篇章。

香積寺是中國佛教淨土宗的道場。淨土宗實際創始人善導法師就曾經長期住在這裡，他每天念佛，深研教義，寫經畫像，致力於宣傳淨土思想，因此有人也把這裡看作淨土宗的祖庭。善導提倡稱名念佛的思想，對日本的淨土宗的影響很大，日本淨土宗創始人自稱完全接受了善導的思想，並把善導的著作奉為根本經典，香積寺成為日本淨土宗朝拜的地方。1974 年以後，衰敗的香積寺在日本佛教徒的努力下，重新得到修復，中國佛教協會趙朴初會長高興的賦詩曰：

伽藍斯辟，塔波斯修，海潮迎像，天風送舟。
兩邦雲仍，俱會一處，永敦凤好，同遵祖武。
我作此偈，贊古贊今，南山東海，長耀明燈。

法門寺是皇家的內道場。「內道場」是指專為皇室設置的

皇家寺院。唐代流行佛舍利崇拜，法門寺佛塔的地宮內珍藏
有一顆佛指骨舍利，每 30 年一開。從唐太宗貞觀年間 (627–
649) 法門寺佛骨開示以來，到唐懿宗於咸通十四年 (873) 這
段期間，一共進行了 7 次迎佛骨的活動。皇帝每次派人將佛
骨迎入宮內，供養 3 天，然後再送回地宮封閉珍藏。迎佛骨
活動是整個長安地區盛大的宗教活動，每逢此時，朝野震動，
人們奔走狂歡，甚至還有「廢業破產，燒頂灼臂而求供養
者」❶。法門寺的迎佛骨活動曾受到儒生的強烈批評和反對。
唐憲宗元和十四年，憲宗迎佛骨，著名文學家韓愈率直上書
反對，引起龍顏大怒，將韓愈貶到了潮州，心灰意懶的韓愈
擔心可能再也回不到京城了，痛苦地寫道：

> 一封朝奏九重天，夕貶潮陽路八千。
> 欲為聖朝除弊事，肯將衰朽惜殘年。
> 雲橫秦嶺家何在，雪擁藍關馬不前。
> 知汝遠來應有意，好收吾骨漳江邊。

唐會昌五年 (845)，唐武宗在全國下令滅佛，佛教受到了
很大的打擊，法門寺也在這次滅佛活動後逐漸衰落，從此不
顯。1982 年連綿的秋雨將法門寺塔塔基浸蝕，造成塔的上半
部倒塌，塔身掉下了銅塔、佛像和宋、元、明、清及民國時
期的刻寫經等。1987 年，寺塔決定重修，人們在清理殘塔時

---

❶　《舊唐書·韓愈傳》。

發現了地宮，經開啟地宮，發現了唐代供奉的佛指骨舍利和一大批文物 2400 餘件，對研究唐代歷史、宗教和自然科學技術有著不可估量的價值。這次重大的發現，被認為是僅次於 20 世紀秦始皇陵兵馬俑的發現，意義重大。對佛教而言，這次發現的一些材料給佛教史研究帶來了一些新的課題，還將改寫部分佛教史。又由於法門寺的佛舍利重見天日，使法門寺再次重新修建，而且還新修了法門寺博物館，如今法門寺已經成為西安地區的又一個最熱門的新景點，到了西安，不去看看法門寺的珍貴文物和那顆又神聖又神秘的佛舍利，真是太遺憾了。法門寺佛舍利也成為當代中國佛教的鎮教之寶，近年來曾經到過許多國家和地區展出，供信徒膜拜。2003 年，佛舍利到臺灣巡展，受到了 400 餘萬人的參謁。

　　此外，長安城郊的終南山也是佛道兩教的聖地，佛教的華嚴宗和律宗都是在這裡發源的。

　　可以說，沒有長安佛教的繁榮，就沒有今天的佛教！

法門寺

二、北方佛寺

河洛佛寺歷史早

　　洛陽被稱為「九朝古都」。洛水在這裡靜靜地流淌，遠處是青翠的邙山，2000 年前漢朝的統治者就看中了這塊龍鳳寶地，強大的漢朝盛世，不僅以國力和軍事在世界稱鼎，而且還把中國文化推向了一個新的階段。漢明帝夜夢金人，遣使求法，固然不能全信，但佛教的的確確就是在漢代大一統的盛勢下請進來的。漢明帝為灰塵尚未洗去的西國僧人建造了寺院，並以那匹馱著佛經的白馬命名了寺名，從此，開創了中國佛教的新紀元。

　　清晨，旭日初升，映在白馬寺的山門，趙朴初會長書寫的「白馬寺」蒼勁有力的大字門匾，在日光中反射出耀眼的光芒。長年守衛在寺門的石刻白馬立在大門前面，雖無言無聲，但似乎仍在向人們訴說著那佛法西來的漫漫路途上發生的感人可歌可泣的事蹟。越過寺門走進寺院，當年漢明帝為西來高僧建造的寺院原形早已不復存在了，至今我們所見到的是明代以後重建的一所梵剎。古木參天的漢柏，聳立在庭院當中，伴隨著佛經的念誦聲與裊裊升起的香煙，彌漫在這座中國佛教祖庭的上空，久久盤桓而不離去。越過中軸線上的諸佛大殿，來到後面的清涼臺，據說中國佛教漢譯第一本

佛經《四十二章經》就是在這裡譯出的。臺的兩邊是紀念攝摩騰和竺法蘭二位印度高僧的大殿，二位高僧的墓則位於一進門後的東西圍牆的兩邊。白馬寺的東南是齊雲塔院，宋代建造的齊雲塔與邙山相望，塔雖僅高 25 公尺，在中國佛塔中不算很高，但是攀上 13 層塔頂，極目遠眺，還是能把洛陽城收攬眼底。如果在塔周圍 20 公尺處擊掌，塔身就會發出蛙鳴的聲音，令人稱奇。白馬寺南面偏西處的兩個土丘是焚經臺，據說佛教初傳中國，受到道士的刁難，於是印度高僧與道士鬥法，將佛經放在火中，火不能焚，佛教取得了進入中國後第一場勝利，開始立足，站穩腳跟。火燒佛經不足為信，但卻反映了佛教初傳中國時受到了中國傳統宗教勢力的反對

洛陽白馬寺

這一事實。白馬寺作為中國佛教的「釋源」，受到了歷代佛教徒的崇奉，寺內至今保存了眾多的有價值的文物和碑刻銘文，歷朝統治者都親自或派人到此憑弔追謚。就是如此，也不能

挽回它與日俱衰的命運，到了 20 世紀 40 年代末，這裡已經成為傷兵醫院和駐軍遛馬的地方。「文革」期間，寺裡的佛像和藏經大部被毀。直到 70 年代以後，白馬寺才得到了重新修整，從北京故宮調來了大批文物充實寺內，又多次撥款加以修繕，如今的白馬寺已經極具規模，大殿金碧輝煌，佛像莊嚴，道場清靜，各項設施基本齊全，正以煥然一新的面貌迎接海內外的香客和遊人。

但是，人們在談到中原文明之源時，更願意以「嵩洛」並稱。「嵩」是嵩山，是洛陽地區最高一座，也是唯一的一座高山。嵩山風景優美，古代一直是帝王貴冑及文人遊幸攬勝的場所，它與洛陽有著一體的文化關係。佛教初傳中國，相當於洛陽的王畿嵩山就接受了佛教文明，幽淨清新的山林，吸引了佛教徒的片片禪心，成為北方佛教坐禪的中心。北魏太和年間 (477–499)，來華的天竺高僧佛陀跋陀禪師喜愛這裡的山水，將它作為禪修的場所，孝文帝為他建立了少林寺。

如今，少林寺已有 1500 年的歷史，它在中國佛教史上的地位更是不能不談到的。初建的少林寺開始只是作為皇家禪院，具有中國南北朝時期重禪法的北方佛教特點。但是，不久有一位叫菩提達摩的印度禪師渡海來到中國傳教。傳說他先到南朝金陵與梁武帝對談佛法，話不投機，離開南方到了北方。達摩在少林寺後山的一個山洞裡面壁 9 年，最後創立了中國佛教史上影響最大的禪宗一派。他被禪宗弟子奉為禪宗初祖，在少林寺裡還有初祖庵，在後山還有達摩洞。當年

他面壁 9 年在牆上留下的一個影子，據說至今還在。

　　少林寺是中國禪宗各派一致公認的祖庭，它的地位是不可動搖的，這是它在「禪」方面的特點。不過對現在一般的人而言，少林寺給人留下深刻印象的並不是達摩禪師，而是寺內僧人的高超武功。近十幾年，影視作品大量地以少林寺為題材，使少林武功已家喻戶曉，談起少林，使人一下就會想起少林的武術。不過按佛教的說法，不殺生是佛教的五戒之一，每個佛教徒都要遵守這個根本戒。那麼舞槍弄棒是不是違犯了佛家的戒律呢？不是，因為僧人練武不是為了爭強好勝，而是在於強身健體。佛教徒坐禪是修心養性，這是一種靜的功夫。但是光有靜功也不行，僧人坐禪到一定的時間，

白雪少林寺

還要活動一下筋骨，這是動功。少林寺僧人的動功就是練習武術，動靜結合，才是修行的最好方法。

　　佛教講「佛法不殺」是有針對性的，具體地說，只要有利於眾生，有利於國家，有利於佛教的是「不殺」，反之則「可殺」。例如，在20世紀中國人民反抗日本帝國主義侵略的戰爭中，中國佛教徒於國家危急、民族存亡的關頭，挺身而出參加了救亡運動。佛教僧人「上馬殺賊，下馬學佛」，這是從事正義事業，是保衛世界和平，懲罰惡魔的活動，它雖是「可殺」，但最終目的是為了永遠「不殺」的千秋和平偉業，它當然應屬於「正行」了。在佛教經典《大薩遮尼乾子受記經》裡講述了這樣一個故事。嚴熾大王問大薩遮尼乾子：「大師，如果有外國的國王率軍來侵略，將引起一場大的戰爭，我們應該怎樣與他們進行鬥爭呢？」尼遮子回答說：「首先應當找到這位國王的親友和有知識的人去勸國王，讓他放棄這種打算，實現和解。如果這樣做不成的話，那麼就只好與他作戰了。」

　　南北朝時期，軍閥混戰，白骨遍野，民不聊生。北方後趙政權的石勒、石虎等人以暴虐濫殺著稱，他們殺人如麻，甚至連出家僧人也不能倖免。佛教僧人佛圖澄看在眼裡，急在心上，他向石虎直言勸諫，以慈悲戒殺為要。

　　石虎曾經帶有挑釁地問：「佛法本旨為何？」

　　佛圖澄直截了當地回答：「佛法不殺。」佛圖澄的一句「佛法不殺」，概括了佛教的和平慈悲精神之本懷，明確地表達了

反對使用暴力的不人道行為。也正因為他的規勸，使得「凡應被誅餘殘，蒙其益者，十有八九」❷。石虎認為自己是天下之王，統治國家要以刑罰當依，既然已經開了殺戒，也就不在乎得到將來的福報了。佛圖澄在對石虎解釋「佛法不殺」時說，「不殺」是指不要去濫殺無辜的一般民眾，對那些行惡多端，十惡不赦的壞人，危及於政權之人，則應殺就殺，應刑就刑。所以君王奉佛不是說一點不殺，關鍵是不要去濫殺無辜。君王只要內心有佛，認真奉持三寶，仍然會得到果報的。

少林寺的僧人憑著高超的武功，在歷史上曾經有過立功建業的偉大舉動。唐武德四年 (621)，唐高宗李淵命李世民率軍攻打王世充。次年，河北義軍夏王竇建德領兵 10 萬前往洛陽解救被困的王世充軍隊。少林寺的僧人看清了天下將為唐軍所有，志超、惠瑒、曇宗等 13 人在兩軍決戰之際，突然從王世充軍的後方殺出，活捉了王軍的將軍，獻給李世民，表示歸順唐朝。正是由於少林寺僧人的突襲，使李世民在決戰中占據了有利的形勢，取得了決定性的勝利。唐高祖詔令「其有背賊歸款，因事立功，即加寵授，務隆優厚」❸，「賞物千段」。李世民「嘉其義烈，頻降璽書宣慰」❹。但是僧人們不願求功奉祿，只想出家過清淨生活，表現了出家人的淡泊心

---

❷　《高僧傳》卷九。

❸　《金石萃編》卷七十四〈少林寺賜田敕〉。

❹　《金石萃編》卷七十七〈少林寺碑〉。

境。從這時起，少林武功開始揚名四海，天下武功推少林為第一。少林寺的僧人們除了平時的功課外，習武健身也成了他們的重要生活內容之一。少林寺13僧人為唐朝的建立做出的貢獻，被後人念念不忘，他們的事蹟被畫成壁畫，叫做「13棍僧救秦王圖」，此畫繪在大雄寶殿旁的偏殿裡。僧人練武的一招一式也畫在牆上，屋裡到處都是僧人練功踩出的深坑。如今河南省每年都要舉行以少林武功為特點的武術節，來少林參觀，慕名學武的人更是絡繹不絕。由少林寺僧人組成的少林武術表演團，每年都到國外演出，足跡遍及各大洲，少林武術為國爭光，為佛門爭光。1995年少林寺舉辦了建立1500週年盛大慶典活動，開創了少林寺的新紀元。

　　此外，少林寺的塔林也是獨具一格的，凡是到此參觀的人不能不去看一看。佛教僧人死後，不是傳統的入土為安，而是奉行印度佛教的傳統，火化之後骨灰放入塔內，這種塔叫舍利塔。少林寺的塔之所以叫做「塔林」，是因為它有眾多的塔，一共有200多座，塔的風格和樣式也不是千篇一律，有大有小，這些舍利塔構成一道壯觀的風景線，每個去了塔林的人，都會對它有著深刻難忘的印象。

　　開封古稱汴京，是北宋的都城，也是河南佛教又一重地。宋代的佛教雖然不如唐朝，但是影響也不小。開封城內的相國寺是北宋最有影響的寺院之一。這座寺廟舊址，據說是戰國時代魏公子信陵君的宅地，當然那個時候佛教還沒有傳入中國。一直到了北齊天保六年(555)，才把這裡改為寺院，取

少林寺塔林

名為建國寺。當年這座皇家寺院高僧雲集，文人薈萃，殿堂
櫛比，人云：「金碧輝煌，雲霞失容」、「千乘萬騎，流水如龍」。
可惜明代黃河決堤，大水將往日的輝煌一洗了之。至今我們
只能從清代重修的建築去體會當日的遺風。

北京寺院地位高

　　北京是中國的首都，從明代以後，就成為中國政治中心
之一，也是北方地區的佛教重地。明朝以後，是北京地區佛
教大發展的時期，200多年的時間，在北京一下出現了1000
餘所寺院。有清一代，北京的佛教氣勢仍然很盛，不僅漢傳
佛教寺廟多，而且藏傳佛教也非常有勢力。清皇室信奉藏傳

佛教，在京城修建了一些藏寺。據 1929 年統計，整個北京城共有佛寺 1033 所，它們屬於佛教的各個派別。

　　凡是到過北京的人，都會對繁榮的北京西單有過深刻的印象，這裡一直被全國的商家們看作做生意的黃金地帶，說它寸土如金，一點都不誇張。但就在它的北邊，有一塊佛門淨土，就是廣濟寺。廣濟寺現在是中國佛教協會所在地，中國佛教活動的中心，有著特殊地位。但作為一座寺廟而言，它並不希奇，因為廣濟寺的面積並不大，而且裡面的格局也不特別，就因為它處於鬧市之中，周圍都被商場和店鋪包圍，於是這麼一塊清淨的地方，自然顯得更為珍貴，不信你可以去看一看，寺廟周圍高樓大廈拔地而起，耀著晃人的「金光」，只有這座古剎仍然是黃牆金瓦，古色古香。高大的古松綠柏，閒雅的庭院，莊重的大殿，與現代化的大都市及商業鬧市形成了強烈的反差，從大商場出來的人，再看一眼這裡，誰又不會突然為之一顫呢？

　　法源寺地處北京城的西南，周圍是民居。這座唐代建造的寺院，最初是為追薦在高麗戰場陣亡將士而修建的，以後歷代屢有損毀，現在保存的是遼代規模。法源寺是現在中國佛教界最高學府──中國佛學院的所在地，是培養中國佛教人才的搖籃。法源寺的花木在北京城內聞名遐邇。寺內最著名的是元代栽種的白皮松，此松外皮冬春脫落，露出本色，也叫虎皮松。寺內原有兩棵白皮松，可惜有一棵已經壞死，剩下的這一棵樹幹挺拔，茁壯直立，仍然煥發出勃勃生機。

文冠果樹位於鼓樓前面，樹齡也達 300 年以上，樹幹粗大雄偉。文冠果樹又名文官果，屬於灌木類，這棵樹能長得如此雄壯，不得不令人驚歎。在藏經閣前，還有一顆與文冠果樹幾乎同齡的銀杏樹，高大的古樹將寺院的大殿包圍起來，使寺院變得更加幽靜。法源寺最有特色的是丁香，它是特有的「華北紫丁香」，與西院的海棠交織一起，寺院顯得更加清雅脫俗。1980 年，中國佛教圖書文物館在法源寺成立，在這裡你可以盡情品賞東漢陶座、東吳魂瓶、北魏石雕、唐代石刻、宋代木雕、元代銅鑄等各個朝代的精美佛像，還可以看到唐人寫經，宋、元、明、清各代的刻經，貝葉經、西夏文經等各種少數民族文字的佛經，以及石經的拓片等，這座名聞遐邇的古寺，如今又成為中國佛教文物薈萃之地，濃縮了歷史的精華。近年來，法源寺蓋起了一座佛學院教學樓，這是一座半地下半地上的建築，裡面清雅精緻，充分體現了佛教清淨的特點。

　　北京過去稱「幽州」。傳說「先有潭柘，後有幽州」。「潭柘」是地名，也是寺名，也就是說，北京城的歷史還不能和潭柘寺相比！潭柘寺是現在北京郊區最大的一座佛寺，建於晉代，至今已有 1700 年歷史。潭柘寺的位置很特別，「山開九峰，寺在其間」，它處在山峰環抱之中，人們形容它是「前有照，後有靠，左右有抱」❺。「照」指寺前的山峰像一巨大

---

❺　田奇編著，《北京的佛教寺廟》，第 86 頁，書目文獻出版社，1993 年。

的屏照，「靠」指寺後靠著起伏的山巒，「抱」指寺兩邊被山峰環抱。一般建在大山間的寺院，很多是依靠自然地理的條件，擇勢而建。但這座京城第一寺，除了依山而建之外，還一直遵循著中國建築南北中軸線的傳統，使寺院的格局既符合傳統，又利用了地理環境的自然條件，將這二者很好地結合起來。潭柘寺一直是帝王貴冑禮佛休養的場所。元代忽必烈的女兒妙嚴公主曾在這裡出家，她事佛虔誠，竟在觀音殿的磚上跪出一個深坑。清代康熙、乾隆皇帝都來此住過。康熙來到這座寺院時，適逢大雄寶殿東側的一棵遼代的銀杏樹長出新枝，乾隆將這棵樹命名為「帝王樹」，另外大殿西側的一棵理所當然地也就成了「配王樹」了。如今，這棵帝王樹高達數十公尺，粗大的樹幹需要幾人手牽手才能把它圍起來，茂盛的樹冠覆蓋了大半個庭院，這在當今北京已經不多見了。

潭柘寺在北京城的東南角，而在北京的西南角，則也有著一群著名的佛寺。著名的西山風景區八大處，即是指長安寺、靈光寺、三山庵、大悲寺、龍泉庵、香界寺、寶珠洞、證果寺等八座寺廟。這八座寺廟像顆顆明珠散落在大山之間，古樹參天，泉水叮咚，佛塔映掩，風景如畫，既是修行的好去處，也是夏天避暑的勝地，皇帝老兒願意到此散心小憩，文人也願來此詠詩暢話。靈光寺的佛牙塔裡珍藏了一顆佛牙。據說傳世的佛牙只有二顆，一顆在斯里蘭卡康提的佛牙寺裡供養，另一顆就在靈光寺。1955 年和 1994 年這顆佛牙先後送到緬甸、斯里蘭卡等國供南傳上座部佛教徒參拜，受到了

當地佛教徒的熱烈歡迎。在距八大處不遠的香山是北京的旅遊勝地，每到秋天，香山的楓葉紅遍全山，來此觀賞紅葉的人把公路塞得水泄不通，山上山下全是遊人。在這裡的碧雲寺是風景區中的主要景點。這座元代建的坐西朝東的寺院，建築依山而起，層層延升，庭院迴旋，引人入勝。明代曾有太監于經和宰相魏忠賢都看中這裡，在此動工修建了身後的葬身歸宿墓地，但是兩人都沒有等到壽終正寢，死於非命。作為佛寺，碧雲寺裡最有名的是羅漢堂。羅漢堂及其雕塑的500 羅漢都是仿杭州西湖淨慈寺的羅漢堂而建的，所有羅漢個個栩栩如生，造型各異，有很高的藝術價值，被認為是中國羅漢雕塑的北方代表作之一。在眾多的羅漢群裡，第 414 尊羅漢竟是清朝的乾隆皇帝。乾隆皇帝是清代最有成就的帝王之一，他使清代走上了鼎盛。乾隆不僅懷有文韜武略，對佛教也表示了很濃厚的興趣，曾經親自輯纂佛典，還到處為寺廟題額賦聯。碧雲寺裡的這尊「帝王羅漢」，就是他熱心佛教事業的回報。碧雲寺的菩薩殿，現在已成為中國革命先驅孫中山紀念堂，裡面陳列了前蘇聯贈給孫中山先生的玻璃鋼蓋棺一口，以及一些孫中山先生事蹟的照片。

　　北京的佛教資源是很豐富的，我們還可以舉出一些有影響的佛寺。例如西山的臥佛寺，裡面供養了中國最大銅涅槃佛，這座元代的銅佛，用銅 54 萬斤，長 5 公尺。大鐘寺裡的明永樂大鐘是世界上第一大鐘。戒臺寺的戒臺號稱中國佛教三大戒臺之一。智化寺的佛樂是中國佛教著名的音樂流派之

一，其建築也是京城內最大的明代木構建築群。法海寺裡的壁畫是中國現存元、明、清以來的宮廷畫師的極品，是明代壁畫之最。廣化寺位於京城的什剎海邊上，風景優雅，難得一見。此外，中國藏語系高級佛學院所在地西黃寺，也是京城的重要佛寺之一。

燕趙古佛接玄機

佛教傳進中國，自南北朝起，中國佛教就存在南北的地方佛教文化差異，人們把它總結為：南方重義理，北方重實踐。到隋唐以後，南北兩地的佛教風格漸漸融合，然而，從地域佛教來看，除了個別地區以外，民間佛教盛行，總的說來，北方不如南方，而且越往北去，佛教的勢力與影響也越小。

河北地區，承德是一個佛教的重鎮，但論歷史影響和佛教地位，還應算河北正定縣的隆興寺和趙縣的柏林寺。隆興寺是隋文帝於開皇六年 (586) 建造的，寺內供養宋代鑄造的 21 公尺的千手銅觀音像是中國最大的銅像，它與滄州的鐵獅、趙州的石橋、應縣的木塔，合稱「河北四寶」。該寺內藏隋代的「龍藏寺碑」是書法的精品，人們認為它上承六朝，下開初唐，是一塊承上啟下的天下第一隋碑。柏林寺傳說建於東漢，但在唐朝時已經成為當時有名的寺院了。有一位從諗禪師住在寺裡，他機峰暗藏，接語對機，方便學人。有人向他問道，他不作正面回答，只是一味地說「吃茶去」，以此

來啟發學人不要執著，學佛的關鍵還是在於自己的體悟。這段公案被後人稱為「趙州茶」。從諗本人因玄機深藏，禪風大暢，人們稱他為「趙州古佛」，柏林寺自然也成為「古佛道場」。這座始建於漢獻帝年間 (189-220) 的道場，在近代因屢遭劫難，殿堂經像蕩然無存，在殘碑斷碣和蔓草荒煙中，僅存趙州祖師塔及唐柏 20 餘株，形影相依，一片淒涼。近年來在當代高僧淨慧法師的操持下，於 1988 年開始修復，重新建造了山門、普光明殿、鐘鼓樓、東西長廊、觀音殿、萬佛樓等，寺內還建立了禪學研究所，每年夏天舉辦生活禪夏令營，冬天舉辦禪七法會，發行《禪》雜誌，沉寂數百年的鐘鼓之聲，再次響徹在趙州古城。這次修復柏林寺是在不影響傳統建築風格的情況下，根據現實情況，做了些調整。例如，傳統寺院走過山門之後，就是天王殿，但是由於占地緊湊，在大殿和山門之間修建天王殿使寺院更顯得局促擁擠，於是建造者取消了天王殿，將韋陀像置在山門後頂，既遵行了教規，又符合現代建築布局的審美情趣。

乘坐汽車沿著京津塘高速公路行駛，要不了兩個時辰，就到了北方第二大城天津市。獨樂寺則是天津市的第一大寺。這座位於郊區薊縣的寺院，也有「三絕」稱響於世——現存最古的遼代單簷廡殿式山門、最古老的遼代觀音閣，以及達 16 公尺之高的最高大的泥塑觀音像。在天津城內有一座大悲院，它是天津地區第一號大廟，寺內原藏玄奘法師的靈骨，1956 年作為珍貴的禮品送給印度那爛陀寺。大悲院與北京的

廣濟寺一樣，屬於鬧市中的一塊淨土，每天來燒香參觀、遊玩的人絡繹不絕。

山西佛寺文物多

至今，在北方地區佛教仍然最盛的，當屬山西佛教。山西素以地上文物居全國之冠而聞名於世。在眾多的文物中，宗教名勝古蹟以及與其相關的石刻造像、碑帖彩畫等占有相當的比重，其中有知名度很高的名勝和珍品，像佛教四大名山之首的五臺山、聞名中外的雲岡石窟、蜚聲畫壇的永樂宮壁畫、歷史悠久的晉祠、卷帙浩繁的廣勝寺《趙城金藏》等等，至今仍然吸引了中外無數的朝聖者和遊客。人們來到這裡，憑弔前人的業績，發思古之幽情，接受了傳統文化的薰陶，心靈得到了洗禮，昇華了靈魂。然而，那些絕大部分散於省內各地的名勝古蹟也富有情趣，有的年代久遠，有的風格獨特，它們是山西宗教古建築中的瑰寶，重要的文化資源。

1995 年曾出版了一本《山西寺廟大全》❻，在這本書中所附的「山西省寺廟分布圖」裡，筆者發現有這樣一個有趣的現象：山西的宗教分布是呈南北走向的局面。越往南寺廟越多。在南部洪洞縣、侯馬市等地區，為中華古文明的故鄉、三晉文化的發源地，故這裡的儒道二教名勝古蹟占多數；在北部的大同、五臺地區，是北魏游牧民族的發祥地，佛寺影響較大；中部太原地區，係山西政治、經濟、文化中心，儒、

❻　白清才主編，山西經濟出版社，1993 年。

釋、道三教寺廟鼎立天下；西北部黃河沿岸，人煙稀少，經濟欠發達，寺廟數量明顯減少。五臺山是中國佛教四大名山之一，我們將把它放到後面來說，這裡主要介紹的是除五臺山之外的山西地區的佛寺。

省府太原市崇善寺是山西佛教協會所在地。它初建於唐代，名白馬寺，到明代時，才改為現在的名字。那時的崇善寺規模龐大，有房間1000餘間，但是到清代遭到一場大火的洗劫，寺的規模縮小大半。現在寺內除了三尊明塑大佛之外，剩下的就是曲徑通幽的風景，吸引南來北往的香客。

大同是山西佛寺集中的地方之一，僅次於五臺山。大同雲岡石窟早已聞名於世，但是它的寺廟同樣也值得一書。華嚴寺曾是遼代皇室用來安奉諸帝石像的內道場。有趣的是它被分為上下兩寺，上寺以金朝建的大雄寶殿為主，總面積達1559平方公尺，是現存的中國兩座最大的大雄寶殿之一（另一座是遼寧義縣奉先寺大殿）。殿內還有清末繪製的佛教壁畫，總面積達887.25平方公尺，高6.4公尺，是清代壁畫的珍品。下寺的主建築是薄伽教殿，裡面保存了完整的遼代彩塑31尊。寺內建築用天橋連結，組成渾然一體的建築群，現為中國僅存的遼代建築模式，特別重要。善化寺也是金代建築的代表作，特別是它的山門最有特色。此外普賢閣也是仿金建築，站在閣上可將大同城內風景盡收眼底。寺內的遼金塑像，也是北方佛教藝術的代表作之一。

「懸雲寺，半空中，三根馬尾空中吊。」這是形容山西渾

源縣懸空寺的艱險狀況。這座北魏時期開始建造的寺院，坐
落在恆山金龍峽西崖的陡峭岩崖中。當時為了建造這座寺院，
工匠們把自己用繩子捆上，吊在空中一鑿一鑿地鑿出了這座
令人驚歎的不朽之作。奇妙地構思，使一條棧道將斷崖兩邊
的南北兩院、40餘間建築連結起來。這座嵌在山坳裡的深山
古剎，緊貼山岩，夏日陽光不能曝曬，冬天大風不能吹到，
磅礡大雨奈它不何，始終屹立在危岩深谷之中。凡慕名來此
拜謁的人，都不得不發出讚歎，詩聖李白歎其鬼斧神工，寫
下「公輸天巧」的名言。

　　雙林寺位於山西平遙縣境內。這座寺院的布局呈古堡式，
也很特別。然而它名聞天下並不在於它的建築，卻是那2000
餘尊明代的彩塑。至今完好的1566尊彩塑中，大的高3～4公

山西平遙鎮國寺

尺，小的僅 3 公分，最美的是十八
羅漢，造型奇特，線條流暢，栩栩
如生的神態，令多少遊人香客如
癡如醉，流連忘返。

　　平遙境內的鎮國寺初建於北
漢，它的塑像都是北漢原塑，至
今也有 1000 餘年的歷史，是中國
五代時期僅存的佛教藝術珍品之
一。繁峙縣的岩山寺，保存的金
代壁畫和彩塑，亦為稀世珍品。
長子縣的法興寺宋代彩塑，隰縣
小西天寺明代佛塑等也都是中國

鎮國寺佛像

佛教藝術的精品。山西省除了著名的佛教建築和彩塑佛像以
外，還有著名的《大藏經》與世齊名。20 世紀在趙城縣廣勝
寺發現了《趙城金藏》，是中國目前發現的唯一的金刻藏經，
有很重要的學術價值。最近出版的《中華大藏經》其主要底
本，就是取自於這套藏經。廣勝寺內的飛虹塔是用各色琉璃
裝飾的，猶如五彩繽紛的彩虹，賞心悅目。寺內的建築和壁
畫多為元代遺物，水神廟的「大行散樂忠都秀在此作場」的
壁畫，是研究中國元代雜劇的實物。在中國戲劇史上有一齣
著名的古戲《西廂記》，講的是書生張生與名門閨秀崔鶯鶯追
求愛情的動人故事，這個故事就發生在永濟縣的普救寺，寺
內的後花園是張生與鶯鶯小姐互相衷訴愛慕之情的地方，曾

有多少對愛情憧憬的人專門來此尋找心靈的慰藉和力量。寺內的舍利塔是中國特有的「四大回音塔」之一，人們只要在塔底敲擊，就能聽到清亮的蛙鳴聲，然而人們為了紀念張生與鶯鶯的堅貞愛情，寧願稱此塔為「鶯鶯塔」。

淨土宗的創立者唐代道鸞法師曾在山西交城縣玄中寺住過，因此玄中寺被視為淨土宗的祖庭之一。這座北魏時期開鑿的寺院，獨特建築風格很有特點，同懸空寺一樣，它也是在石壁中開鑿出來的，所以開始叫做「石壁寺」。碧藍的天空，山間險路盤旋，走到山下，抬頭舉望，寺廟就掛在空中，真擔心它會掉下來。然而1000多年過去，它真的從沒有掉下來過。可惜的是，現在為了旅遊，重新修了直達殿堂的路，那種讓人懸下的心情再也找不到了。

玄中寺

東北佛寺少而精

人們一般以山海關為界，關外是東三省。從天津再往北去，就到了東北地區。古代東北地區的佛教情況還不十分清楚，我們現在能夠比較瞭解的是遼代佛教曾在東北地區興盛。《遼史・道宗紀》載：「（道宗）一歲而飯僧三十六萬，一日而祝髮三千」。一年要供養 36 萬僧人的飯食，一天就有 3000 人削髮為僧，這在中國佛教史上是不多見的事情，所以後人把遼朝滅亡的原因歸結於佛教太濫而造成的，是謂「遼以釋廢」。

遼寧義縣的奉國寺，寺內有七座遼代彩塑佛像，因此寺又稱為「七佛寺」或「大佛寺」。由於要將這七座佛像放入室內供養，於是這裡的大雄寶殿就變得非常巨大，進深五間，橫 48.2 公尺，深 25.1 公尺，高約 21 公尺，這樣龐大的建築物在東北地區已不多見，更顯得珍貴，同時也看出遼代建築的高超科技水平。

鞍山以盛產鋼鐵而舉世聞名，鞍山鋼鐵公司是中國最大的重工業基地。但是就在距離鞍山 25 公里處的地方，有一座山峰奇異，怪石嶙峋，溪水流淌，古樹長青的千山。這座山上，佛教與道教同時並舉，佛寺道觀相互爭勝，歷史上一直有五寺八觀九宮十二庵的說法。「五寺」，即指龍泉寺、祖越寺、中會寺、大安寺、香岩寺之佛教五寺，其中以龍泉寺為寺中之最。這座據說唐代就建立的寺院依山蜿蜒，所有的建

築分別建在不同的平臺上，佛殿錯落，梵音回響，檀香圍繞，
與全山松林峭壁組成了一道道吸引眾人的景點，引人入勝。
近些年來，人們發現山上有一座山峰酷似彌勒佛像，於是有
人又提出把千山列為彌勒道場，或是中國佛教四大名山之外
的第五大名山。80 年代以後，鞍山市內修建了一座玉佛苑，
這裡陳放的玉佛，是用中國最大的一塊遼寧岫玉雕成，整尊
玉佛重達 200 餘噸，高 10 餘公尺，形象精美，神情凝重，是
中國玉佛之最，也是當代佛教藝術的精品。

　　黑龍江哈爾濱的極樂寺，至今才有 70 餘年的歷史，但是
它卻是黑龍江省的第一大寺。20 世紀 20 年代，中國佛教一
度復興，極樂寺就是由東北佛教界三老之一的倓虛老和尚發
心建造的，這座占地 26000 平方公尺的寺院，是一座標準的

漢式佛寺布局。由於
倓虛和尚在佛教界
享有很高的聲譽，弟
子眾多，因此寺亦因
人顯，聲名在外，每
年香港、臺灣地區有
不少佛門弟子到此
參拜，奉為祖庭。

極樂寺

三、南方佛寺

嶺南佛寺慧能緣

　　廣東也稱嶺南，自古就是中國與外域連接的口岸，海上絲綢之路的終點。佛教傳入中國，有很多人就是由海路至廣州而進入內地的。據學者統計，從西晉到南朝陳這段時間，嶺南有佛寺 41 所，其中西晉 1 所、東晉 7 所、宋 5 所、齊 2 所、梁 19 所、陳 7 所。在這些古寺中，至今仍存在的，最有名氣的無疑算得上是廣州的光孝寺了。光孝寺原是西漢南越王趙建德的舊宅，二國時開始被施捨為寺，當時稱為制止寺，一直到宋代才改稱今名。這座古老的寺院，早於廣州城的歷史，因此流行「未有羊城，先有光孝」的說法。光孝寺歷來是嶺南佛教的中心，許多有名的譯經僧都在此居住過，例如著名的翻譯家真諦就是在此譯出了《攝大乘論》、《唯識論》等有宗的經典，在中國傳播了印度唯識學說。人們把他的唯識學稱為「唯識古學」，而其之後的玄奘的唯識學則稱為「唯識新學」。

　　北方少林寺的菩提達摩被奉為禪宗的初祖，但使禪宗光大的是六祖慧能。慧能祖籍北方，但在廣東出生和長大。他曾經在黃梅五祖寺受法，以後回到廣東昭關南華寺聚眾講法，傳播禪宗的教義。唐高宗儀鳳元年 (676) 慧能在寺裡受戒出

四祖寺，六祖慧能搗米處

家，建立禪宗的南宗一派。如今光孝寺裡仍有許多與慧能有
關的遺跡。例如風幡堂，是慧能接引印宗法師的地方。慧能
以一句「不是幡動，不是風動，是人心自動」驚動眾人，使
得講經的印宗法師反而拜慧能為師了。六祖塔是慧能削髮受
戒以後，將他的頭髮埋在這裡，後人起塔，以紀念這位中國
佛教禪宗的大師，因此它也叫做「瘞髮塔」。在塔的周圍除了
有佛像外，還有慧能像和菩提達摩像。六祖殿是紀念慧能祖
師的殿堂，裡面有慧能的坐像，高 2.5 公尺，殿旁和碑廊有
六祖像碑和其他碑刻，對研究慧能生平事蹟有重要的參考價
值。廣州是中國改革開放以後經濟騰飛最早的地方，作為佛
門淨土，光孝寺是這座正在走向現代化大城市裡的一個最古

光孝寺

老的歷史遺跡，寺內兩棵已經超過 1500 年的訶子樹和菩提樹至今仍然茂盛，似乎向人們表明，古代的佛教文明仍然有著勃勃生機。而且，那棵菩提樹是南朝梁代天監年間 (502–519)由印度高僧智藥三藏帶來的種子栽下的，是中外佛教文化友好交流的見證。

宋哲宗元符三年 (1100)，一代詞宗蘇東坡到廣州的淨慧寺暢遊，看見寺內生長茂盛的六榕樹，於是隨興而發寫下了「六榕」兩字，從此這座寺院就被人們稱作「六榕寺」了，而它早先的「淨慧寺」一名，似乎已被人們淡忘。其實淨慧寺也不是六榕寺最早的名字，它最早的名字是「寶莊嚴寺」，是南朝梁武帝敕建曇裕法師為供奉從西域求來的佛舍利而起

建的寺塔。現在六榕寺裡是以供奉銅佛像有名，寺中所有的
重要佛像都是銅像，大雄寶殿裡供奉的西方三聖像每尊高 6
公尺，重 10 噸。觀音殿裡的銅觀音高 4 公尺，重 5 噸。六祖
殿裡的慧能青銅坐像高 1.8 公尺，重 1 噸，是一件難得的青
銅藝術品。1985 年寺內還迎請了泰國送來的高 2.6 公尺，重
1 噸的釋迦牟尼佛像，這麼多的銅像放在一個寺院裡，在中
國也不多見，說六榕寺是一座青銅佛像藝術館，看來並不過
分吧！

　　嶺南佛教雖然歷史悠久，但是現在香火旺盛，有影響的
寺院都與慧能有關，或者與禪宗有關。廣東韶關的南華寺，
就是慧能離開五祖弘忍以後，在光孝寺出家，後偕印宗法師
等人一道來到南華的住地。南華寺原稱寶林寺，是梁武帝時
期建造的寺廟，以後又改稱中興寺、法泉寺等，宋代才改為
今名。南華寺所在地叫曹溪山，這是因為山下有一條清澈的
曹溪水而得名。曹溪山林木茂密，水清如許，是修行參禪的
好去處。慧能大師在這裡宣傳禪宗頓法，一時弟子輻輳，最
終建立了南宗禪。南華寺成為禪宗南宗的祖庭。有人讚曰：
「憑師曹溪一滴水，散作皇都內苑春」，現在南華寺六祖殿裡
仍然供奉了慧能的真身像，此外還保存了唐朝的《天冊金輪
敕書》、千佛袈裟、歷代帝王的聖旨等文物。明清以來天下佛
教非禪即淨，而「禪」又屬於南宗獨秀，慧能禪就是曹溪一
滴水，變成滾滾的洪流奔向各地，南華寺就是各地洪流歸宗
之處，汲納了百川。

慧能以後的南宗禪開始時主要由他的弟子懷讓和行思二人繼承並弘揚，到了晚唐五代時才分門為曹洞、雲門、法眼、臨濟、溈仰五家,史稱「一花五葉」。懷讓曾在

五祖寺，慧能題偈處

慧能身邊服侍了 15 年，後來到湖南南嶽衡山般若寺，納徒隱修，結茅而居。懷讓很善於觀察人和誘導弟子學佛。他的最著名弟子馬祖道一剛來南嶽，終日參禪，打坐修行，懷讓看在眼裡，他拿著一塊磚坐在道一打坐的庵石前研磨，開始道

　　沒有注意，後來看到懷讓老是在磨，心裡就犯嘀咕，這人是不是神經有毛病呢？於是就問：「你磨磚幹什麼呀？」懷讓答：「磨了作鏡子。」道一覺得好笑，說：「磚怎麼能磨成鏡子呢？」懷讓隨即接著他的話頭說：「是呀，磨磚既然不能作鏡，打坐就能成佛嗎？」道一這時才豁然大悟，遂拜懷讓為師，成為禪門大器。懷讓原是陝西人，但他終生在南嶽活動，所以後人稱他為「南嶽懷讓」。

　　行思是江西人。他在慧能老師處得法後，就回到江西老家，於青原山活動，所以被人稱為「青原行思」。行思在跟從慧能學法時，悟性很高，他雖然話不多，但是說話十分深刻，

因此深受慧能的喜愛。他得到慧能的印可，準備回到家鄉，慧能告訴他：「你是我的弟子，按道理除了我應將教法傳給你外，還應該將付法的憑證袈裟法衣傳給你。但是我這裡的法衣到我手裡後，就一直沒有太平過，所以我決定不傳法衣與你了，把法衣留下做鎮寺的寺寶。而你已經得到佛法的精髓了，也就可以傳法了，法衣只是表面的東西，佛法才是實質的東西，關鍵還是弘傳佛教的大法。」行思回家鄉牢記師父的囑咐，致力於南宗禪的弘揚，後出的許多禪門俊彥都是他的受法弟子，或是與他有過來往切蹉的禪門同人。

慧能在曹溪南華寺聚眾傳法，弟子幅輳。唐代對高僧的尊敬有加，許多高僧如五祖弘忍和北宗神秀的故居都被改造成佛寺。慧能有鑒於此，也於唐高宗玄道元年 (683)，命弟子前往新興將家宅改為寺院，取名「報恩寺」。唐中宗神龍三年 (707)，朝廷賜寺額「國恩寺」。唐先天二年 (713)，慧能老來思家，回到國恩寺居住。他在這裡對弟子回憶了自己的經歷，談了他的佛教思想，法海記錄整理，這就是後來舉世聞名的《六祖法寶壇經》，是由中國人自己撰寫的，唯一取名為「經」的中國佛教典籍。慧能說完《壇經》後，就圓寂了。

國恩寺所在地叫龍山，這是因為這裡的山形像一條長龍橫臥，站在龍脊的山峰，向右可以看見龍尾是一片蔥鬱的山林，風吹之下彷彿正在擺動。向左可以看見國恩寺就建在龍頭，昂首向上。初建的國恩寺，占地面積有田 1800 畝。以後雖有兵火和佛教的衰落，但是國恩寺的特殊地位並沒有被削

弱，宋、元、明、清歷代都有不斷地修繕，清代是國恩寺最興盛的時期，當時寺產僅田地就有 3000 畝。進入民國以後，受到全國寺產辦學風潮的影響，寺廟的田產被政府收回，房屋也被充作校舍和一部分居民的住房。只留有幾個大殿和十來位僧人在寺內居住。20 世紀年代改革開放以後，才重新回到了佛教界手裡，並整理一新。

　　現在的國恩寺布局緊湊，建築密集，有民居特點的廟門，首先給人是一個民宅的親切印象，走進廟門後，是一個接一個院落和房間，猶如過去的一個殷實富有的大戶人家的住宅。史書記載慧能與母親相依為命，家境貧窮，只能靠賣柴度日，如此豪華的慧能故居，只能是後來的仰慕者不斷增修的結果。與慧能有關的遺址，主要表現在建築物之外的空間中。在大雄寶殿的東側，有六祖親自參與修建的報恩塔。花園裡有六祖親手栽下的荔枝樹一株。這株歷經 1300 年風霜的「佛荔」，曾經屢遭劫難，但是它都挺過來了，至今枝葉茂盛，果實豐碩。據說這顆「佛荔」極有靈通，每逢國家有難時，它枯萎不長，一矣國家逢春，喜事再來時，它又開始重新吐露芬芳，充分體現了六祖所說的「佛法在世間得」的離世又即世的愛國愛教的思想。在後院的大樹下，有一眼名卓錫泉的古井，六祖為了解決家鄉人民吃水的困難，親自用禪杖鑿地出水，井內的泉水清洌甘甜，像佛法一樣清涼省人，更值得一提的是，不論天旱還是下雨，水位始終不變，表現了慧能的「不增不減，不來不去，不長不短……」的三十六對法的思想。

六祖沐浴處是一個天然的圓形石凹，上面有一處小孔，清澈的泉水從孔中不斷地滲出，從早到晚流滿一池，正好供人沐浴。在寺裡還有六祖父母的基塋，人們來到這裡憑弔，感謝他們為中國佛教養育出一代哲人。龍山一直受到了歷代佛教徒的朝拜，特別是在改革開放以後，來龍山朝拜祖庭的各國信徒更是絡繹不絕。新興縣政府和龍山人民非常重視龍山與六祖文化的寶貴資源，成立了「龍山六祖文化風景區」。

　　乳源縣雲門寺曾是中國禪宗五家七宗之一雲門宗的發源地。這裡與湖南接壤，是苗族聚居地區。大山之中的雲門山青松挺拔，茂竹修林，滿目青翠，是修行的最好去處。雲門寺最早名為光泰禪院，後唐長興元年 (930) 以後，大振禪風，因取其山名為寺為宗名。雲門宗創立者文偃禪師是青原行思法孫，他吸收了以往的禪法，創建「函蓋截流」新禪法，主張師徒函蓋相合，接化玄妙，拈出佛道宗旨，截斷其煩惱性，不拘言詞，自在自由。其宗風有奔流突止特異之處，機辨險絕，語句簡要，如電光石火，千鈞之重。雲門寺依山麓而建，寺院古樸典雅，殿堂整潔清淨，遠望稻田千疇，公路蜿蜒，沒有塵囂煙障，是一所典型的山林寺院。當代高僧虛雲老和尚曾在 20 世紀上半葉發心重建雲門寺，寺內後山的虛雲紀念堂和虛雲塔，已成為寺內的重要一景。虛雲的侍者佛源法師主持雲門寺，提倡修行，堅持傳統，吸引了海內外的佛子。近年來雲門寺在佛教教育方面做出了成績，雲門佛學院為佛教界培養了很多解行雙優的人才。

江西禪寺曾興盛

　　慧能的教法就是這樣再由弟子們分張，傳到江西、湖南一帶，先南方，後北方，最後遍布全國。禪宗弟子喜歡參學雲遊，切蹉義理，江西、湖南兩地又是南宗禪的主要流行的活動中心，弟子們在這兩地間跑來跑去，現在我們所說的「跑江湖」一詞，就是這樣來的。

　　江西的禪宗雖然興盛，但是要講起江西佛教的歷史，首推有影響的還是與淨土宗有關的廬山慧遠大師。慧遠是東晉人，祖籍山西，「少為諸生，博綜六經，尤善老莊」❼。出家後跟從道安法師學習佛教，因北方發生戰亂，道安法師為了保存佛教實力，被迫「分張徒眾」。東晉孝武帝太元二年 (378)，慧遠遵師命率弟子前往南方，路過九江時，耽於廬山，認為這裡是最理想的修行之處，於是安住下來。

　　廬山風光秀美，林木森然，溪水歡唱，瀑布高掛，是著名的風景區。慧遠到廬山時，在密林深處已經藏著一座叫西林寺的古剎，這是當時他的同學慧永住持的。慧遠定居於此之後，在江州剌史桓伊的奉持下，為他建造了東林寺。慧遠住在東林寺裡，廣泛結交各種人士，研討學問，支持譯經，使廬山成為南方的佛教中心，與北方鳩摩羅什的佛教中心遙遙相對。慧遠法師不僅解行雙修，而且信仰彌堅，他與 18 位同道一起在彌勒佛像前發願，願死後往生西天淨土佛國，創

---

❼　《高僧傳》卷六。

東林寺

立了具有淨土思想色彩的白蓮社，因此東林寺又被奉為中國佛教民族化宗派──淨土宗的祖庭。

　　如今東林寺雖然比不上隋唐盛世的規模，但仍然有許多古蹟可尋。「十八高賢堂」是當年慧遠與 18 位同道結社起誓的地方，牆上刻有 18 高賢的畫像。傳說慧遠曾在寺門口養過一隻老虎，每次送客他一旦越過寺前的小溪，老虎會發出震吼，提醒他別走得太遠。可是有一次他與南朝的陶弘景、陸修靜一起議論儒、釋、道三教，送客時一時忘記，走出小溪，老虎發出的陣陣吼聲，引起三人發出會意的笑聲，後人在此建立了「三笑堂」。寺裡還有一股清澈的泉水，叫做「聰明泉」。傳說慧遠與六朝名士殷仲堪討論《易經》，殷仲堪的高談闊論，使慧遠覺得他的談話就如寺內的泉水汨汨不絕。所以現在來寺的人都要品嘗一下泉水，好讓自己也變得更聰明一些。近

年來，寺裡又增建了佛陀跋陀羅紀念塔，懷念這位曾經對中
國禪學理論建設作出卓越貢獻的一代天竺大師。

　　史載青原行思在江西大行禪宗，弟子遍布省內外。懷讓
的著名弟子馬祖道一也在江西廣開道場，掀起了江西歷史上
建寺的第二次高潮。馬祖道一從南嶽衡山來江西後，先後在
臨川宜黃、贛州、廬山、南昌等地開講法席，開創了禪宗的
洪州宗。他的弟子眾多，達 139 人，且各為一方教主。如百
丈懷海侍奉馬祖 6 年，深得祖師的禪髓。傳說「馬祖振威一
喝，懷海震得三日耳聾」❽。懷海離開馬祖，在奉新縣境內
的百丈山開堂說法，弟子雲集。他領導的僧人都是自己勞動，
自給自足，過著儉樸的生活。他在寺內樹立法堂，針對當時
佛門戒律不嚴，重新制定新的儀軌，建立《百丈清規》，成為
後來禪宗僧人的行事軌範，至今仍然奉行。宜春縣境內的大
仰山是禪宗溈仰宗的發源地，9 世紀中葉，慧寂法師到湖南
溈山參禮靈佑禪師，後來到仰山棲隱寺開法席，創立了溈仰
宗。宜豐縣的洞山和宜黃縣的曹山是禪宗曹洞宗的發源地。
悟本良价禪師在洞山建普利寺，弘傳行思禪師一系的禪法。
其弟子本寂禪師得良价禪師的印可，在曹山寺弘傳師法，最
後建立曹洞宗。曹洞宗是禪宗最有影響的一個派別。「一花五
葉」的禪宗派別在歷史發展過程中，最後只剩下了兩個派別，
曹洞宗就是其一，臨濟宗是另一個，曹洞與臨濟平分天下。
到了明清時代，禪門天下非曹即臨，因此有人形容禪宗最後

----

❽　《宋高僧傳·懷海傳》。

演變為「七分臨濟，三分曹洞」。

　　臨濟宗在宋代以後，分出黃龍與楊岐二支，佛教史上稱禪宗最後分化為「五家七宗」，曹洞、雲門、法眼、臨濟、溈仰是「五家」，加上黃龍和楊岐共「七宗」。黃龍宗和楊岐宗的發源地都是江西。黃龍宗是慧南禪師在修水縣黃龍山黃龍寺創建的，過去人們認為是在南昌黃龍，實際上是一種誤傳，因為南昌並無黃龍山。修水縣的黃龍山與南昌兩地相距 360公里，扯不到一塊。歷史上的黃龍寺，最盛時有 4 大殿 11 院，僅觀音殿上的千手千眼觀音像的手掌就可坐一人。但是現在這種景象早已不復再存，如今只有宋代大儒黃庭堅書寫的「黃龍山」幾個大字和還未倒塌的黃龍慧南禪師塔，以及清澈如鏡的觀音泉尚在，這些陳跡和石刻還在訴說著以往歷史最盛壯的一幕。

　　楊岐宗是方會禪師在萍鄉市楊岐山普通寺建立的。黃龍禪師喜歡用「三關」的方法來接引學人，其禪法顯得比較固定。方會禪師的禪法比較活潑，不拘一格，重在靈活運用，因此頗得天下禪弟子的欣賞，楊岐一派大行禪門，臨濟宗的後期主要就是楊岐的禪法流行，但是楊岐祖庭卻早已香火不旺，比不上後起的一些寺院。

　　禪宗「五家七宗」，江西一省占了三家的祖庭，這在中國佛教史上也是不多見的，但是諸事無常，現在江西禪寺最有名的則是南昌的佑民寺和雲居山的真如寺。佑民寺在南昌城內，是南朝梁代天監年間 (502–519) 建的古寺，寺內有一尊重

36000 斤的大銅佛，和一口南唐時代 (937-975) 鑄造的銅鐘，銅鐘是「三寶」（另二件是普賢鐵像、宋代銅鐘）之一，高 2 公尺餘，重 5 噸多。

真如寺起於唐代。洞山良价的法嗣道膺禪師因在此冬禪夏講，所化之徒不下千餘，曹洞宗風大振，唐昭宗曾賜紫袈裟，題寺額「龍昌禪院」。1939 年真如寺在日本侵略軍的炮火中毀滅，昔日金碧輝煌的寺院，變成了一片瓦礫，野獸在荒草中出沒，令人痛心而又感傷不已。1953 年，當代高僧席雲法師來到這裡，他有感古德建立的道場蕭條無跡，發心重建。於是他以茅篷為居，勵精圖治，在眾信檀越的支持下，陸續恢復了各殿。虛雲老和尚是中興雲居山的功臣，人們為他在寺裡建造了紀念堂。虛雲之後的弟了一誠法師等人，繼承乃師的遺志，繼續創業，一個嶄新的雲居山已經初具規模，成為江西最有名的禪剎，吸引了國內外的香客和遊人。一誠法師因為對發展佛教有功，受到了人們的愛戴，2003 年當選為中國佛教協會新會長。

湖南寺院天下先

在長沙城的西端，有一座叢林掩蔽，氣象森嚴，古樹參天的嶽麓山，它與奔騰不息的湘江，組成了長沙城的一道風景線，就在這一地帶，同樣有一座深山古剎——麓山寺。它是湖南佛教的源頭活水，在山門上，赫然書寫了「漢魏最初名勝，湖湘第一道場」，揭示了它在湖南佛教及中國佛教史上

的重要地位。據史書記載，麓山寺初建於西晉泰始四年 (268)，南北朝時已成為最著名的寺院之一，天臺宗的創始人智者大師就曾在這裡的講經堂說法。唐代禪宗南宗的神會和尚弟子大乘和尚也在寺裡住過。大乘和尚是將禪宗傳到中國西藏去的一位高僧，可是他在與印度高僧蓮花戒辯論時失敗，禪宗最後未能在西藏立足。當時的麓山寺規模很大，從湘江之濱到山頂都是寺院的地盤。但是隨著佛教在中國的衰微，麓山寺也多次被毀，1944 年日寇飛機轟炸長沙，寺院被徹底毀壞，直到 1985 年才重建。現在的麓山寺規模已不如以往，但是它的知名度仍然不低，由於寺院地處湖南文化中心，與寺院相毗鄰的是各個大學，歷史上著名的四大書院之一的嶽麓書院就在寺院的下面，寺內保存的唐代書法家李邕書寫的「麓山碑」是書法的珍品，有重要的價值。重建的寺院從建築形式到殿堂布置，充滿了文化的內涵，湖南省佛教協會就設在寺裡。

　　逶迤 800 里五嶽之一的南嶽衡山，是中國名山，也是中國佛教名山。從南朝起，南嶽就成為湖南佛教中心之一，寺廟林立，高僧輩出，曾經在中國佛教史上大放異彩，深深地影響了中國佛教。南嶽民間一直流傳「六大叢林，八百茅庵」的說法，有名的高僧有慧思、智顗、懷讓、馬祖、希遷、楚圓、慧南、承遠、日晤、惠開、巨贊等人。福嚴寺是六大叢林中第一名剎，號稱「六朝古剎，七祖道場」。它是天臺宗思想的啟蒙家慧思大師建立的，智者大師曾在這裡跟從慧思學

習佛教，然後在浙江天臺山創立天臺宗的。唐代，懷讓大師在福嚴寺長住 30 年，弘傳慧能一系的懷讓禪系，懷讓啟發弟子道一用磚磨鏡的地方——磨鏡臺，至今還在，磨鏡臺與懷讓大師的墓相隔不遠。宋代，楚圓大師主持福嚴寺，在他的門下，出了黃龍慧南和楊歧方會兩位一代宗師。近現代，福嚴寺曾為抗日戰爭做出過貢獻，當代著名僧人巨贊法師曾擔任過住持，在這裡從事抗日救國的活動。

　　慧思大師建立福嚴寺，宣講《般若經》，當時被稱為「大般若寺」，他建立的另一座「小般若寺」，是他修禪的場所。明代，朱元璋賜南嶽《大藏經》一部放在小般若寺內，寺遂改名為「藏經殿」。這座寺院只有大殿和幾間房屋，非常樸實，在群山深處，看上去，只是一座不起眼的茅屋農舍。

　　六大叢林歷史最久的古剎是方廣寺，它建於梁天監年間(502-519)，距今已有 1700 年的歷史。方廣寺在南嶽佛教史上的影響並不算大，但是它的風景卻非常獨特。「不到方廣，不知南嶽之深」，這是形象地形容方廣寺所處的幽深地理環境。方廣寺地處蓮峰之下，明王夫之形容它說：「凡入蓮峰，亭午見日，狂飆見風，或屏或障，或控或扶，坦然中開，知寺之處基也。凡入蓮峰，山見幽，水見未得之樹，馴不畏人見猿鹿。」❾ 所以「岳之有方廣，天地之有蜀也」❿。凡沉耽山水的高僧和文人都喜歡這塊地方。北宋惠洪禪師和清末詩僧敬

❾　王夫之，《蓮峰志·形勝》。

❿　同上。

安和尚，都在寺內常住或往返。歷代文人如李白、胡安國、胡宏、張栻、朱熹、王夫之、張居正、朱自清、馮友蘭等人都來過這裡，吟詩頌話，留下了不少墨寶。

南臺寺是禪宗曹洞宗的理論家石頭希遷和尚住持的寺院。此寺也是創建於南朝陳光年間 (567–568)，最初曰「南寺」。唐天寶年間 (742–756)，希遷和尚在寺東的石臺結庵宴坐，弘傳「石頭路滑」的禪法，改寺名為今名。希遷禪師弟子如流，他的法嗣天童淨如禪師將希遷的禪法傳與日本道元禪師，希遷被日本曹洞宗奉為宗祖，南臺寺亦成為日本曹洞宗的祖庭。如今的南臺寺，規模不大，但十分整潔，希遷大師宴座的石臺仍然存在，後山溪水長流，來此一遊的人都會有「溪水盡是廣長舌，山色無非清淨身」的感覺。

南臺寺

南嶽是天臺宗和禪宗名人輩出的地方，但對中國佛教有影響的淨土宗而言，祝聖寺就是這一宗派在南嶽的代表。這座寺院地處城鎮的中心，曾在唐代二次受到朝廷敕封，五代、宋、清又三次詔封，經過不斷地擴建，現已成為南嶽第一大叢林，凡來朝山遊玩的人，沒有不到此一遊的。近代佛教史上，祝聖寺是湖南佛教改革運動的發源地之一，1929 年靈濤和尚在此開辦了南嶽佛學講習所（其前身為雞鳴院辦的南嶽僧伽學校），培養了不少人才。祝聖寺羅漢堂的石刻羅漢像也是非常珍貴的，羅漢像的原形取自於江蘇常州天寧寺，而天寧寺的羅漢像又源自杭州淨慈寺。祝聖寺的僧人在拓得天寧寺羅漢像原本的基礎上，進　步作了加工，使之更臻於完善，現在中國著名羅漢堂之一的武漢歸元寺的五百羅漢像，就是按祝聖寺的摹本再塑造的。

湖北祖寺創新風

3 世紀初，天下大亂，三國紛爭，生靈塗炭，中原人士紛紛避難遷徙南方。祖籍西域月支國，生於河南的支謙法師從洛陽逃到吳國轄地武昌，於吳 (222-229) 黃武 (223-239) 至蜀漢建興年間 (223-239) 在武昌譯出佛經凡數十卷，這是湖北地區有佛教活動的開始。當陽的玉泉寺是「荊楚叢林之冠」。據說漢獻帝年間 (189-216)，普淨禪師就來此結茅潛修。隋文帝開皇年間 (581-600)，智者大師在寺裡修行，因此也被看作天臺宗的祖庭之一，名聞天下，當時與靈岩、大臺、棲霞並

稱天下叢林四絕。玉泉寺最盛的時候是在宋代，曾占地方圓數十里，建有九樓十八殿，僧舍 3700 間。隋代鑄的大鐵鍋，重 1.5 噸，一次可管多少人吃飯？肯定人數可觀。如今玉泉寺雖然已經不再示現往日的景象，但寺內仍然擁有許多文物，大雄寶殿壁上刻的觀音像，據傳是唐代大畫家吳道子所為，宋代製造的鐵塔，高 1.79 公尺，重 53.3 噸，至今完好無損。此外，寺內還有元代的鐵鐘、鐵釜等文物。近年來又在鐵塔下面挖掘出佛舍利數十顆，彌為珍貴。

武漢是長江中下游的最大城市之一，也是華東地區政治、經濟、文化中心，歸元寺是城內一個著名景點。歸元寺創建的歷史不長，至今也只有幾百年。它是由明末王章甫的私家花園布施給曹洞宗僧人德明和德昆兩人後，改建而成寺院，取佛經所說的「方便有多門，歸元無二路」而得名。這座寺院是在清康熙年間 (1662–1722) 開始形成規模，以後各代陸續又有增建，沿襲至今，位居武漢「四大叢林」之首。寺額的「歸元古剎」四字，是民國初建時臨時大總統黎元洪所書。大雄寶殿內的供臺，精雕細刻著栩栩如生的五龍戲珠鏤空浮雕，是佛教器物的上乘之作。五百羅漢堂是國內著名的四大羅漢堂之一，羅漢雕像千姿百態，造型各異，是清代民間藝術的代表作，有著很高的藝術價值。前新加坡總理李光耀、前日本首相中曾根等人都專程來此參觀，讚歎不已。

位於武昌南部洪山的寶通寺，始建於南宋，寺內的唐鑄鐵佛像，坐高 5.1 公尺，基座寬 8.1 公尺，整個佛像圓滿豐潤，

莊嚴慈祥，是唐代寫實藝術的反映。寺內南宋的萬斤鐵鐘，鐘聲渾厚悠長，警人心田。

　　沿著武漢坐船順流而下，可以到達江西九江廬山，在它的對面，是湖北的黃梅縣，中國著名的黃梅戲就出於這個地方。然而，黃梅亦是中國佛教大縣，因為禪宗的四祖道信、五祖弘忍就在這裡活動，開創了新的禪風。

　　少林寺的菩提達摩禪師在少室山後山面壁 9 年，傳「安心」法門，但是當時並沒有建立禪宗。6 世紀下半葉，達摩的四傳弟子道信禪師應蘄州道俗之請，來到黃梅雙峰山聚徒修禪，再敞禪門，「擇地開居，營宇立像」，弟子達 500 以上，開創了禪門僧伽定居的形式。可惜的是雙峰山四祖寺沒有被保存下來，到了 20 世紀時，只有一座毗盧塔和幾棵古柏孤獨作證。1990 年以後，當代高僧本煥法師發願修復四祖道場，經眾弟子的努力，一座嶄新的四祖寺矗立，整個寺院面積廣大，氣勢宏偉。2000 年開光時，前來參加的四眾弟子幾十萬人。四祖寺的建立，重要性在於，最終促成禪宗從初祖到六祖的六位祖師都有了寺院，彌補了歷史上的缺憾，也為虔敬的禪宗信徒禮拜祖師提供了完整的去處。

　　道信弟子弘忍禪師，恪守師說，「作坐雙修」，於雙峰山之東的東山開闢了東山寺，建立了「東山法門」。當時「四方請益，九眾師橫，虛往實歸，月逾千計」❶，神秀禪師和慧能和尚都前來此地受法，唐龍朔元年 (661) 神秀禪師曾作一

❶　《楞伽師資記》引玄賾《楞伽人法志》。

達摩面壁處

偈:「身似菩提樹,心如明鏡臺。時時勤拂拭,莫使惹塵埃。」慧能不同意這種說法,寫偈反駁:「菩提本無樹,明鏡亦非臺,本來無一物,何處惹塵埃。」最後慧能因作的偈得到了弘忍禪師的讚許,傳法於他。也就是從此以後,中國禪宗分為神秀北宗與慧能南宗兩個派別。神秀與慧能兩人的偈文是題在東山五祖寺南廊壁上的,所以有一些人認為五祖寺才是禪宗的發源地。五祖寺建於白蓮峰頂,背靠大別山,腳下是百里平川的江漢平原,滾滾不盡的長江直往不回。到 9 世紀末時,五祖寺由山頂搬到了山腰,殿堂樓閣 2500 餘間,每年有數千人造訪,常住的人達千人以上。宋英宗曾專門賜額「天下祖庭」,宋徽宗書「天下禪林」。弘忍禪師圓寂後被朝廷敕為「大滿禪師」其舍利塔至今仍在五祖寺內,受到人們的尊崇憑弔。他親手種植的白蓮,一直受到歷代禪徒的精心保護,常開不敗。唐代著名詩人曾作〈詠東山白蓮詩〉曰:「遍尋真迹躡莓苔,世事全拋不忍回。上界弗知何出去,西天移向此間來。岩前芍藥師親種,嶺上青松佛手栽。更有一般人不見,白蓮花向半天開。」元代修建的飛

虹橋涼亭，長 33.65 公尺，寬 5.16 公尺，橫跨谷澗，類似彩虹，極盡幽幽，遊人坐在此中，又有一番懷古的情懷湧上心頭。

福建佛寺氣派大

　　中國佛教史上，隋唐時期是佛教的一個高潮，以後經過唐武宗會昌滅佛，佛教因而衰微，到五代以後才重新開始恢復，到了南宋時期，中國南方的佛教形勢高漲，尤其是福建地區，經過閩王審知的開發，佛教亦進入了一個新的階段。據學者考察，南方的佛教是「湖南不如江西，江西不如兩浙，兩浙不如閩中」❷，「閩于天下，僧籍最富」❸。據說當時遊方天下的僧人中，福建籍的人占了大半。福建寺院，主要集中在沿海一帶的地方，以泉州、福州、廈門的幾大寺院最為著名，聲譽全國。

　　泉州開元寺號稱福建第一寺院。這座唐代建造的寺院，以大雄寶殿的建築最為著名，整個大殿通高 20 公尺，進深 6 間，面積 1387 平方公尺，要支撐這樣大面積的大殿，非得立上很多柱子不可，所以殿內立了 86 根大石柱，不過人們習慣稱它為「百柱殿」。泉州自古就是中國對外交通的重要港口，是海上絲綢之路的終點站之一。歷史上許多外來的宗教，除佛教外，印度教、景教（唐代基督教）、伊斯蘭教等都在這裡

---

❷　《許國公奏議》卷二〈奏論計畝官會一貫有九害〉。

❸　《南澗甲乙稿》卷十五〈建安白雲崇梵禪寺羅漢堂記〉。

留下了足跡。開元寺裡的大殿外的石柱上，至今還保存有印度教大黑天的雕像，這是在中國僅存的少數幾處印度教遺物，因此更加珍貴。開元寺也是中國佛教界三大戒壇之一，與北京的戒臺寺、杭州昭慶寺並列，戒壇面積 685 平方公尺，臺高 3.875 公尺，分為五級，頂級上立有佛舍利。開元寺歷史悠久，古樹參天，西廊北的大桑樹據說曾經開過珍貴的白蓮花，經過 1300 年風雨的洗禮，大桑樹主幹被雷劈成三杈，分三個方向生長，至今仍然繁茂，覆蓋大片地方。大雄寶殿後有兩棵菩提樹。「菩提」是印度梵文的音譯，漢文意譯「覺悟」，是佛的又一指稱。菩提樹高 13 公尺，幹圍 3.5 公尺，佛教徒視為聖樹。

　　廈門有南普陀寺，坐落在五老峰下，因位於浙江普陀山南面，故稱南普陀。山門外的放生池荷花綻放，人們還未進寺院就已經接受了佛教洗禮。寺內大悲殿是南普陀供奉觀世音菩薩的主殿，整個大殿雖用水泥澆鑄，但是形制精巧，粗看與傳統木結構建築無異，效果逼真。南普陀寺在中國近現代佛教史上曾經發揮過重要的作用，20 世紀上半葉，寺內辦起閩南佛學院，曾經為佛教界培養了大批的人才。1980 年代以後，閩南佛學院重新恢復，再次為佛教教育做出貢獻。福建一直是海外僑胞的故鄉，很多海外回鄉的人都要來此進香還願，香火之旺，非一般寺廟可比。改革開放後，寺內的僧人牢記農禪並作，一日不作一日不食的傳統，寺內開辦的素菜館聞名華夏，凡到此寺參觀遊覽的人不可不去品嘗一下。

　　福州是福建的省會，西禪寺號稱福州五大禪寺之首。寺內有二尊玉佛，是中國著名的玉佛之一。玉佛一般中國佛教界不雕，主要來自於東南亞國家，尤其以緬甸的玉佛最為著名。緬甸是盛產玉石的地方，在世界上享有盛名。西禪寺的玉佛為一坐一臥二尊，一尊是從新加坡請回來的，另一尊是從緬甸請回來的。緬甸也是佛教國家，佛教居於國教的地位，國家支持佛教事業，出於中緬友好和弘傳佛法的偉業，特批玉佛出口到中國。如今此二尊玉佛被安座在玉佛樓裡供養，樓下是坐佛，高 2.95 公尺，重約 8 噸，樓上是臥佛，長 4 公尺，重約 10 噸，為中國目前最大的玉佛之一。

　　湧泉寺也是福州五大禪寺之一，坐落在名勝風景區鼓山的半山。據載寺址原為毒龍禍害之處，後來人們依靠佛教的威力，填潭驅龍，建造了寺院。湧泉寺內有二座陶塔，分別安於寺門的東西兩側，東面的叫做「莊嚴劫千佛塔」，西面的叫做「賢劫千佛塔」，每塔高 7 公尺，八角九層，層層都有佛像，共計 1038 尊。寺內的鐘樓懸掛清初鑄造的「金剛般若鐘」，上面鐫刻了 5000 字的《金剛經》全文，為中國銅鐘希世之寶。歷史上湧泉寺是一個佛學基地，以刻印佛經而聞名於佛教界，現在寺內仍然藏有各種經板上萬塊，保存各種版本的藏經多種，是中國藏經經板集成之地。繼湧泉寺之後而起的是莆田古剎廣化寺，現已成為中國南方最著名的刻經流通場所，所刻的佛經在全國各地的寺院裡都能見到，其中有很多是很有價值的古籍和近現代人寫的佛學著作，從某種程度上言，廣

化寺的刻經流通促進了中國當代的佛學研究事業。

浙江佛寺排等級

「南朝四百八十寺，多少樓臺烟雨中。」這是古代詩人形容南朝時的佛教盛況。所謂「南朝」是指魏晉南北朝時期與中國北方「北朝」相對的中國南方地區，這一地區由於北方的戰亂，大批人士遷徙南方，開發了南方，形成了與北方不同的佛教風尚，尤其是在義理的研究上超過了北方地區。南北朝時期，佛教較為集中的地方是古吳越地區，「吳」就是江蘇一帶，「越」就是浙江一帶，從此，佛教的慧風一直吹拂著江南大地。

著名的隋代寺院國清寺位於浙江天臺縣天臺山腳。天臺山樹木參天，灌木叢叢，小溪流淌，風景秀美。國清寺門前流水，古柏映照。遠處高大的隋塔在望，塔尖若隱若現，歷經千年，仍然完好如初。這裡曾經住過一位歷史上最著名的佛教僧人——智者大師。他融合當時中國南北兩方的佛學，創立了中國佛教的第一個民族化的宗派——天臺宗。據史書記載，智顗曾經受到南方陳朝和隋朝兩朝皇帝的尊奉，地位顯赫一時。他圓寂前向隋晉王楊廣道出了他要建寺的心願：「山下之處，非常之好，又更仰為立一伽藍。始剪木位基，命弟子營立。不見寺成，眼目為恨。」楊廣為了滿足他生前的願望，於是「遺旨以天臺山下遇得一處，非常之好。始得開剪林木，位置基階。今遣司馬弘創建伽藍，一遵指劃。寺須

公額，並立嘉名，亦不違旨。建造了此寺，並敕名『國清』」❶。

　　國清寺山門「隋代古剎」四個字，道出了它的悠久歷史。全寺依山傍水，整個建築沿著山勢而建。為了適應地形的需要，它的寺門並沒有按照中國傳統建築遵循的面南而開原則，而是採用了東向開門，較好地解決了因地形狹窄的限制問題。循著石階梯而上，寺院裡面院落交錯，一個套著一個。古人曾作詩曰：「彎彎曲曲深幾許，隱隱綽綽藏何地，步至佛寺不見寺，佇立門前門何處？」佛教博大精深的氣氛被表現出來了，

國清寺照壁

未進寺院已經被佛教的氣勢給吸引了。寺門外有一孔小橋，名豐干橋，離橋不遠是一排整齊的塔林，乾淨俐落，樸實大方，與寺外的隋塔遙望無聲，院內已有 1400 餘年歷史的隋梅，仍然枝繁葉茂，充滿了旺盛的生命力。作為歷史的見證，它

---

❶　轉引丁天魁主編，《國清寺志》，第 172 頁，華東師範大學出版社，1995 年。

那清新傲俏的花蕊，不是正在無聲地透露著凝聚歷史的那一瞬間！

　　天臺宗因在天臺山建立而得名，寺因山而顯，山因寺而彰。正是因為天臺宗的緣故，使天臺山成為中國佛教的一個重要基地，全山除了著名的國清寺外，在山頂還有智顗講過經的茅篷，在半山有一半在上、一半在下的上下方廣寺。浙東著名的風景石梁瀑布就在方廣寺的旁邊。從方廣寺走過 3 里彎彎曲曲的林間小路，就到了山坳深處的高明寺。傳說在南朝陳太建七年 (575)，智者大師初入天臺山，在佛隴講解《淨名經》，當他講得正高興的時候，突然一陣大風刮來，手上拿著的經書隨風而飛，心急如焚的大師跟著起身追趕經書，越過了道道山梁，終於在山下追到經書。他定神一看，只見這裡茂林修竹，奇石危岩，溪水幽幽，歎為福地，於是擇寺而居，取名淨名，後人稱為「幽溪道場」。唐代，寺以「日月二曜，常照臨於其下，聚而不散」❶命名「高明」。明萬曆年間 (1573–1620)，傳燈大師尋訪智顗遺蹤，看到坍塌的廢寺，他懷先師之志，睹時代之維艱，發心重興，募緣再建，天臺宗也賴他得以再興，幽溪道場得以復明。如今，高明寺在天臺山眾多的寺院中，雖不算大，但卻有自己的獨特風格，與終日人來人往的國清寺相比，高明寺的確算得上是一片幽淨的佛土，佛家講究清淨，高明寺也可以說正是體現了這一清淨

---

❶　朱封鰲、韋彥鐸編，《高明寺志》，第 4 頁，當代中國出版社，1995 年。

的特點。

　　南宋是禪宗興起的高潮，江浙一帶禪風彌漫，在眾多寺院中也興起了排坐次的講究，五山十剎成為眾寺之首。「五山」是指 5 所著名大寺，它們是杭州徑山興盛萬壽寺、寧波阿育王山（鄞）峰廣利寺、寧波太白山天童景德寺、杭州北山景德靈隱寺、杭州南山淨慈報恩光孝寺。十剎是杭州中天竺山天寧萬壽永祚寺、烏程道場山護聖萬壽寺、南京蔣山太平興國寺、蘇州萬壽山報恩光孝寺、寧波雪竇山資聖寺、永嘉江心山龍翔寺、福建侯官雪峰山崇聖寺、金華雲黃山寶林寺、蘇州虎丘山靈岩寺、天臺山國清教忠寺。這些寺院之所以被選為眾剎之首，並不是完全因為它們歷史悠久，而是寺內有著名的高僧大德主持，更重要的是它們都和朝廷的顯貴有特殊的關係，如今這些名寺大都保存下來，只是香火和面積及規模不如以往。

　　從浙江杭州到寧波再到普陀山，是一道著名的亮麗風景線，曾經有人稱此為「唐詩之路」，但是更適合為「佛教之路」。因為在這條路上分布了不少著名的佛教寺院，如新昌大佛寺、天臺國清寺、奉化雪竇寺、寧波天童寺、阿育王寺，以及中國佛教四大名山普陀山等等，這些寺山隨便拈出一個，都曾在中國佛教史上留下光輝的一頁，它們在中國佛教史上起過不可替代的巨大作用。

　　「上有天堂，下有蘇杭」，杭州是浙江省的一顆璀燦的明珠，美麗的西子湖畔吸引多少國內外的客人歎為觀止，談到

這塊美不勝收的天堂寶地,就不可能不談到佛教對它的貢獻,因為「自古名山僧占多」嗎!

杭州從古到今有過不少寺塔,在 1948 年統計,杭州古城有大小寺庵 516 所,從古到今經歷多少磨難和多少滄桑,正應了佛教的諸事無常的觀點。現在能夠存世的僅是很少一部分了,這些寺院在經歷了歷史的磨難之後,正在重新煥發出青春。靈隱寺是「五山」之一,也是杭州最大的寺院。這座寺院至今已有 1600 餘年,是江南最古老的寺刹,東南第一禪院,浙江的佛教就由於它的創建後,人們始聞佛法。靈隱寺建在西湖以西的武林山,當時武林山還與錢塘江相連,因此它是依山傍水的風景佳處。最早建立靈隱寺的,不是中國的和尚,而是一位從印度來的慧理法師,他看到武林山水俱佳,感歎此地「多為仙靈所隱」,於是建立了一座小寺。唐代靈隱寺是華嚴宗的道場,盛弘江南的華嚴學。五代、宋時靈隱寺才真正進入了全盛的時期,當時寺內有房 1300 餘間,僧人3000 餘人。其中不少有名的僧人住在這裡,北宋最有名的禪宗雲門宗僧人契嵩和尚就在寺裡擔任住持。宋代著名文學家,一代詞宗蘇軾曾經當過杭州的知州,他描繪該寺當時的情形是「高堂會食羅千夫,撞鐘擊鼓喧相晡」。南宋朝廷偏安,將杭州定為首都,皇帝曾經親自來寺事佛,因此它被排在了「五山」第二。元代,靈隱寺漸漸衰落,到了明代又開始中興,清代康熙、乾隆下江南都必來靈隱寺進香題詞,香火依然很旺,民國特別是抗戰時期,靈隱寺遭了幾場大火,寺院無力

恢復，殘破不堪。50 年代以後，靈隱寺經過數次整修，已具
一定的規模。如今的靈隱寺，屬於靈隱風景區的一個最重要
的景點，沿著山澗的石板路就可以到達寺的山門，寺內建築
錯落有致，環境乾淨整潔。大雄寶殿高 33.6 公尺，面寬 7 間，
進深 4 間，寬敞宏岸。殿內的蓮臺、佛像、須彌座總高 24.8
公尺，是用 24 塊樟木雕成。佛像高 19.6 公尺，僅次於承德
普寧寺的千手千眼觀音木雕像。彌勒殿的韋陀像也是用整塊
樟木雕成，是南宋遺物，距今也近千年了。

　　杭州城「北有靈隱，南有淨慈」，淨慈寺與靈隱寺構成了
杭州佛教的兩大道場。若論淨慈寺的歷史，至少要比靈隱寺
少 500 年以上，但是若論它在杭州佛教中的地位，卻不分伯
仲。淨慈寺與靈隱寺兩相比較，淨慈寺占有天時地利之和，
有好多因素是靈隱寺所不可比擬的。首先淨慈寺是由五代吳
越王錢俶敕建的，因此它的建立就自然帶上了皇家寺院的色
彩，在杭州城內居於較高的地位，也是禪門五山之一。其次，
淨慈寺地處西子湖畔，它背靠南屏山，簇擁翠林，面對西湖，
風景入畫。寺前有著名的雷峰塔，寺內有古鐘，夕陽之下，
塔影披金，夜晚來臨，鐘聲遠揚，因此有「雷峰夕照」和「南
屏晚鐘」兩大勝景，「南屏晚鐘」還成為西湖十景之一。淨慈
寺內的放生池獨具特色，池中堆疊大型盆景，花木茂盛，微
型殿閣立於其中，小巧精緻，美侖美煥。寺內還有如淨禪師
塔，被日本曹洞宗奉為祖師，日本佛教界為了報祖師恩，專
門重鑄了一口 10 噸重的大鐘，鐘體鏤刻了《妙法蓮華經》全

文，中國佛教協會趙樸初會長專門賦詩云：

　　百載重光祖師塔，深情遙憶傘松翁。
　　為尋渡水看花意，來聽南屏七杵鐘。

　　傳說釋迦牟尼佛逝世後，遺體火化的舍利子被阿育王分
成 84000 份，裝在寶塔內分送世界各地。西晉太康年間 (280–
289)，獵戶劉薩訶受梵僧指點，請到舍利塔。舍利塔色青，
似金非金，似石非石，高 1.4 寸，廣 7 寸，靈盤五層，四角
分明，光明騰耀，眩人心目，釋迦牟尼的「真頂」舍利就懸
在塔內金鐘裡面。晉義熙元年 (405)，開始建塔亭覆護，南朝

阿育王寺

宋元嘉二年 (425) 建三級木塔，梁武帝普通三年 (522) 才殿閣初備，賜寺額「阿育王寺」，宋代定為禪宗五山之一。阿育王寺占地面積不如天童寺大，但是因寺內藏有珍貴的佛舍利，歷代佛教徒都尊奉。寺內花香鳥語，古樹參天。佛舍利被供奉在舍利殿內的高數公尺塔座上。寺也由於佛舍利的原因，歷史上受到的破壞較少，較完整地保存了古建築的特色，保存了不少其他珍貴文物，如始建於唐，重建於元的上、下兩塔。唐范書的「常住田碑」是中國第一塊，也是第一次完整地記載了寺院經濟的情況，對研究中國寺院的經濟有重要的參考價值，受到學者們的重視。現在這塊碑被嵌在牆上，外覆玻璃罩，供人參觀。此外寺內還有宋蘇軾撰書的「宸奎閣記」、宋張九成撰書的「妙喜泉銘」、唐雕四天王像、宋高宗御書「佛頂光明之塔」、宋孝宗御書「妙勝之殿」、清乾隆御筆「覺得俱圓」等匾額，以及唐貫休禪師畫的十六尊者石刻像。寺內珍藏的一套清代乾隆年間的「龍藏」也非常珍貴，它是皇帝御賜，已有幾百年的歷史，而不是現在重新刷印的。

寧波的天童寺也是禪宗五山之一，又是清代的四大叢林（另三個是鎮江金山寺、常州天寧寺、揚州高旻寺）之一。相傳西晉時，僧人義興在此結茅修行，因業行感動太白老人，化為童子為他擔柴提水。唐代僧人法璿把山改名「天童」。宋代山上興建景德禪寺，成為曹洞宗的重要道場。天童山在日本佛教史上據有重要的地位。南宋嘉定十六年 (1223)，日本僧人道元禪師來中國求法，在天童寺從曹洞宗僧人如淨禪師

學習三年，回日本後建立日本曹洞宗，天童寺因此被日本曹洞宗人士看作祖庭，每年來此朝拜。天童寺位於山坳之中，有人形容它的位置「猶如彌勒端座『座椅』之中」，經過林木森森的林間夾道，就到了寺門，放生池在門外，磚照壁立於門對面。寺內建築沿地勢走向緩慢向上延伸，殿宇宏偉，占地廣大，環境潔淨。文物有宋碑、竹禪畫十八羅漢碑、八指頭陀石刻畫像等等。

阿育王寺在中日佛教史上也做出過貢獻，唐天寶年間(742–756)，鑒真和尚第三次東渡日本失敗，回來後就在阿育王寺裡休息，直到第四次東渡才離開。

新昌地處浙江中部，歷史悠久，文化積厚，風景優美，人才輩出。從古到今，大佛寺一直是新昌城的名勝，吸引了不少人前去拜謁參觀。大佛寺是一座有千年歷史的寺院，最早名為隱岳寺，後來有元化寺、棲光寺之名，以後再有石城寺、瑞像寺、寶相禪寺、南明寺等稱，到了現代才稱為大佛寺。一座寺院留下了這麼多好聽的寺名，說明它本身就是一部寫不完的歷史。大佛寺的佛教文化積厚，佛教三論宗、天臺宗、禪宗等宗派高僧都駐錫過這裡，特別是在以般若學為代表的「六家七宗」中，有五宗（識含宗、緣會宗、即色宗、心無宗、本無異宗）的僧人在這裡深研佛法，空有相即，推動了般若學發展，使之成為中國南方般若學的重鎮，也是剡中般若學之源。天臺宗智者大師最後圓寂於此處，從般若到天臺，大佛寺在中國佛學史上占有一席重要的地位。禪宗建

立後，天下寺院「七分臨濟，三分曹洞」，大佛寺傳入了臨濟宗，這又說明了它始終融於主流佛教，與歷史上的佛教發展步伐絲絲相扣。

上海佛寺多緊湊

上海是中國最大的城市之一，也是中國近現代歷史上南方的政治、經濟、文化活動中心，現在上海著名的寺院有 5座，以玉佛寺為最。玉佛寺位於上海市安遠路上，它的歷史不長，只有 120 年。1882 年普陀山僧人慧根法師到緬甸請回5 尊玉佛，回國後途經上海，留下 2 尊玉佛。1917 年玉佛幾經遷徙最後放到了現在的地方，寺名「玉佛禪寺」。玉佛寺在佛教界聲名遠揚，是因為它位於上海市區內，方便了市內佛教徒做佛事活動。寺內有彌勒殿、大雄寶殿、三聖殿、玉佛樓等。尤其是玉佛樓裡珍藏的玉佛，高 1.95 公尺，重 2 噸，晶瑩剔透，神態莊嚴，不管從哪個角度去看，玉佛都充滿著微笑，慈祥可親，被稱為「東方維娜斯」，是中國最珍貴的佛像之一。玉佛殿的素點心，名聞上海，種類達 200 種以上。每年中秋節，玉佛寺的素月餅都供不應求，求購月餅的人排成長隊。上海市政府將上海最著名的旅遊點列為四大景點，屬於佛教寺院的就是玉佛寺一家，所以每年來寺瞻仰玉佛的人絡繹不絕。

龍華寺是上海最古的寺院之一。相傳它始建於三國東吳赤烏五年 (242)，距今已有 1760 餘年的歷史。龍華寺的格局

現在仍然保存著宋代「伽藍七堂制」，布局完整。就其所屬的宗派而言，它屬於淨土宗的寺院。龍華寺是按照彌勒三次下生龍華園的傳說而得名。彌勒據說是佛教西方世界的教主之一，是淨土宗信徒主要信仰對象，寺內彌勒殿供奉的彌勒佛，頭戴五瓣蓮花狀毗盧帽，身披纓絡，足踏蓮花，很有特色，為鎮寺三寶之一。上海寸土寸金，寺院不大，有很多配置不能單列，只好多功能使用。例如玉佛寺的方丈樓和玉佛樓及藏經殿就同在一座樓上。龍華寺的鐘鼓樓現為上海各寺裡唯一設有的建築。月夜鐘樓的晚鐘敲響，聲宏曠遠，龍華晚鐘從明清時就成為「滬城八景」之一。現在每年春節除舊迎新之際，龍華晚鐘都要敲響，這一活動已被中國國家旅遊局定為國家級旅遊項目之一。牡丹園內的「百年牡丹」花蕊飽實，華麗雍容，奔放傲俏，是「王中之王」。每年五月盛開季節，來此賞花的人擠滿了花園，爭相一睹為快。龍華寺的素齋也很有名，講究形色味覺兼備，中西結合，製作精心，食者大飽眼福口福。據說柬埔寨西哈努克親王吃了龍華寺的素齋後，連連稱讚「世界第一」。

凡是到過上海的人，一定不會不去繁華的南京路商業區，這裡的車水馬龍，店鋪毗鄰，酒店如林，人流似潮，燈火通明的景象，無不給每一個人留下深刻的印象。然而就在這塊寸土如寸金的地方，佛教的寺院卻占據了一方水土，給燈火通明的鬧市帶來了一息的「清淨」。這就是鬧中取靜的佛國淨土靜安古寺。靜安寺的歷史源遠久長，與龍華寺相差無幾，

也建於三國赤烏年間 (218-251)，但是在上海未被開發之前，它還只是小鎮上的一個叢林。1899 年，英國殖民者擴展租界，靜安寺被劃入租界範圍，逐漸成為鬧市商業區的一隅。當時靜安寺占地廣大，可是由於缺乏管理和各種勢力的壓迫，寺廟地產日益縮小，寺風日益衰頹，到 1949 年時，寺廟土地已去之甚多，形成了現有的不規則、不對稱格局，全部殿堂集中在古寺的西部，原有的「靜安八景」早已不復存在。近年來，上海進行了大規模的城市改造，靜安寺也被亮出來，佇立在大街旁邊，特徵明顯。新修的靜安寺不僅氣勢宏大，而且在創意上也融進了新的特色。寺廟裡面供奉的是一尊用黃金做成的金佛，使之成為上海佛教裡的一個最新的亮點。歷史上靜安寺的宗派現象很複雜，主要是禪淨二宗對它的影響最大。1947 年後持松法師主持靜安寺，它成為密宗的道場。持松法師曾到日本學習密宗，回國後致力於中國弘揚密宗的活動。他在靜安寺內建立密宗的壇場，設立五個壇門，是中國唯一一個弘揚密宗的壇場。持松法師圓寂後，弟子們在寺內建立了「持松法師紀念堂」，展出了他生前活動的實物和照片，紀念這位密宗大師。靜安寺的大雄寶殿裡供奉一尊玉佛，佛高 3.96 公尺，連底座高 5.8 公尺，重 12 噸，這是剛圓寂不久的前靜安寺方丈真禪法師從新加坡請來的。寺內新建的文物樓也值得一看，裡面珍藏從商周青銅器、漢代銅鼓、歷代各種佛像到各種碑銘、名人字畫、佛經等等 2000 餘件，是中國文化的瑰寶。

　　圓明講堂是當代中國佛教高僧圓瑛大師建立的一座道場。釋圓瑛 (1878–1953)，俗姓吳，法名宏悟，別號韜光，又號一吼堂主人、三求堂主人、靈源行者、離垢子等，福建古田平湖端上村人。幼時曾習儒，熟讀四書五經。17 歲時因痛感人生如夢，到福州鼓山湧泉寺出家，拜興化梅峰寺增西上人為師，取字圓瑛。20 歲時依湧泉寺妙蓮和尚受具足戒。1898年起參遊各方，問道於名剎名僧，採眾家之長，通佛法之妙，深得禪髓，造詣佛法。29 歲時，在寧波七塔寺承慈運老法師法印，為臨濟宗第四十世傳人。圓瑛大師是中國近現代史上的著名人物，他創建佛教講習所，培養人才，又開辦佛教孤兒院，濟世渡生，還積極參與佛教界的活動，曾任中華佛教總會參議長。1929 年與太虛法師共同發起成立中國佛教會，被推為會長，並連任七屆。抗日戰爭期間以「國家興亡，匹夫有責」自勵，曾在上海、寧波、漢口等地組織領導僧侶救護隊，創建難民收容所。又到南洋各地募集經費，支援抗戰。1939 年回國後，被日本憲兵逮捕，嚴刑拷打不為屈，誘迫許願不為動，表現了中國人的民族氣節和佛門弟子的愛國忠心。1953 年被推選為中國佛教協會會長。同年 9 月於寧波天童寺圓寂。

　　1934 年圓瑛大師的俗家弟子為他建造了二層樓的建築，供大師住錫。圓瑛大師取《楞嚴經》的「圓遍十方，明徹法界」之「圓明」二字，和法系「圓、明、妙、覺、性」五字中的前二字，定名為「圓明講堂」。1940 年他被日本憲兵釋

放出獄後就一直住在圓明講堂，斷絕與外界交往，專事注經講學。圓明講堂可說代表了現代城市寺院的特點，僅從主建築的外表看，它與一般樓房沒什麼區別，但是當你走進大門以後，就能充分體會到佛教氣氛。大殿裡的「五百羅漢山」，以印度的靈鷲山和中國佛教四大名山的景色為依託，體現了佛國的特色。五百羅漢分布在全山各處，羅漢全部用香樟木雕成。「五百羅漢山」裝有機械傳動裝置，按動電鈕可以徐徐轉動。舍利殿裡有從印度請來的十顆舍利，它們裝在水晶器皿裡，供人們禮拜。後殿是極樂世界殿，殿中有三朵大蓮花，居中的蓮花上雕有許多木雕人物，其中有圓瑛、印光、虛雲、弘一法師及趙樸初居士等人雕像，他們正在聆聽佛說法。除了佛殿外，講堂內最重要的地方是圓瑛紀念堂，裡面陳放了與圓瑛大師有關的各種資料、照片。圓瑛法師早年習禪，晚年專修淨土，圓明講堂的設計，實際上體現的是淨土的思想，所以有人稱此為淨土道場。

沉香閣是上海老城城隍廟地區的一座寺院，它更是處於鬧市之中。這座寺院是明代興建的，但到了清代，才形成叢林規模。室雅何須大，花香不在多，沉香閣可以說正是體現了這種特點，整個寺院布局緊湊，古樸典雅，裝修完全按照明代的建築風格要求，充分體現了古代的裝飾藝術之美。沉香閣的「閣」，是一個懸掛在空中的一個亭閣，雖只有區區 10 平方公尺，但是擺上了幾把古色古香的簡單家具，更增添了它的嫵媚。觀音殿裡供奉的一尊用沉香木雕成的觀音像，溢

滿檀香，撲鼻沁人，更顯出佛法精深的幽幽境界。趙朴初先生賦詩曰：「花海沉思洞明自性，旃檀香風桓可眾心」。寺內建有「應慈法師紀念堂」。應慈法師是中國當代佛教界的法門龍象，一代名德。法師從 1943 年到 1965 年圓寂，幾十年間一直住在沉香閣。他從 26 歲出家奉佛到 93 歲辭世，為自度廣度，弘揚佛法奮鬥了近 70 年，受到了國內外佛教徒的愛戴和敬仰。現在沉香閣由比丘尼駐錫，上海佛學院尼眾班就設在寺內。

江蘇佛寺有文化

從上海出發，沿著滬寧線往北而去，就到了江蘇境內。江蘇是中國經濟最繁榮、文化最發達的省份，也是佛教最盛行的地區之一。江蘇的佛教歷史悠久，始於東漢。據《後漢書》載，東漢楚王英的領地是江蘇徐州地區，他愛好神仙方術，「誦黃老之微言，尚浮屠之仁祠」。「黃老」是中國傳統的道家，即道教的前身，「浮屠」是梵語的音譯，即「佛陀」，佛教這時只是附屬於神仙方術，被看作是神仙方術的一種。東漢末年的戰亂，使大批人士遷往比較安定的南方，為南方的佛教帶來了勃勃的生機，三國吳赤烏十年 (247)，康僧會從廣州來南京，建造了建初寺，這是南方有佛寺的開始。此後佛教覆蓋了江南大地，至今仍然沒有改變。

「上有天堂，下有蘇杭」的「蘇」是「蘇州」。人們到蘇州去遊玩，對嬌小秀美的園林獅子林、拙政園等讚不絕口，

津津樂道。你可曾知道，蘇州的寺院又何嘗不是如此呢？這些寺院綴成了一顆又一顆明珠，同樣吸引了天下的遊客！

就因為唐代詩人張繼為蘇州閶門外楓橋鎮的寒山寺寫下了「月落烏啼霜滿天，江楓漁火對愁眠，姑蘇城外寒山寺，夜半鐘聲到客船。」名垂千古，引得多少人前去憑弔，發思古幽情，所以有人曾說「正像嵩山少林寺是以其武——剛健勇猛——而威震四海一樣，寒山寺則以其文——張繼那膾炙人口的「楓橋夜泊」——而名播天下」❶。其實這只是寒山寺的一面，它還有著另一面呢！這座南朝梁天監年間(502-519)始建，初名妙利普明塔院的寺院，相傳因唐貞觀年間(627-649)，詩僧寒山和拾得二人來寺做住持，才更名為寒山寺的。寒山和拾得都是著名的佛教詩僧，在中國佛教史和中國文學史上有著重要的地位，因此說寒山寺是以「文」為其特點，真是太恰當了，張繼的那首千古絕唱則把寒山寺的「文」給推上了一個頂峰，至今還無人超越！如今寺內建築為清末重建，有大殿、藏經樓、碑廊等。文物有岳飛、唐寅、康有為等人的墨跡石刻，寒山和拾得畫像，以及文人墨客詠寒山詩的碑刻和宋石刻《金剛經》。寺內最著名的唐鐘早已不存在。原有一口明嘉靖年間(1522-1566)的巨鐘，後流入日本。現在大殿所懸的大鐘，是清末日本送來的仿唐鐘。鐘樓的大鐘，為清末所鑄。寒山寺位於小河旁邊，河上有一石拱橋與之相連。山門外立一磚照壁，上書「寒山寺」三個有力的大字。

❶　江蘇文史資料編輯部，《蘇州佛教寺院》，第 1 頁，1997 年。

寒山寺面積不大，與一些大寺院或者皇家的宮殿相比較，僅為一個院落而已。但它的設計卻獨具匠心，典雅有致，小巧玲瓏，充分表現了江南建築細膩的特點。院內庭廊相接，綠草如茵，花香四溢，鳥語歡歌，一片江南水鄉的綺麗風景，是春天遊人踏青的好去處。現已成為蘇州的主要旅遊景點之一。

西園寺，全名西園戒幢律寺，是明代官吏徐泰的舊園改建而成的一座寺院。因為住持茂林致力於律宗的弘闡，於是將寺改作律宗寺院。後因戰亂，西園寺曾經多次毀壞，最終建成現在的規模是在 1922 年，現為蘇州地區保存最好的一座寺院之一。西園寺的布局是「寺」「院」結合，說寺，因為它的總體設計是按照寺廟的風格，說院，因為它的細部設計又體現了江南庭院的特點。總之，西園寺殿堂高大巍峨，廊廡千曲回轉，放生池假山林立，佛像雕塑別具一格。西園寺的五百羅漢堂是中國四大羅漢堂之一。羅漢堂按中國傳統文化的九宮布局，呈「田」字形，3 進 48 間，有 36 條通道相通，可以在裡面迴旋。堂內林立了 700 多尊佛、菩薩、羅漢，佛像端莊，菩薩俊嚴，羅漢栩栩如生，千姿百態，值得注意的是幾尊中國羅漢雕塑，一尊是瘋僧像，據說此僧原是南宋的四品官葉守一，後來棄官隱居九華山，又到靈隱寺做了一名伙頭，整日瘋瘋癲癲的。一日宰相秦檜到寺裡去進香，瘋僧痛斥秦檜的賣國行徑，秦檜回家不久就驚嚇過度去世了。人們為了紀念這位敢於為國忠膽的僧人，將他的像塑在羅漢堂

裡，不過這尊羅漢的模樣卻不耐看，他被塑成痲痢頭、歪嘴、
鬥雞眼、雞胸等十種怪模樣，似乎人間殘缺不全的毛病都叫
他占全了，所以人們又給他取了一個好聽的名字「十不全和
尚」。可是人殘卻心明如鏡，比起那些四肢健全卻壞事做盡的
人來說，又要好多少倍呢！站立在過道的濟公和尚像，是又
一著名的僧人，傳說他來晚了，只好站在過道裡。這尊濟公
像從三個方向去看，皆可得到不同的審美情趣，從右面看，
可看到他戇笑可掬的神態；從左面看，可看到愁眉苦臉的模
樣；從正面看，卻是一臉似笑非笑，似哭非哭，啼笑皆非的
尷尬，真是人間苦樂集一身，諦審世界眾有情。現在西園寺
非常重視佛教文化的研學活動，寺內建立了戒幢研究所，以
弘揚中華佛教律宗的法
門為宗旨。寺裡的僧人非
常重視學習，寺內的圖書
館收集了大量的古今中
外的佛教經典和佛學論
著。寺裡對整理佛教檔案
也非常重視，分類整齊，
保存完好，極易檢索，已

寺院圖書室

經獲得了政府頒布的文檔達標單位的稱號。古今寺院不計其
數，但是留下寺志寺史的並不算多，西園寺的僧人們珍惜寺
檔，為後人留下了一部珍貴的佛教文化遺產，相信不久就能
寫出一部全新的寺志來。

春秋戰國，中國大地諸侯稱雄，吳王夫差在蘇州的靈岩山建立都城，實現爭霸的理想。但是最後又因荒淫無度而亡國。歷史是最公正的，昔日的吳王宮遺址，卻被佛寺代替。《靈岩山志序》說：「木瀆之有靈山也，在昔為吳宮荒淫之城，在今為淨業修業之道場。地不改辟，而穢淨攸分。」❶靈岩山吳宮遺跡隨處可見，佛教景點穿插其中。始建於梁武帝時代的靈岩塔，高高的聳立在山頂，已成為整個風景區的標誌。智積菩薩殿是紀念建靈岩寺的創始人智積大師的祖堂，裡面供有智積大師的畫像。殿東南的鐘樓，過去曾有一口鐫刻《法華經》和《楞嚴咒》的萬斤大鐘，晚暮之際鐘聲飛越太湖，穿過洞庭山，遂使「靈岩晚鐘」而成為著名的「木瀆十景」之一。20 世紀 30 年代，當代淨土宗巨擘印光大師在靈岩山居住弘法，使靈岩山成為當代中國最著名的道場之一，僧俗兩眾弟子輻輳，士人盈門。現在寺內印光塔院內設有印光紀念室，裡面陳列了與印光法師有關的各種著作、手跡、遺物、照片等。靈岩山寺還是當代中國佛教教育的重要基地，早在 1948 年寺內就創辦了淨宗學院，培養淨土宗人才。1980 年，中國佛學院在這裡開設了靈岩山分院，學制二年，課程有佛教史、大乘、法相、因明，以及漢語、政治、英語、日語等，佛學課占全部課程的 70%，學生每天堅持上殿過堂，學修並重。學僧主要來自於蘇州地區的寺院，畢業後分配在當地寺院，或送中國佛學院深造。

---

❶　轉引自同上，第 26 頁。

「清晨入古寺，初日照高林。曲徑通幽處，禪房花木深。山光悅鳥在，潭影空人心。萬籟此俱寂，惟聞鐘磬音。」這是唐代詩人常建寫的〈破山寺後禪院〉千古絕言。如今的「破山寺」就是現今位於國家歷史文化名城常熟的齊梁古剎興福寺。虞山是江南地區的風景佳處，茂竹修林，泉水常湧，現已被批准為國家森林公園，興福寺就位於森林公園內。興福寺的特點正如常建所言，以一個「古」，一個「幽」，一個「深」，一個「空」而聞名於世。說它「古」，是因它在南齊時就開始建立，到了南梁大同年間 (535-546) 已經有了今名。說它「幽」，是因它處在林木的包圍之中，寺前是參天的松柏，山澗溪水從寺前飛過。寺後是遍山的松林，寺西是茂密的修竹，寺內長廊曲折，幽幽而行。說它「深」，是因它深藏古木之中，隱於眾山之內，不來此地，不能得見真容。殿堂禪房，連環相套，門門相轉，深深幾許。說它「空」，是因它彌漫在一個空靈混沌氣氛中，古松翠柏，日照高林，空山鳥語，但聞人響，不見人出，這是一個何許空靈的境界。寺內的後禪院，如今分成東西兩院，西院裡的君子泉，不論天旱下雨，泉水始終如溢，人們稱它就像大度的君子，豁達開放。東院的米碑亭最富盛名，這是因為常建創作了萬古流傳的詩，宋代大書法家米芾將它書寫出來，當時著名的刻工穆大展又將它勒之於石，所以名詩名書名刻，堪為三絕代表作。常建所說空心潭也在東院內，人們為之建立了空心亭。空閒之時，來到空心潭邊，泡上一杯用竹香泉沏的香茶，沁人脾肺。大雄寶

殿後面有一塊岩石，此石從左看如「興」，右看如「福」，是寺名的來源，凡是來寺的遊客，據說只要一摸此石，就可以獲得好運氣，終生幸福。殿東是四高僧殿，這是紀念寺院的四位著名高僧，他們的墓在外山門旁，至今保存完好。20世紀上半葉，興福寺曾經在中國佛教裡起到過重要的作用，月霞法師在這裡創辦了華嚴大學，弘揚華嚴宗，它是中國當代華嚴學復興的基地之一。

　　無錫美，美就美在太湖的水，太湖是中國江南大地上一顆美麗的珍珠。太湖邊上的錫山、惠山雖不高大，但有氣勢，從南朝起，這裡就成為僧人開發的地方，曾經建立過不少寺院，如今這些寺院大都沒有留存下來，即使留下來的也僅有幾個大殿而已，全無往日的盛大氣派了。在太湖西北，有一座馬跡山，相傳吳王夫差曾經看中這裡，建立了出外巡幸的離宮。馬跡山秦履峰的東南是小靈山，初唐時期唐右將軍在這裡建造了祥符禪寺，據說迎請了玄奘法師的大弟子窺基法師主持，弘傳法相宗，寺曾成為江南名剎，但是到了民國已經不存在，僅有遺址尚存而已。1990年以後，馬跡山重新恢復祥符禪寺。新建的禪寺完全仿照宋代建築形式，現在已經初具規模，占地數十畝。與禪寺伴之而建的是一座高達104公尺的靈山大銅佛。佛像淨高88公尺，已經超出香港的天壇大佛。如今這座舉世第一的大銅佛安座在靈山腳下，遠眺太湖，從而在中國形成了東有靈山大佛，南有天壇大佛、西有樂山大佛，北有雲岡大佛，中有龍門大佛的五方五佛互相對

應的格局。

　　常州天寧寺始建於唐貞觀永徽年間 (627-655),到清末時已經有房 600 餘間，寺田 8600 餘畝，僧眾 1000 餘人，是江南四大叢林之一，也是現存江南最大的寺院之一，號稱東南第一叢林。寺內的大殿高 33 公尺，寬 26 公尺，進深 27 公尺，裡面的鐵梨木大柱約 30 公尺高，為現今寺院少見。天寧寺的鼎盛時期是清末，由於其經濟實力強，因此在佛教界有很重要的地位，對中國近代佛教的發展影響很大，當時許多後來有名的僧人都在這裡掛單、學習，著名的應慈法師就是在此得到住持冶開法師的點撥而開悟。

止單牌

　　金山寺位於江蘇鎮江西北金山。始建於東晉，初名澤心寺。唐代因人們在山採金，稱金山，寺亦因此改名。北宋稱龍遊寺。清康熙賜名江天禪寺。但在民間仍稱金山寺。寺中的建築依山而建，設計者巧妙利用山勢的特點，將木建築與山勢融為一體，樓中有樓，樓外有閣，閣中有亭。又與長江連成一色，因之風景極佳，歷來為遊人的好去處。金山下有天王殿、大雄寶殿等舊址，及藏經樓、念佛堂、方丈室等，山腰有七峰頂、妙高臺、楞嚴臺等，山頂有留玉閣、大小觀音閣、慈壽塔、江天一覽亭等。山腳有朝陽、法海、羅漢洞等，遠遠望去，只見寺廟不見山，故有「金山寺在裡山」的說法。相傳《白蛇傳》中「水漫金山寺」即

在此，因之寺也在民間廣為流傳。宋代文豪蘇東坡曾來寺與
佛印禪師談禪論道，留下寺寶玉帶和一段著名公案。王安石
也賦詩「數重樓枕層層石，四壁窗開面面風，忽見鳥飛平地
起，始驚身在半空中」。1912 年太虛法師在金山寺召開大會，
成立了佛教協進會，創辦佛學院，但遭到一些人反對，最後
失敗。這件事情對中國當代佛教影響很大，是中國佛教界改
革活動之先聲。

　　鎮江東北的長江中有一座焦山，山上的定慧寺據說是東
漢獻帝興平年間 (194–195) 建立的，距今已有 1700 餘年，也
算得上是中國最早的一批寺院了。定慧寺的興旺時期是在唐
代，由玄奘的弟子法寶和尚建立了大雄寶殿，鑒真的弟子神
邕主持，才成為十方叢林。現在的寺名是由清康熙皇帝賜額，
建築形式仍然保存了明代風格，為鎮江最大寺院之一。全寺
亭、臺、樓、閣深藏於林木深處，遠望不露，因此被稱為「焦
山山裡寺」。抗日戰爭時期，焦山曾經被日軍攻占，日寇在焦
山殺擄掠淫，有多名僧人被日寇槍殺。1934 年定慧寺還創立
了佛學院，致力於僧人的培養，到 1948 年，共招收學僧近 300
人。寺裡還發行《中流》佛教刊物。

　　北固山在鎮江市北，三面臨江，地形險要。因站在北峰
可以望到長江，故又名北顧山。相傳梁武帝曾經登上此山，
留下「天下第一江山」六個大字而去。山上的甘露寺始建於
三國吳甘露年間 (265–266)，經過前後幾次遷徙，最後定於山
上。甘露寺的建築與金山寺和焦山的定慧寺還不完全相同，

它採用的是「以寺鎮山」的方式，形成了寺冠山的特色。位於山腰的鐵塔為唐塔，但後來坍塌，經後人重修。寺門現仍有南宋著名書法家吳琚書寫的「天下第一江山」。傳說三國時劉備與吳主孫權結盟，娶孫權的妹妹為妻，孫權的母親不放心，於是在甘露寺相親，同意了這門親事。

　　句容縣寶華山是南朝梁代寶志和尚結庵處。寶志和尚年幼出家，行為詭怪，說話頗有靈驗。齊武帝知有神異，迎入華林園。梁武帝時聲名顯赫，一代高僧齊世，晚年在寶華山講經，無疾而終。明代以後寶華山香火漸旺，神宗皇帝賜經送匾，額曰隆昌寺。清康熙皇帝也賜額慧居寺，賞賜甚豐。民國時改回原名。隆昌寺號稱「律宗第一名山」，因為此寺至今仍是以專弘律宗為自己特色。明清以來，全國有不少人都來此受戒，清代寺僧還應詔專程進北京在法源寺放戒。寺廟原有999間半房，布局四方形，宛如一壇場。山門原來朝南，但後來因為皇帝來寺走的是北道，於是又改山門為北。這裡的山門既小且偏，是因為僧人修律，要求極嚴，開小門就是提醒僧人不能隨便進出，要嚴格持律。寺內大雄寶殿裡供奉的佛像是用於造天壇大佛的模型，佛像高 5.4 公尺。殿前有一開闊的廣場，可以容納多人參加佛事活動。戒壇堂裡是漢白玉建造的戒壇，面積不大，但精細秀美，不失古樸。用銅澆鑄的銅殿，結構精巧，佛像莊嚴，是中國古代科技的成熟作品。明代盛行不用木材的無梁建築，佛教取其諧音，以無量而稱名，故又稱無量殿。江蘇佛寺共有四處無梁殿，隆昌

寺即為一處。隆昌寺的無梁殿全部用青磚建成，上面刻滿了圖案，工藝超過了北京北海的無梁殿。寺內還珍藏了一批文物，如皇帝的龍頭杖，各國送來的銅鐘、金佛、玉佛等，特別是那口一次可煮一千多斤米的大鍋，人站在鍋底，鍋沿可以沒頂，能夠想像當時曾經有多少人在這裡生活。

寶華山戒臺

中國古代，交通主要靠水路，大運河是連結南北交通的命脈，南方生產的糧食和各種器皿，就是通過運河源源不斷地運到北京，供皇帝享用。揚州，就是大運河上一顆璀璨的明珠。隋唐時代揚州就已為全國最繁華的都市，歷代皇帝專程到南方來巡視，必到揚州停留。因此古人云：「天下三分明月夜，二分無賴是揚州。」而在揚州眾多的古蹟中，大明寺無疑又是最重要的一處風景點。

大明寺位於揚州西北蜀崗中峰。南朝宋大明年間 (459–464) 建造，故名。隋代在寺內起九層棲靈塔，故寺又名棲靈

寺或西寺。清康熙時因避諱「大明」，改稱棲靈寺，乾隆時稱法淨寺。1980 年恢復大明寺原名。大明寺建在一座山坡上，曾在清咸豐年間 (1851–1861) 毀於大火，後在同治時修復，現有牌樓、大門殿、大雄寶殿、東苑等建築。黃色的東門圍牆上鐫刻了「淮東第一觀」，這是北宋文學家秦觀所作，清代書法家蔣衡所書。揚州是著名的中國僧人、中日文化交流友好使者鑒真的家鄉。1973 年為紀念他第六次東渡日本成功，在寺內東苑建立了「鑒真紀念堂」，漢白玉碑上，刻有現代書法家郭沫若書寫的「唐鑒真大和尚紀念碑」，背面為著名書法家、中國佛教協會會長趙朴初撰寫的祭文。紀念堂裡置有楠木鑒真雕像，牆上畫有鑒真東渡事蹟的絹畫。每年都有日本佛教徒來此舉行紀念鑒真活動。寺內其他建築和文物還有宋代大文學家歐陽修的石刻像和歐陽修祠堂，以及歐陽修建的平山堂，上書「風流宛在」四字大牌匾。蘇東坡的谷林堂、印心石屋、天下第五泉與待月亭、康熙、乾隆的御花園，以及康熙和乾隆御筆的石刻等，可以看出它在古代的歷史輝煌。

高旻寺是清代（另說六朝或隋）建造的寺院，當時建寺的漕運總督吳惟華認為水患危害過甚，發心要建一所以佛塔為中心，能鎖住江河，免除水患的寺院，此舉獲得了清聖祖玄燁的讚賞，賜額高旻寺。這座地處在邗江縣（屬揚州）的寺院自建立後，立即得到了江寧織造曹寅和蘇州織造李煦的重視，他們為寺的發展，投入大量資金，使寺院的規模巨增。曹寅等人為了能贏得皇帝的歡心，還在寺院旁邊修建了產權

屬於寺院的塔灣行宮，供皇帝居住。行宮面積大於寺院好幾倍，既有宮室，也有花園，各廊殿之間，相互連通，乾隆皇帝六下江南，都是住在高旻寺。使該寺的地位在當時佛教界中非常高，成為當時中國佛教禪宗的四大叢林之一（另三個是四川成都文殊院、寶光寺、鎮江金山寺）。曹寅是《紅樓夢》作者曹雪芹的家祖，因此高旻寺和塔灣行宮對曹雪芹撰寫《紅樓夢》有很大的影響，書中關於迎接聖駕的描寫，有很多就取材於高旻寺。現在高旻寺經「文革」破壞後，已經恢復。寺院的僧人以嚴格的自律，刻苦修行而聞名於佛教界。

　　南京是江蘇省省會，也曾是中國歷史上的文化名城和政治經濟文化中心。江南佛教濫觴，從某種角度而言，實由南京而起的。三國吳赤烏十年 (247) 康僧會自交趾來建鄴（今南京），在國主孫權的支持下，建造寺塔，號建初寺，這是南京有佛教之始。六朝以後，中原戰亂，大批北方人士南下，南京成為中國政治和文化的中心，佛教在這塊土地上如魚得水，發展迅速，影響了後出的各朝佛教，特別是在佛教義學上，做出了重要的貢獻。佛教史上所說的「北方重實踐，南方重義理」，恰恰就是南京佛教的特點。南朝梁代的奠基人蕭衍，世稱梁武帝。他大概是在中國歷代帝王中奉佛最虔誠的一人了，南方的佛教就是在他的扶持下，登上了頂峰。梁武帝早年是一個道教徒，40 歲以後開始改信佛教。他即位第三年就發布文詔，表明自己已經捨道歸佛，同時還要求全國人民「唯佛一道，是為正道」 ❽。為了剖明心跡，他不僅捐出舊宅作

為佛寺，還動用國庫，廣造佛像，製成與人身等同的金、銀佛像各一軀。他每日堅持守戒，禁斷酒肉，不近女色，又廣結僧侶，講譯佛經，創建道場，舉行法會，整個國家充滿了佛教的氣氛。

梁武帝崇佛活動至今在中國歷史上還沒有任何帝王可比。他對中國佛教的影響至今仍然可見。例如他所造的佛像，就是今天仍然著名的新昌大佛；他規定僧侶不得吃酒吃肉，成為中國漢地僧人的吃素傳統；他首辦盂蘭盆會，漸漸成為漢地救渡死去親屬的一種風俗；他所設立的水陸道場，已成為佛門日常的經懺活動之一；而他所主持的佛經整理、講譯的活動，對中國佛學的發展也是燦然可觀。他對佛教事業的影響還及於朝鮮、日本等國。日本佛教徒出家做僧尼，是梁武帝普通三年 (522) 漢人司馬達到日本時傳去的。太清年間 (547-549)，梁武帝下詔贈佛舍利於新羅，佛法開始傳入新羅。

具體地說，詩人杜牧所說的「南朝四百八十寺，多少樓臺烟雨中」就是指南京地區的佛寺盛況。當時「鐘山帝里，寶剎相臨，都邑名寺，七百餘所」⑲，如今雖已所剩無幾，但它的盛名卻已經載入史冊。

梁大通元年 (527) 到太清元年 (547) 的 20 年間，梁武帝先後四次到佛寺出家，願屈降帝尊，做「三寶之奴」。他的「捨身入寺」的驚人舉動，忙壞了朝廷的上上下下，為了能請他

⑱ 《全梁文》卷四。

⑲ 《高僧傳》卷十五〈義解篇〉綜論。

重新回到俗世，再做世俗之王，群臣每次動用上億的錢，將
他從佛寺裡贖出。梁武帝出家的寺院叫同泰寺，就是現在立
在玄武湖邊上的雞鳴寺。這是梁大通元年 (527) 建造的，後來
在戰火中毀掉。明代在舊址重建，但已成為超度亡靈的施食
臺了。清代數次重修，其規模已經不同以往，僅有前後殿和
觀音樓兩大建築。光緒年間增建了「蒙豁樓」，取杜甫「憂來
豁蒙敞」之意。民國初年再建「景陽樓」。「文革」期間寺內
的佛像法器悉數毀滅，如今重新修復，比丘尼住在寺裡。寺
後山有一胭脂井，據說是陳後主與張麗華、孔貴妃躲避隋兵
的避難處，此井也名辱井。

　　棲霞山位於南京郊區，古稱攝山，自古就是高僧隱遁之
處。在中峰西麓有一座棲霞寺。南朝齊永明年間 (483–493)，
明僧紹因不滿朝政，隱居山上，建成棲霞精舍一座。唐代更
名功德寺，有梵宇 49 所，是中國四大名寺之一，與山東的東
岩寺、浙江的國清寺、荊州玉泉寺齊名。明代改為棲霞禪寺。
近代宗仰法師發心重修，始再具規模。如今寺殿上下幾進，
建有月牙池、山門、毗盧殿、藏經樓、攝翠樓等，寺內有宗
仰上師紀念堂。宗仰上師是中國近代著名的思想進步僧人，
他提倡興教育，辦報紙，支持孫中山共和革命，受到了人們
的敬仰。他也是一名詩僧，作一手好詩。棲霞寺後山還有南
齊的石刻和舍利塔。舍利塔係隋代所建，高 18.04 公尺，五
級八角形，上面刻滿精美的浮雕和經文。山門外的「明征君
碑」為唐高宗李治所撰，書法家高正臣書寫，記述了明僧紹

的生平，有重要的歷史和文物價值。

　　靈谷寺始建於梁天監十二年 (513)，移建於明代。寺舊址原在明孝陵，梁代高僧寶志禪師，被梁武帝拜為尊師。寶志禪師圓寂後，建塔安葬。翌年梁武帝的女兒永定公主在塔前建「開善精舍」，又名「寶公院」，宋改為「太平興國寺」，明改為「蔣山寺」。洪武十四年 (1381) 敕遷今址，重建名曰「靈谷禪寺」。靈谷寺規模宏偉，山門是明太祖賜額「第一禪林」。寺址名曰「靈谷深松」，為金陵四十八景之一。寺中大雄寶殿中供釋迦如來，左右兩側十八羅漢，皆為明代雕塑，栩栩如生。跨入解脫門有唐代高僧玄奘法師紀念堂，中間供有玄奘法師頂骨塔，是中國佛教歷史文物稀有珍寶。

　　玄奘大師圓寂於長安玉華宮，初葬於白鹿原，後遷於西安南郊興教寺。唐末戰亂，興教寺毀於戰火，玄奘法師的遺骨被遷於終南山紫閣寺。宋太宗端拱元年 (988) 金陵長干寺演化法師到終南山朝山，發現了玄奘法師的頂骨，於是將頂骨背回金陵，葬於長干寺東崗。宋仁宗天聖五年 (1027) 復建塔新葬。元順帝至順三年 (1332) 天禧寺僧廣演法師改葬。明洪武十九年 (1386) 再起塔葬於南崗。後因戰爭塔被毀。1942年 12 月日本侵略軍大興土木工程，重新挖到頂骨，這次頂骨被分為六份，一份送日本、一份送廣東、一份送天津、一份送成都、一份送北京、一份留南京。以後送日本的一份裡再取出二份，分別送臺灣和西安。送廣東和送北京的已在「文革」中遺失。留南京的一份又一分為二，一份埋在了玄武湖

邊的小九華山寺裡的七層塔下，另一份經多次輾轉，最終放在了靈谷寺裡。中國佛教協會為頂骨專門贈送了十三級密簷木塔，這座木塔原是北京廣濟寺供奉佛牙用的佛牙塔，也是佛教的聖物。紀念堂兩邊陳設了玄奘法師一生翻譯著作，《瑜伽師地論》、《三藏法師全集》、《大唐西域記》等。出解脫門便是「深松覺苑」，兩側種植異種牡丹、天竺、臘梅、桂花樹、玉蘭樹，芬芳撲鼻。藏經樓藏有藏經，樓下「法堂」懸掛一幅寶公畫像，及名人書畫。寺後松風閣西側有寶志禪師塔和碑，上鐫有吳道子畫的寶志禪師像、太白贊、顏真卿書，世稱「三絕碑」。原碑已毀，乾隆年間 (1736–1795) 重刻。塔前有志公殿，殿前有飛來剪，剪旁有巨石一方，精刻盤龍，俗稱盤龍石，遊人至此，留連忘返。

在中國近代佛教史上，金陵刻經處是最著名的一個佛教文化機構和居士道場。刻經處的創始人是楊仁山居士，於同治五年 (1866) 創立了這所刻印、流通佛經的場所，並在此講學 40 餘年，刻印佛經百萬餘卷，佛像十餘萬張。他的弟子歐陽竟無等人繼承乃師的遺志，創辦了支那內學院，培養了一大批弟子，許多有名的佛教學者和高僧都與刻經處有著各種聯繫，中國近代佛學的復興實有賴於刻經處，因此它對中國近代佛教的發展做出了巨大貢獻。與全國各地的寺廟道場相比，刻經處的地盤不大，但它環境優雅，堂宇參差，庭院深深，假山噴泉，垂柳拂地，風格獨特的楊仁山居士墓塔和清雅古樸的深柳堂，以及古老的木版經書，正表現了佛教與世

無爭的性格，使凡是來到這裡的人都能體會到佛教的博大精深，包容一切的偉大襟懷和濃郁的文化氣氛！

四川佛寺文化圈

　　四川古稱巴蜀，是中國西南地區的一個天府之國，物產豐沃，人傑地靈。佛教傳入四川是在東晉，《高僧傳》載晉哀帝興寧三年 (365) 慕榮恪派兵攻打河南，釋道安法師為避兵亂，率徒 400 餘人南奔，到了新野，道安感到形勢危急，於是分張徒眾，派遣釋法和入蜀。法和入蜀以後，住陽平寺，「巴漢之士，慕德成群」❷，佛教自此在四川始興。但是近年來，一些文物考古界人士通過在四川各地挖掘的佛像，認為四川的佛教是從緬甸等地傳入的，經雲南之後再達四川，最後傳到江左一帶。時間約在公元 1 世紀，與歷史記載的佛教由西域傳入漢地時間相差無幾，若按此說，四川的佛教歷史當會更早一些。

　　根據四川的民族、語言文化和歷史地理分布的特點，四川的佛教大致可以分為以下三個佛教文化圈。

　　第一個是川西佛教文化圈。其影響地域是西到雅安，東至樂山，南及涼山，北泛成都。在此文化圈內，峨眉山是川西佛教徒修行、參學的活動中心，成都是佛教徒活動的聚散地和交匯處或中轉站。樂山大佛是這一文化圈內的著名象徵。

　　第二個是川東及川北佛教文化圈。其地域是西到內江，

❷　《高僧傳・法和傳》。

東達萬縣，北上廣元，南下宜賓。在這個文化圈裡，重慶是川東佛教徒活動的重要場所和集散地，廣元是川北佛教徒活動聚會的中心。佛教石刻是此文化圈裡最富有特色的成果，它集中了四川大部分石刻造像，著名的有大足石刻、安岳石刻、巴中石刻、廣元千佛崖等。密教也曾經在這一地區流行。

第三個是藏傳佛教文化圈。其地域是阿壩、甘孜等藏民族生活的川西北廣大地區，甘孜那塘寺版《大藏經》是當地藏族佛教文化集大成之果。

上述三個佛教文化圈鼎立，構成了四川佛教的總體，每個佛教文化圈既有著自己的特色，同時還發生了與其他佛教文化圈融匯、交流的現象。

成都佛教的繁盛時代是在唐朝。唐末黃巢農民起義，唐僖宗逃往四川，大批難民隨著僖宗避難，使四川的佛教有了一個新的發展，據載當時成都大慈寺是佛教的中心，不僅占地面積廣大，而且裡面的佛像雕塑和壁畫也堪稱一流，可惜一場大火將它燒光，使我們不能再睹古人的傑作。現在位於成都郊區的新都寶光寺是四川佛教的一大名寺。相傳此寺建於東漢，隋代時已經取名為大石寺。僖宗入蜀後，因感謝大石寺內的福感塔放出寶光，於塔內取出舍利子，於是乃命悟達國師重修殿宇，取寺名寶光。寶光寺占地 120 畝，有一塔、五殿、十六院，係清康熙年間形成的。一般的寺院，通常是將塔放在後院或者放在旁邊，但是寶光寺的佛塔卻安放在七佛殿和大雄寶殿當中，使它居於中軸線上，與鐘樓和鼓樓呼

文殊院空林講堂區

應，別具風格，看來當初建寺的指導思想是想把塔給凸出來，
以滿足僖宗的願望。寶光寺除了有特色的塔之外，還以羅漢
堂的羅漢出名。這些羅漢都是佛教塑像藝術的精品，是中國
的四大羅漢堂之一，在佛教藝術界享有盛名。此外寺內還珍
藏了梁武帝時代的千佛碑、漢瓦銅爐、蜀漢銅鼎、唐代龍瓶、
明代銅花，以及各朝名畫家、書法家趙孟頫、唐寅、祝允明、
張大千等人的作品，非常重要。

　　成都城內的文殊院建於南朝，初名信相寺。清代重修，
取今名。文殊院的布局非常別致，除了佛殿等建築之外，寺
內的後花園清新優雅，石子路蜿蜒曲折，修竹茂林，遊人來
此遊玩進香之外，泡上一杯青茶，坐上好好享受一番，其樂
融融。如果有時間還可以吃上一頓素餐。文殊院的素餐是很
有名的，就是一碗素麵條，也是加工精細的，因此這裡的素
餐館每天都爆滿。

　　到樂山看大佛的人，沿著大佛的腳下小路慢行，爬過山
梁，就可以到烏尤寺了。烏尤寺處在大渡河、青衣江和岷江
三江匯合之處的烏尤山上，是由開山祖惠淨法師於唐玄宗天
寶元年 (742) 修建的。當時四川地區密教盛行，「烏尤」就是
密宗的主尊之一。不過惠淨上師在烏尤山上建設茅篷，以繩
為床，手扶竹杖，終日修持《妙法蓮華經》，十年不下山，可
見他是以淨土修行為主，與當時的樂山彌勒大佛的淨土信仰
是一致的，這是反映了民間流行的信仰。烏尤寺的環境仍然
突出的是雅，山顛之間的一塊小平地，擺下了佛寺的各種建
築，但是它不能按照通常中國佛寺中軸線南北布局排列，而
是根據不同的地形，擺上不同的殿堂。寺院裡面還有一個小
花園，坐在花園的亭子上，可以遠眺山下的美景，美不勝收。
再讀讀山門上的對聯「寺門高開洞庭野，蒼崖半入雲淘堆」，
別有情趣。

重慶佛寺依山建

　　1997 年 5 月，原來屬於四川的重慶市經全國人民代表大
會批准，升格為直轄市。重慶成為現在中國城市人口最多、
面積最大的一個城市。四川古稱巴蜀，「蜀」是指以成都為中
心的蜀地，「巴」則指以重慶為中心的地區。南宋趙惇因先封
恭王，再即帝位為光宗，喜慶雙重，故名重慶。1938 年國民
黨政府定重慶為陪都，重慶成為中國近現代史上的重要城市。
　　古城重慶最早的寺院可能要屬重慶北培嘉陵江畔人稱川

東小峨眉的縉雲山上的縉雲寺。據史書記載，縉雲寺建於南朝劉宋義符景平元年 (423)。唐貞觀二十年 (646) 朝廷賜額「相思寺」，這是取縉雲山上的相思岩而得名。《蜀中名勝記》載，縉雲山除了相思岩外，山上還有相思竹，形如桃釵，又有相思鳥，羽毛綺麗，巢築樹間，食宿飛鳴，雌雄相應，如果將其中一隻關在籠裡，另一隻也會緊隨之。後來寺廟可能被滅佛運動毀滅。唐僖宗乾符元年 (874)，僧人宏濟重建寺院。北宋開寶四年 (971)，慧懽和尚再修殿宇，宋真宗趙恆敕封寺名為「崇勝寺」，慧懽和尚為「慈印大師」。明英宗天順年間 (1457–1464) 改寺名為「崇教寺」。萬曆年間，神宗朱翊鈞再改寺名為今名。明末張獻忠起義軍將寺燒毀。清康熙年間破空和尚修復大雄寶殿、藏經樓，重新塑立了佛像。雍正時明賢和尚建造了天王殿、白雲寺。道光年間智福和尚修建了客堂。加上原來的石華寺、觀峰亭、攬勝亭、涵碧亭、觀月亭、衡亭等建築，組成了一組壯觀的佛教建築群。又由於年代經久，寺院裡的石刻碑文悉數毀棄，現仍保存的大多數是清代石刻，山門前有「迦葉道場」石碑坊一座，為明萬曆三十年 (1602) 所建。寺內有明天順六年 (1462) 重修崇教寺碑一座，以及清雍正年間的修廟碑一塊，兩碑皆文字漫漶，不可卒讀。石坊前的照壁刻有芭蕉與麒麟。寺裡出土的天王像皆為半身古像，可能是被毀後的殘存物，擬為南朝梁代所造。

　　1933 年縉雲寺開辦了重慶漢藏教理院，這是一所專門培養有關藏傳佛教研究人才的佛學院，為中國最早的藏學研究

基地。抗戰期間，太虛大師曾在此主理全國的佛教事業，繼續培養佛教人才，續佛慧命，為當代中國佛教做出了貢獻。

　　全國佛寺的韋陀像一般為站像，但在縉雲山白雲寺裡韋陀則為坐像。佛門傳說明代燕王朱棣起兵打敗建文帝，建文帝只好顛沛流離出家做和尚。一天建文帝到白雲寺化齋，韋陀為他買來了小籠蒸餃，恭敬地站在旁邊侍候，建文帝過意不去而招呼韋陀坐下，於是韋陀就再也不用立著了。當地百姓則傳說有一位石匠，受命鑿刻韋陀像，但住持太吝嗇，不給石匠吃好東西，石匠一氣之下，將韋陀刻成坐像，悄悄走人。

　　重慶渝中區鬧市小什字有一個羅漢洞，因在洞上建成了羅漢寺而聞名西南。其實所謂的「洞」實際上是佛教的龕或窟而已。沿著山門進寺，首先映入眼簾的是道路兩邊鑿上佛像的古佛岩，東壁長 24.45 公尺，高 3.52 公尺，有佛龕 7 個，佛窟 8 個。西壁長 21.15 公尺，高約 3.5 公尺，有佛窟 3 個，佛龕 12 個。這些佛像現在已經嚴重受損，只能見其大概輪廓，但它們至少已有 800 多年的歷史，因為羅漢寺的建成，是這裡有羅漢、先天二個洞窟。北宋治平年間 (1064–1067) 僧人祖月來此建造了寺廟，取名治平寺。清康熙年間重修，乾隆年間改建為龍神祠。以後人們在這裡建立了一個五百羅漢堂，寺被正式稱為羅漢寺。這些羅漢都是由精工巧匠所作，有很高的藝術水平，但在抗日戰爭中被日本飛機拐下的炸彈炸毀，寺院也全部毀滅。抗戰後再次重建。現在的羅漢是「文革」

後新塑，帶有明顯現代風格，神蘊不如以往。羅漢寺的格局表現了山城的建築特點，全部建築皆依山而建，一級高於一級，殿堂不大，卻顯得優雅，裡面還設有一間茶座，遊玩進香之餘，可以品茗休息。寺院打掃得十分乾淨，真是體現了鬧市中淨土的特點。過去寺裡曾有一片水池，古名「滄泉」，又曰「西湖池」，周長 51 丈，長 15 丈，寬 10.5 丈，如今水池早已被填，但明朝天啟年間 (1621–1627) 重慶太守余新民書寫的「西湖古迹」四個大字至今猶在，使人看了之後，唏噓喟歎！

慈雲寺，坐落在重慶南岸玄壇廟的獅子山，與渝中區的白象街隔江相望。這座寺院始建於唐代，清乾隆二十二年 (1757) 重建，名觀音廟。1927 年著名高僧八指頭陀禪師來此，將其擴建為禪院。八指頭陀法名慈雲，故寺即取其名。慈雲寺的建築還是依山傍岩所建，腳下是滾滾不盡的長江水，揭示了佛教法輪就像不盡的長江水前浪推後浪，勇往直前，永不回頭。走過傲視江水的鐘樓，來到大雄寶殿，裡面供奉的是緬甸玉佛，高 1.87 公尺，寬 1.34 公尺，重 3 噸，為中國最著名的玉佛之一。大殿的後山有望江亭，殿右是臨江閣，樓亭錯落，在此可極目遠望，長江大橋橫貫大江，朝天門碼頭船隻來往如梭，舒抒胸懷，一吐憂悶。在八功德池旁，有一棵長勢茂盛的菩提樹，據說這是四川境內唯一的一棵菩提樹，稀有珍貴。寺內還珍藏有各種文物，磧砂藏、金繡佛像、千佛衣、金剛寶幢、古代指書、指畫等。20 世紀以來，慈雲寺

一直作為重慶地區的主要掛單寺院之一，凡到各地禮佛參學
的人都在此駐錫。現在寺裡的住持釋惟賢法師畢業於漢藏教
理院，解行雙優，信仰彌篤，是當代佛教高僧。

　　從重慶坐高速公路大巴士向東南而去，約一個半小時就
到了梁平縣金帶鎮，這裡有一座龐大的寺院——雙桂堂。這
是因為寺裡有一棵開著黃花的金桂和一棵開著白花的銀桂而
得名。又因為寺廟在擴建時掘得一根金帶，故寺又名「金帶
寺」。開創雙桂堂的是明代著名高僧破山海明禪師。1844 年
滿清軍隊進關，明朝被推翻。清朝政府雖然占據了中國絕大
部分地區，但是對四川地區則在數十年裡一直沒有獲得完全
的統治權，反清復明的活動成為清政府的心頭大患。破山禪
師受到反清名將姚玉麟的支持，在家鄉傳法，修建了梵剎。
破山祖師廣招弟子，宣講佛理，「宰官拜其座下，將軍奉其教
律」，遠近遐邇，弟子遍布川、滇、黔、陝、鄂、湘、浙等省，
雙桂堂最終成為「西南叢林之首」和「第一禪林」。其本人也
成為在宋代之後的又一禪宗領袖，中國佛教的重心開始轉到
了西南地區。破山禪師又利用他的特殊地位，平息了戰爭，
使社會開始穩定，生靈不再塗炭，生產得以恢復。清朝歷代
皇帝都對雙桂堂賜敕有加。清末，著名的僧人畫家竹禪和尚
曾經擔任過雙桂堂的住持，為古老的寺院文化增添了濃重的
一筆。

　　雙桂堂由於地處偏僻一隅，交通不便，因此它在幾百年
歷史變革中，保持了更多的古風古貌，走進庭院深深的古寺，

覆地青苔探幽,隨處石碑思古。寺院建築的特點可用一個「大」字來概括。破山禪師在世時,雙桂堂就擁有田產地產 2000 餘畝,住寺僧人近萬人,故有「萬指圍繞」之稱。現在的雙桂堂,占地 112 畝,有房屋 500 間,院落套院落。這在中國大地的寺院中已經不多見。大雄寶殿由 52 根石柱支撐,每根石柱重約 2000 斤,氣宇軒昂。古樸的禪堂,擺設一如清代,至今未變,是學術研究的最好素材。室外放生池上的拱橋上,佇立著栩栩如生的生肖石雕,浸潤了中國傳統民間文化氣息。天井的花臺上春天櫻花綻放,夏天牡丹盛開,秋天桂花飄香,冬天臘梅芬芳,四季不敗。庭院的黃桷樹與麻柳樹絞在一起,同生同長,為寺中一景。根深葉茂的金桂和銀桂不僅將破山禪師塔遮蔽,每逢花開時節,香飄四溢,吸引了各地來的遊客。

雲南佛寺景色美

雲南省是中國少數民族聚居區最多的一個省份,境內居住 26 個少數民族,信仰佛教的有漢、傣、藏、白、納西、普米、彝、布朗、阿昌、德昂、佤等 10 多個少數民族。雲南也是世界和中國唯一的一個世界佛教各語系都存在的地區,因此在世界佛教和中國佛教中占有特殊的地位。

漢語系佛教傳入雲南約在 7、8 世紀,傳入的形式有兩種。一種是從中原直接傳入,唐玄宗賜佛像於南詔國,佛法在雲南興起。另一種是通過四川傳入的。太和三年 (829) 南詔國發

兵攻打四川成都，俘掠工匠僧道萬餘人，佛教通過這些人再傳雲南。從歷史上看，雲南通往內地的主要道路是經四川成都至長安，以上二種形式皆取自「蜀身毒道」而入滇，所以傳入的路線只有一條。

　　大理地區是古南詔國的中心，白族人民祖祖輩輩在這裡生活。白族與漢民族接觸很多，受到漢文化的影響較深，接受佛教信仰是很自然的事了。白族人民在接受佛教的同時，將佛教與傳統宗教本主信仰結合，又受到印度傳來的密教影響，由是建立了獨具特色的本民族佛教——阿闍梨教。據載當時從大理到昆明都是漢傳佛教流行地區，「無山不寺，無寺不僧」。「葉榆（今大理）三百六十寺，寺寺夜半皆鐘鳴」 ❹ 是古代大理佛事隆盛的真實寫照。水淳清澈的洱海，鬱鬱蔥蔥的蒼山，正好符合清淨佛教的旨趣，是建立佛寺、僧人修行的理想佳處。蒼山中和峰麓的崇聖寺於開成元年 (836) 由嵯巔修建，可惜寺毀於清代，現在只有遺址。但是由李賢者建立的三塔，至今仍然保存完好。三塔中的主塔始建於南詔勸豐祐保和十年 (833)，到南詔天啟元年 (840) 歷時 7 年才完工（另說於 824–859 年）。三塔為雲南現存的最古老的佛塔，建築式樣與西安的大雁塔一樣，是典型的漢式佛塔。其中主塔全名為「法界通靈明道乘塔」，亦名「千尋塔」，高 69.13 公尺，十六級方形密簷式空心塔，聳立在二層高大臺基上，上

---

❹　楊學政、韓軍學、李榮昆著，《雲南境內的世界三大宗教》，第31 頁，雲南人民出版社，1993 年。

下貫通，通過樓梯可直達塔頂。1978 年維修塔剎和塔基時，
發現了南詔大理國時期的文物 600 餘件，其中寫本佛經是研
究南詔、大理國的重要資料。南北小塔建造時間晚於主塔，

大理三塔寺

為大理國時期 (937–1253)。二塔距主塔 70 公尺，高 42.19 公
尺，十級密簷磚塔，第一層塔簷八面有佛龕、佛像，各層塔
身皆飾以浮雕，造型獨特。

　　賓川雞足山是滇西佛教名勝，因「前列三峰，後拖一嶺」，
像一只雞腳前三爪後一趾而得名。傳說釋迦牟尼的大弟子飲
光迦葉，抱金襴袈裟，攜舍利佛牙雞足山入定，故是山與佛
教結下世緣，成為著名的迦葉道場。主峰南側有天然巨型石
門，相傳即是迦葉守衣入定處。前有密簷方塔兩座，名飲光
雙塔，高 4 公尺，明萬曆年間建造，現保存完好。明代著名

旅行家徐霞客曾經兩次到雞足山，對這裡的風光地貌十分讚賞。明清之際大量士大夫逃禪，遁入佛門，雞足山成為士大夫的集中地，名僧輩出。全山梵剎林列，靜室遍布。元明以後，山上建成以寂光寺為主的 8 寺 71 叢林。清代光緒年間，最終形成以祝聖寺為中心的 36 寺 72 庵，共 108 座寺院的宏大建築規模群，僧尼多達二、三千人，在西南佛教中獨樹一幟，與五臺、峨眉、普陀、九華並稱域內。可惜在「文化大革命」中寺院全部被毀，僅賣掉的廢銅就有 11 萬斤。現在正在開始恢復，已有寺院 20 餘座。雞足山風景獨特，泉潭幽深，山體巍峨，雄奇磅礴，原始森林遮天蔽日，塔廟寺庵點綴於危崖高崗，是著名的風景名勝區。沿環山公路直上，可以到達半山中最大的寺院祝聖寺。再騎馬 4 公里左右到雞足山索道，乘纜車可以直上天柱峰巔的金頂寺。最高峰天柱峰因「頂垂雲霞之表，遠近仰瞻，狀同天柱」得名。頂上有明崇禎昆明太和宮的「金殿」移於此處，故名「金頂」。1934 年，天柱峰修建了有 13 級高 42 公尺的楞嚴塔。站在金頂，可以東觀日出，西望蒼山洱海，南賞祥雲，北眺麗江玉龍雪山。雞足山在東南亞地區一直享有盛名，每年來此朝拜迦葉的遊客不少。

　　昆明是雲南省會，市內的圓通山因有圓通寺而得名。南詔鳳伽異開發拓東城時，曾經建立了一個普陀寺，但在宋代毀於兵火。元代統治者阿昔思在普陀寺原址新建圓通寺，明代再毀掉，直到清初吳三桂統治雲南時重新修建，寺裡增建

了圓通勝境牌坊和八角樓等。康熙年間和光緒年間都進行過大修，形成現在的規模。1949年後曾進行數次修整。圓通寺建築眾多，人稱「或閣或樓或石室，在腰在足在山顛」。寺院主體建築處在一塊凹地內，寺門高於寺廟，進門即可俯瞰大雄寶殿。走過牌坊，通過八角樓和石拱橋，就到了大雄寶殿。從寶殿再開始向上攀登，皆為自然景觀潮音洞、採芝徑、咒蛟臺等古蹟，最後可以到達岩頂的接引殿，在這裡你可以「遙瞻昆水群峰勝，俯視春疇萬戶烟」，西山滇池朦朧中現，翠湖春城盡收眼底。圓通寺的信仰也很有特色，吳三桂修建大殿，崇奉觀音、文殊、普賢「南海三聖」，殿壁樹道教護法仙眾。吳三桂死後，其孫吳世璠又將吳三桂、胡國柱、馬保等人塑像置於後壁供奉。以後人們又拆除了吳三桂等人和「南海三聖」的像，改塑了三世佛。近年來，寺內又引進了泰國佛像，各種信仰薈萃一堂。寺內的塑像相傳皆為名家的大手筆，圓通寶殿兩條高達10公尺活靈活現的盤龍，出自著名雕塑手南納福所為。殿中供奉的三世佛像和十二圓覺像及二十四諸天、眾羅漢像是出自清成都名塑家羅道太之手。後山上的摩崖石刻觀世音菩薩碑刻，傳聞為唐代名畫家吳道子的作品。此外後山的道教高道張三豐造像碑也很有名。現在圓通寺為雲南佛教協會所在地。

　　筇竹寺位於雲南昆明市西郊玉案山。傳說大理國時有兩位兄弟出外打獵，碰見手持筇竹杖的高僧，在高僧留下筇竹杖的地方建立了寺院。但學者認為，此寺是元至元十七年

筇竹寺

（1280）由禪僧雄辯法師建造的，寺內現在還存有元仁宗頒賜的白話碑（聖旨碑），此碑用漢蒙兩種文字書寫，記載了元武宗賞賜寺院《大藏經》一部，敕封當時的住持玄堅禪師為「頭和尚」。筇竹寺為昆明地區第一座禪宗寺院。明、清兩代屢次焚毀，現存建築為清代光緒年間重建。寺內最著名的是合州（今重慶合川）雕塑大師、民間藝人黎廣修和弟子一起塑造的彩塑五百羅漢，這些羅漢是在 1883 年至 1890 年共 7 年時間完成的，它們分別存放在大雄寶殿、天臺萊閣、梵音閣中，羅漢神態各異，或倚或立，嘻笑怒罵，造型生動，引人入勝，寓意深長，充分體現了作者深厚的生活底蘊和豐富的藝術想像力，是佛教塑像中的精品。羅漢堂是中國著名的四大羅漢堂之一。有趣的是，在眾多的羅漢像中，捐資修廟的雲貴總督岑毓、筇竹寺方丈及其徒弟也被立像，天主教的耶穌也被塑成羅漢列入其中。

八百里滇池是雲貴高原的一顆明珠，滇池邊西山風光秀美，樹木鬱蔥，現在已被闢為昆明地區的主要風景區、國家

森林公園。沿著上山公路漫步，半小時後即可到達華亭山的
華亭寺。華亭寺是現今雲南地區最大的寺院。宋嘉祐八年
(1063) 大理國鄯闡侯高升智喜愛華亭山的清淨幽雅，在山上
建造了別墅。元至治三年 (1323) 僧人玄峰將其改建為佛寺，
名「大圓覺寺」。明代寺裡兩次擴建，天順六年 (1462) 皇帝賜
名「華亭山大圓覺寺」。清代屢毀屢建，1921 年軍閥唐繼堯
禮請當代名僧虛雲大和尚來滇主持華亭寺的修建工作。虛雲
和尚率領僧眾，不憚辛苦，經營數年，先後增建大悲殿、海
曾塔、藏經樓等，又在山門外開鑿蓮池，塑五百羅漢，使華
亭寺成為占地 12000 平方公尺的龐大寺院。由於虛雲大和尚
修寺有功，人們為紀念他，將寺改名為「靖國雲棲禪寺」，但
一般人還是習慣稱原名。現在華亭寺坐西朝東，沿軸線依次
排列兩花臺、蓮池、天王殿、八功德池、大雄寶殿、藏經樓
等五進六院，共 200 餘間。寺內不設羅漢堂，羅漢直接塑在
大雄寶殿裡，全寺現有各種彩塑造像 527 尊，仙禽神獸像 260
餘座，以及緬甸玉佛、泰國鍍金佛和明清碑刻，清代塔墓等，
花草滿圃，松柏常青，每年吸引成千上萬的遊人香客。

四、港臺佛寺

香港佛寺建大佛

香港佛教的興旺是伴隨著香港開埠成為殖民地而形成

的，20 世紀初香港佛教事業開始漸有生色，現在佛教在香港已經成為最有影響的宗教之一。

香港最早的寺院是位於新界元朗廈村西靈渡山中的靈渡寺。相傳在東晉末年 (317–420) 所建。也有說是南朝劉宋 (420–474) 杯渡禪師於 5 世紀中葉所建。靈渡寺是香港佛教的發源地和發祥地。隋時稱靈渡道場。唐時改名大雲寺。宋代作道院，名碧霞宮。元代名白雲觀。此後重歸佛教，恢復原名。現存寺的主體建築為 1840 年所建，1860 年擴建，1927 年才竣工。寺中的古代文物有清代宋湘、梁耀的題區。陳澧的對聯和其他碑記等。此外還有杯渡井等古蹟。現為香港佛教徒朝拜的聖地和旅遊佳地。

香港大佛

位於新界大嶼山島鳳凰山支脈西部昂坪山環抱的昂村寶蓮禪寺，是香港最大的佛寺之一。1908 年草創。1924 年鎮江金山江天寺禪師紀修 (1862–1938) 來此住持，定名為寶蓮禪寺。兩年後繼任主持筏可增修了地藏殿、祖堂、五觀堂、般若堂等，規模大增。1950 年代時方具規模。1974 年做過大

修。寺院周圍青山圍繞，風景如畫。寺內建築規模宏大，莊嚴肅穆。山門由巨石砌成，過山門，進入大雄寶殿，殿前置放著一個巨大的寶鼎，殿內供奉金佛三尊，堂內壁上塑有五百羅漢。寺內建築還有韋陀殿、地藏殿、彌勒殿、祖堂、清心堂、般若堂、如是堂、藏經閣、丈室、客堂、禪房等 40 餘間。寺後花園裡還建有舍利塔，塔內珍藏紀修禪師的遺骸。此外還有法華經塔、羅漢塔、華嚴塔和涼亭、水塘、牌坊等。寺內有 400 斤重的地藏菩薩銅像一尊，2000 餘斤的銅鐘一口和玉佛一尊。在宗教上寺院宣稱「律、禪、教（大臺）、密、淨，五宗弘布」。被認為是香港最有代表性的寺院，主要以禪和淨土二宗為其特色，但是，更應是香港禪宗的一大道場。

　　說到寶蓮寺，就不得不提到就在寺旁邊的著名天壇大佛。這座大佛就是由該寺僧人發起建造的。天壇大佛位於香港大嶼山木魚峰。1974 年香港寶蓮禪寺向香港政府買下 6567 平方公尺的木魚峰。1982 年成立了「寶蓮禪寺籌建天壇大佛委員會」。1986 年開始動工，1993 年建成。整個大佛底座按北京天壇形式設計，分三層，第一層面積為 2124 平方公尺的功德堂，第二層面積為 770 平方公尺的展廳，最上一層為 430平方公尺的紀念堂，其上為 26.4 公尺高，重約 250 噸的大坐佛銅像。連底座至頂部，總高 63.9 公尺。大佛是現在世界上第二大的露天佛像，耗資 3000 萬港元，內地的佛教徒也為此捐款，南京晨光機器廠承擔了大佛的製作。如今偉岸、莊嚴的佛像，在鳳凰山下格外引人注目，成為香港又一著名的觀

光景點，吸引了世界各地的遊客。趙朴初先生引用蘇東坡的
詩讚曰：「稽首天中天，毫光遍大千。八風吹不動，端坐紫金
蓮。」

臺灣佛寺創意多

　　佛教自古就是臺灣人民信仰的傳統宗教之一。清代臺灣
佛教開始明顯地發展，20 世紀 40 年代末，大批大陸僧人到
臺灣，使臺灣的佛教發展到一個新的階段，寺院數量激增，
其影響也達及國內外。

　　善導寺，位於臺北市忠孝東路。1921 年由全省佛教徒捐
資建立。全寺現由山門、大雄寶殿、觀音殿、慈恩大樓、彌
勒殿等建築組成。除山門外，大多數建築都帶有現代建築的
意味。山門上寫著「善度群生人成即佛成到此悉由忠孝路，
導歸極樂心淨則土淨從此共入聖賢門」。大雄寶殿內供奉白玉
佛等，于右任曾在此題「善導群生」四字。觀音殿是專作佛
事的場所。彌勒殿裡則供奉觀音像，殊勝莊嚴。最引人注目
的是新建成高九層的慈恩大樓，它是全寺的中心。一樓是觀
照堂，供奉三寶佛，寺務處和法物流通處也設於此。二樓是
作佛事法會的地方。三樓供奉了一尊高 1 公尺多，長約 3.5 公
尺的一尊白玉佛。四樓是太虛圖書館。五樓為佛教歷史藝術
博物館，展出的魏晉南北朝時期的佛教造像，彌足珍貴。該
寺地處繁華地方，離火車站只有 10 分鐘的路程，寺旁又為「中
國佛教會」的大樓，因之在臺灣顯得非常有影響，一些重大

的佛事活動都在此舉行。

十普寺，位於臺北市南昌街。1929年始建。原名了覺寺，是日本佛教徒靜修之地。1945年改今名。1948年大陸僧人白聖來此居住，寺規模逐漸日增，產生影響。1983年起，全寺又進行了徹底整修，新建萬佛樓大樓。由於此寺在商業區內，大門被周圍的商店包圍，顯得有些局促。入山門後，就是一棟6層大樓的萬佛樓，以供奉萬佛而得名。大樓後面還有一座五層樓的舊殿，新舊樓之間，塑有白聖法師像。白聖曾擔任過臺灣「中國佛教會」的會長，是臺灣佛教的知名人士，故此寺在現代臺灣佛教中就顯得比較重要了。

松山寺，位於臺北市吳興街疊翠山麓。1957年由大陸來臺的僧人道安法師在陳子平居士的支持下開始修建的。1961年建成五層大殿。越3年，塑釋迦金身像成。全寺建築均為依山而建。從山門進入，兩邊為地藏殿、法王寶殿，往前可抵圖書館和思靜精舍，再往後通過古色古香的圓拱門，走入塔苑，裡面供養了道安長老的紀念塔。塔左有解脫門，右有大悲殿，周圍還有開山亭和紀功塔。此寺在建築設計方面頗具匠心，尤其是在空間利用上表現了良好的構思。各種建築皆金碧輝煌，站在寺的牌樓下，可以遠眺臺北市，因之寺在臺北市的寺廟裡獨具一格。

農禪寺，位於臺北市北投區大業路。原寺址為一片農田，1964年僧人釋東初買地建寺，按照百丈禪師農禪並作的古訓，取寺名。1977年，東初逝世，寺由聖嚴法師接管，將原

設在新竹的福嚴精舍遷入此地，作為譯經院。1978 年，因譯
經經費見黜，寺改名為「三學研修院」。寺內以坐禪會和念佛
會最為著名，在臺灣佛教徒中很有影響。寺內還設有人生雜
誌社、東初雜誌社、法鼓雜誌社等佛教文化機構，在佛學研
究方面也有一定的成績。

　　靈泉禪寺，位於基隆市信義區月眉山。建於清光緒二十
五年 (1899)，為曹洞宗寺院，由禪師善智、妙密開闢。也有
說初名香蓮庵，清咸豐三年 (1859) 編為廟宇，因泉水清涼，
沁人心脾，多有靈感，到此品茶，稱為「靈泉試茗」。至 20
世紀初，寺已經很有名氣，特別是在三世善慧的主持下，寺
有了極大的發展，僅從 1911 年至 1941 年間，曾先後舉行過
五次傳戒大會。並建傳戒大會、辨經會、坐禪大會、水陸道
場，開風氣之先，為臺灣的佛教發展做出了貢獻，被認為「現
時臺灣各地僧侶人才，大多數直接或間接源於『靈泉禪寺』。」
全寺建於群山之中，仿照大陸的叢林式樣，經過琉璃金瓦的
山門，就進入了天王殿，四大天王腳踩南山八怪，威猛凜凜。
大雄寶殿在四合院裡，除了供奉釋迦佛、觀音外，還供奉兩
條金毛獴。1973 年後，原寺已不夠敷用，又重新擴建，增建
了覺苑文教會館，形成了禪堂、崇德堂、舍利殿、玉佛殿、
文獻堂、懷恩堂等。玉佛殿和舍利殿供養緬甸玉佛和佛舍利。
懷恩堂亦名祖師堂，供奉了寺中的歷代祖師。由於寺的古老
歷史，人們把它與臺北「西雲岩寺」、苗栗的「法雲寺」、臺
南的「開元寺」等古剎相並列。

大佛禪院，位於基隆市中正公園內。原為佛教講堂，後來受到了城市發展環境的影響，於 1966 年遷新址。禪院位於公園的山頂，1967 年開始動工，1969 年建成觀音大佛。越 7 年增建了琉璃寶殿。建築以仿古式為主。山門兩邊立有兩尊白象。主寺是二層樓的大殿，以中間的建築為最高，兩邊相連的建築物低，大概與規定不得高於佛殿的想法有關。引人注目的是主殿前的一尊高 74 公尺的觀音像。此像立於山頂，面對基隆港，而且內有五層。順著觀音身後的平安門，進入第一層，供奉諸位羅漢、阿彌陀等像。第二層供奉各種觀音像。第三層是觀音故事像。第四層是羅漢拜菩薩和觀音降世、飛天仙女送行像。最後一層仍是有關觀音的各種故事像。站到頂層，基隆港盡收眼底，令人心胸開闊，情意盡然，美不勝收。略矮於主殿的圓覺殿裡供奉的還是千手千眼觀音像，樓上是大雄寶殿。後殿有功德堂、報恩堂、西歸堂等，室外有達摩祖師像。在琉璃寶殿裡供奉 1600 餘尊藥師佛，為又一景觀。開造禪院的是普觀禪師。因創意新，而成為當地名勝，蜚聲國內外。

龍山寺，位於臺北市萬華區廣州街。由來自於福建泉州的移民在清乾隆三年 (1738) 時建造。當時人們認為泉州晉江龍山寺的觀音像非常靈驗，於是有人攜其「分靈」（該寺的小觀音像）抵臺，建寺供養，沿用家鄉寺名。以後曾多次受到颱風、地震、白蟻和戰火的破壞，現存的主體建築為 20 世紀 20 年代初修建。其中心大殿是觀音殿，兩邊為鐘鼓樓，後面

是媽祖殿，反映了民間信仰情況。全寺建築正脊彎曲如船，飛簷上翹，飾以大量石雕、磚刻、彩陶及繪畫，色調豔麗，手工精製而成，有較高的藝術價值。該寺以濃厚的南方風格吸引了眾多的香客遊人，香火旺盛。許多社會活動都在此舉行。

佛光山寺，位於高雄縣大樹鄉。1967 年由星雲法師開始興建，經 20 餘年建成。占地 50 餘公頃，內有號稱「遠東最大的佛堂」之大雄寶殿，高達 40 餘公尺的接引大佛像，以及大悲殿、佛教文物陳列館、朝山會館等多處殿宇廳堂和園林建築。並設有東方佛教學院、叢林學院、中國佛教研究院等佛教教育機構。在臺灣各地和香港、東南亞、美國等地都設有分支。該寺還興辦商業、旅遊業、慈善機構、文化出版和世俗教育，發行《普門》月刊、《覺世》月刊等佛教刊物和宗教書籍及傳教印刷品，多次舉辦國際性學術討論會。實際上形成了一個跨國界的佛教事業集團，代表了臺灣佛教界中一部分人對「人生佛教」、「人間淨土」等理念的實踐。

五、四大名山

四大名山是中國佛教史上又一個特殊現象。如果說以上各寺在漢傳佛教史上還可以按照宗派或官宦顯貴來確立它的性質，那麼四大名山則純粹是民間信仰的產物，它們不屬於任何派別，但同時又受到所有佛教徒的朝拜！

　　四大名山分別代表了「悲、智、行、願」四大法門。傳說遠在西域的僧人遙望內地四大名山,發現五臺山充滿金氣,峨眉山充滿銀氣,普陀山充滿銅氣,九華山充滿鐵氣……。

金五臺山文殊智

　　金五臺是文殊菩薩的道場。文殊菩薩被認為主佛教智慧,代表「智」的法門。五臺山是四大名山中唯一一個在北方地區的中國佛教名山,全山有東西南北中五座山峰,五峰環抱,如壘土之臺,故稱五臺。五臺山還被稱為「清涼山」,據說《華嚴經》說:「東方有菩薩住處名清涼山。過去諸菩薩常於中住,彼現有菩薩名文殊師利,有一萬菩薩眷屬,常為說法。」從唐代起,佛教徒據此認為指的是五臺山。因為五臺山「夏無炎暑」,山頂終日積雪,是避暑的勝地,符合佛教以清涼為解脫的境界。

　　在這座周圍 250 平方公里的山巒間,最盛時期曾經遍布了 100 餘座寺院,最古老的建築是唐代建的南禪寺,這座寺院從規模上看算不得五臺山地區的大寺之一,但它卻有最重要的價值。因為從唐代起它就沒有受到破壞,至今保存完好如整,在中國建築史上有著重要的地位。南禪寺面闊三間,寬 11 公尺的大雄寶殿,屋頂平緩,出簷翼展剛健,殿內高大寬敞,房梁不施矮柱,僅用兩根叉手承托,是漢唐建築的典型範例,從中可以領略古代建築的恢宏。

　　顯通寺也是五臺山歷史最早的寺院之一,又是全山最大

五臺山龍泉寺山門

的寺院。全寺占地八萬平方公尺，各種建築 400 餘間。沿中軸線依次排列有水陸殿、大文殊殿、大雄寶殿、無梁殿、千缽殿、銅殿、後高殿等七座建築，這七座殿堂無一重複，令人歎為觀止。

殊像寺是五臺山唯一的供有文殊大聖真容的寺廟，大文殊殿內的「文殊一會五百羅漢」是明代雕塑的精品，它構思巧妙，層次分明，山、水、雲、路、洞、舍、殿、堂縱橫交錯，迭宕回轉。五百羅漢和士、農、工、商人物造型逼真，姿態各異。主像文殊騎著威風凜凜的百獸之王綠毛獅子，在眾羅漢和信徒們的簇擁下一起出行，其壯觀場面，皇帝也自歎不如。乾隆皇帝曾作詩自嘲：

是像即非像，文殊特地殊，毫端寶王剎，鏡裡焰光珠。

法雨滄桑潤，梵雲朝暮圖，高山仰止近，屏氣步霄衢。

　　如今五臺山全山仍有 40 餘座寺院，它們分布在全山各
處，沒有幾天的時間是不能夠將它們走完的，在這些寺院中
除了有漢式佛教寺院之外，還有一些屬於藏傳佛教的寺院，
當地人把它們稱為「黃廟」和「青廟」，五臺山之所以能居於
四大名山之首，是和全山上下的濃厚佛國氣氛分不開的。

　　五臺山的五個臺頂都有寺院，過去不通汽車時，信徒朝
峰要走好幾個星期。現在通向五峰修了公路，一天之內就可
以將五臺全部朝完。五臺頂上的風景非常優美，站在臺頂，
放眼望去，極日天舒，更愜人意。

銀峨眉山普賢行

　　銀峨眉是普賢菩薩的道
場。普賢被認為是行願的化身，
以實踐佛法，「要當於世不淨世
界，修菩薩道」為自己的大願。
據說這裡兩山相對，似美人的
一對秀眼而得名。佛經《華嚴
經》說：「西南方有處，名光明
山。從昔以來，諸菩薩眾於中
止住。現有菩薩，名曰普勝（普

峨眉山

賢），與其眷屬諸菩薩眾三千人，俱常在其中，而演說法。」
佛教徒據此指斷為普賢道場。此外，峨眉山能成為名山，還
因為山上晝有「佛光」，夜有「聖燈」，它們都符合佛經所說

的「光明相」之義。

　　前面曾經談到峨眉山佛教文化是川西佛教文化圈的中心，這個佛教文化圈內充滿濃厚的佛教氣氛，世界最大的石佛──樂山大佛就在這個文化圈裡。大佛以他那凝重的神態，無聲看待著人間的苦樂，接受世人的祈求。然而大佛整個就鑄在一座山上，從遠處看，這座山本身就是一個睡佛，你看那睡佛的頭，枕得多麼結實，睡得多麼安穩。山下岷江水水清如許，在三江匯合處沖出一片孤島，漁民打魚的小船在江中飄蕩，與載客的旅遊船擦肩而過，在遠處的烏尤寺頂朦朦露出，滿目青翠。

　　峨眉山風景優美，秀甲天下。其風光景色的特點是一個「秀」字。山巒起伏，雲海茫茫，溪水潺潺，松柏常青，秋葉似火，滿山紅遍。山頂的金殿在日光下熠熠生輝。山間小路蜿蜒而去，跌宕起伏，路邊的猴子形態可掬，惹人喜愛，遊人與猴子嬉戲，別有情趣。傳說東晉時慧持和尚來此開山，四川地區開始有了佛教。從峨眉山腳下的報國寺到山頂的金頂華藏寺，沿途曾經有過上百座寺廟，世事滄桑，現在仍有20餘座。每個寺廟都有一個動人美麗的傳說，都是一個風景佳處，全山上下路徑曲折，蜿蜒反復，往往路到盡頭，再見柳暗花明。

　　馮玉祥將軍曾稱報國寺為「名山起點」，一語道出它的重要地位。凡到峨眉朝聖的人，報國寺無疑是第一站。這座起點站，建於明代，最早奉祀儒、釋、道三教，是名「會宗堂」。

峨眉山報國寺

到清初才被康熙皇帝改為今名。在白龍江和黑龍江之白黑二
水交匯處，有一塊巨大狀如牛心的牛心石，砥柱中流，銀濤
噴雪，聲幽如琴，是朝山中轉處和分界嶺。一邊沿白雲峽、
一線天可抵避暑勝地洪椿坪；一邊穿接御亭，登牙坡，可達
萬年寺。萬年寺既是全山最古的寺院，也是最大的寺院之一。
寺內無梁殿是明代建築的瑰寶，殿內的普賢騎六牙白象像，
是全山鎮山之寶。白象莊重典樸，四肢敦實有力。普賢雙眸
微合，端坐蓮花座上，接受眾人朝拜。金頂位於全山的頂峰，
所謂「金頂」，是因山頂有一座銅殿而得名，可惜已在清代毀
於大火之中，現在只有一塊銅碑仍然存在，碑上集的書聖王
羲之和唐代著名書法家褚遂良的字，彌為珍貴。站在金頂，
西望天府平原，北眺貢嘎諸山，古人云：「登臺輕世界，俯檻
小山川，五岳皆培塿，三巴在几筵。」❷金頂的佛光是峨眉十

景之冠，使得多少人投身嚮往，欲睹一眼；波瀾壯闊的雲海，
攪得山覆天翻，雲海之後的日出堪為天下奇觀。「蜀國多仙山，
峨眉邈難匹」，山色景秀，水清佛情，就連山上的猴子也成為
佛國的常客，人們親切地稱他們為「猴居士」。

峨眉山萬年寺

銅普陀山悲觀音

航行在中國的東海，晴空萬里，水天一色，茫茫望不到
邊。突然遠處若隱若現一座朦朦朧朧的群山，越來越近，漸
漸明晰，一座人間佳境普陀山出現了。

銅普陀是觀音菩薩的道場。觀音菩薩是大慈大悲的化身，
主持「悲」的法門。據說，眾生有難，只要口誦觀音的名號，
觀音就會即刻現前，幫你解難。從古到今，不知有多少人都
念過觀音的名號，希冀得到這位大菩薩的救助！

㉒　峨眉山佛教協會編，《峨眉伽藍記略》，第 36 頁。

普陀山是四大名山裡唯一的一座遠離大陸，在茫茫大海中的名山，人們把它稱為海天佛國。

唐咸通三年 (862)，一位自日本來華的僧人慧鍔從五臺山請到一尊觀音，在寧波乘船回國。當船到了普陀山時，海浪翻滾，波濤洶湧，漁船隨著浪峰忽上忽下。因風浪受阻不能航行，慧鍔認為這是觀音菩薩顯靈，不肯東渡日本，於是他把觀音像留在了普陀山。山上的信眾為觀音像修了不肯去觀音院，香火漸旺。

普陀山觀音像

四面環海的普陀山，峰翠谷靜。山頂雲霧繚繞，山下銀濤圍舞，梵剎在蒼松翠柏、古樟羅松間隱藏，溢彌著佛香。山間小路，茂盛松林，山上的雲霧，遠處的大海，沙灘嬉水的遊客，朝山路上的香客，走一步，叩三叩，情景感人。全山最盛時有 200 餘座寺院，「山逢曲處皆有境，路遇窮處便遇僧」是當時的真實寫照。遠處沙灘泛著金光，海浪聲日夜轟鳴，王安石曾讚之曰：「樹色秋擎出，鐘聲浪答回」。

漫長的石階，深幽蘊長，兩旁的巨石、各種石刻、路邊賣禮品或小吃的小攤，山林氣氛和原始氣息，就是這座海天佛國的現代化體現。沿著 1088 級石階直上，可以到達海拔

283 公尺高的菩薩頂。站在山巔的慧濟寺，你可感受極目千里，盡收眼底的胸懷。大雄寶殿的屋頂，使用天藍、淡綠、鵝黃、紫紅幾種顏色的琉璃瓦，在陽光的映射下，發出萬道彩虹，象徵著佛光普照。

法雨禪寺六進殿宇傍山而建，主殿九龍殿是明代金陵故宮九龍殿拆除遷徙而來的。殿角的九條木雕金龍盤旋在佛頂上方，與高掛的琉璃燈一起組成了九龍戲珠的精美圖案，浩浩皇恩，漫漫法雨，組成了有機的一體。

「普濟群靈」的普濟禪寺是全山最大的寺廟，供奉觀音菩薩的主殿——圓通大殿不僅宏大巍峨，而且寬敞無比，能夠容千人而不顯擁擠，有「活大殿」之稱。正中端座的高 8.8 公尺的觀音菩薩，金裝裹身，眉目清秀，慈悲憐憫，可親可愛。東西兩壁的 32 尊彩塑觀音三十二應身像，更加突出了這座觀音道場的主題。

在普陀山的東南，還有一座洛伽山小島，佛經上曾說：「於此南方有山名補怛洛伽，彼有菩薩，名觀自在。」「觀自在」，就是觀音菩薩，傳說這裡是他來往的地方。凡是來朝拜普陀山的人如果不到這裡，就不算朝完普陀。

現在普陀山佛教協會在山上興建南海觀音銅像，又給遊客和朝山的人新增了一個景觀，同時也在中國大佛的歷史上增添了新的一頁。

鐵九華山地藏願

　　鐵九華是地藏王菩薩的道場。地藏菩薩曾經發大願，以「我不入地獄，誰入地獄」的精神，發誓要度脫眾生，「地獄不空，成佛無期」。據說地藏菩薩原是新羅王子金喬覺，唐時來到九華山修行。他住在山洞，吃摻了觀音土的白米飯，過著嚴格的苦行生活，周圍的百姓被他的精神感動，爭相拜見，出錢出力修造寺院，一代名山從此開出。

　　九華山是以佛教稱讚的蓮花而得名。從蓮峰往下俯瞰，可有地圓的感受，全山 99 座山峰環繞，地形險勝，風景奇異。自東晉時佛教僧人來此開山，至今已有 1500 餘年。從山下上山有南北兩路，各個寺院就在山嶺間時而顯露，古人曾有「九華一千寺，撒在雲霧中」的說法，現在全山還有寺廟近 80 座。

　　這些金碧輝煌的梵宮玉宇和玲瓏別致的茅篷精舍，或雄居在峭崖陡壁之上，或散布在山谷叢林之間。全山中心化城寺是為諸寺之冠，規模宏大。肉身殿高懸的「東南第一山」金匾，說明了佛國聖境的崇高地位。殿內漢白玉地上聳立的是地藏菩薩肉身塔，金地藏肉身歷經千年而不腐，真令人不可思議。

　　危崖絕壁，凌空矗立，99 間半的百歲宮建築隨著起伏高低不同的地勢，分上下五層，而且整個建築群屋頂一致，堪為中國佛教建築的一絕。祇園寺既有宮殿建築，又有民居建築，布局緊湊，層次分明。隱藏在古木參天裡的甘露寺，清

泉直接從殿角淌過，古人讚曰：「屋角泉聲落，床頭嵐氣過」，森林高大，深邃，陽光變成了縷縷金線，透過密林，照到寺院臺基。殿角溪水流淌，雲氣籠罩，寺院在霧氣中隱露，多麼富有詩意，多麼浪漫！如今這裡已成為佛學院，在這個優雅的環境裡學習，更能薰陶人的心靈。

六、藏傳佛寺

西藏佛寺底蘊深

　　北傳佛教的另一個重要分支，是流傳在藏文化地區的佛教。在藏族地區人們通常習稱為「喇嘛教」，其準確的叫法應該是「藏傳佛教」。

　　佛教尊蓮花為極品，藏傳佛教與漢傳佛教猶如一對並蒂蓮！

　　漢傳佛教傳入中國內陸之後約 700 年間，佛教才開始進入藏區。

　　藏族人民驍勇善戰，在佛教傳入之前，他們信仰傳統的本教。本教「好鬼神，諂咒語」。傳說有一天從天上落下了一個寶莢，裡面裝有金塔、經書、咒語，佛教「從天而降」，開始流行藏區。

　　盛唐時期，唐太宗為了與吐蕃永世結好，應吐蕃王松贊干布的聯姻請求，派遣文成公主與松贊干布和親，文成公主

進藏時帶去了佛像和工匠，修建了小昭寺，漢傳佛教開始傳入。與此同時，另一位尼泊爾尺尊公主也攜帶佛像到了拉薩，修建了大昭寺，印度佛教開始傳入。佛教傳入藏地，促進了藏文化的發展，藏文、藏曆、藏醫、藏律等無不是取法於佛教。松贊干布是一位驍勇英略的人。他意識到佛教能夠有利於他的統治，於是在接受了佛教之後，把它推廣到吐蕃全境。

藏傳佛教在藏區流傳外，還繼續北傳內外蒙古和俄羅斯的貝加爾湖等地區。

不過，當時藏地寺院裡居住的僧人主要是來自於內地，沒有出家的藏族僧侶和系統的僧伽組織，因此還算不得正式的藏傳佛寺。

藏地的佛教雖然受到統治者的支持，但並不是沒有阻力，一些本教徒就極力反對佛教。大概過了 100 年，西藏才建立了第一座佛寺——桑耶寺。

桑耶寺是中國藏傳佛教的一座「白馬寺」！

8 世紀下半葉，印度僧人蓮花生和寂護來到西藏山南地區，在藏王赤松德贊的支持下，蓮花生設計建造了桑耶寺。寂護為 7 位出家的藏族貴族子弟授戒，藏傳佛教的僧團成立，桑耶寺成為藏傳佛教史上第一座民族寺院。

桑耶寺是一座占地面積 25000 平方公尺，有諸多建築環繞的寺院。整個寺院按佛教所說的「須彌山」世界原理設計，也有人認為桑耶寺是按密宗壇城原理設計的。寺中的中心主體建築為金碧輝煌的烏孜仁松拉康大殿，它或是代表宇宙的

中心，或是代表壇城的曼荼羅。其建築式樣，有人說是取自印度摩揭陀的歐達丹菩提寺（亦名飛行寺）。大殿坐西朝東，總面積達 6000 平方公尺，共三層，每層高大寬敞，前有陽臺，光線充足，而且從遠處看，陽臺與殿堂的錯落安排，使人誤認為是五層建築。也有人說，當時參加修大殿的有印度、西藏、內地三地的工匠，三層大殿第一層採用了藏族建築形式；第二層採用了漢族的建築形式；第三層採用了印度建築形式，因此它是一座集各種不同的建築風格為一體的特色建築，凝聚了中印和漢藏的文化，而且在中國建築史上也是罕見，因此桑耶寺也被稱為「三樣寺」。

烏孜大殿第一層前半為經堂，後半為佛殿。經堂面闊七間，進深四間，兩側各塑有 7 尊像。左側分別為松贊干布、赤松德贊、寂護、白路扎那、湯東杰布；右側為種·杰瓦窮乃、鄂·勒巴協饒、隆欣·仁布欣、阿底峽、宗喀巴，這些人都是對西藏佛教有貢獻的人，因此受到了人們的敬仰，放在寺廟裡供奉。佛殿供奉的是一尊用整塊巨石雕刻的釋迦牟尼佛像，石佛高 3.9 公尺，肩寬 1.8 公尺，頭戴寶冠，外袒袈裟，手作定印。兩邊為近年新塑的泥胎菩薩和護法像。

烏孜大殿的第二層佛殿供奉了蓮花生像，左為貢欣·晉美林巴塑像和釋迦牟尼合金銅像。右為隆欣繞雞絳巴塑像和無量光佛合金銅像。大殿最上層現在已經毀掉，十分可惜。據資料記載，這一層以供奉大日如來密宗諸神為主。在大殿的東大門前，有一座九層高的格魯康。「格魯康」是藏語，意

五臺山鎮海寺內黃教三祖像

譯為「展佛殿」，每年藏曆的 1 月 5 日和 5 月 16 日，寺內珍藏的巨幅刺繡唐卡釋迦牟尼佛像將拿出來懸掛在格魯康牆上，供信徒們瞻仰和禮拜。

在烏孜大殿的東南西北四面，分別建有江白林、阿雅巴林、強巴林、桑結林四座神殿，它們分別代表了佛教的東勝身洲、南贍部洲、西牛貨洲、北俱盧洲之四大洲。在四大洲殿左右又各建有一座小殿，共 8 座。分別為朗達參康林、達覺參瑪林、頓單阿巴林、扎覺加嘎林、隆丹白札林、桑丹林、仁欣那措林、白哈貢則林，代表了佛教的八中洲。與大殿成直角的地方又建有白、紅、黑、綠四大塔，今蕩毀無存。最後整個寺院再由一道橢圓形的圍牆包圍起來。

桑耶寺的文物非常豐富。寺內用藏文刻寫的「興佛盟誓碑」，記載了吐蕃王室為了興佛與本教勢力進行鬥爭的經過，

對研究西藏佛教有很重要的歷史價值。烏孜大殿東門門廊的銅鐘，距今已有 1200 餘年，它是赤松德贊的第三個妃子甲茂贊母子供奉給佛的。據說此鐘是一位漢地僧人主持鑄造的，甲茂贊信仰漢傳佛教，曾隨當時在藏區很有名的大乘和尚出家，但是這位大乘和尚在與印度僧人辯論時敗北，漢傳佛教終未能在藏地立足，藏區接納了印度佛教的信仰。

　　桑耶寺石刻文物在西藏地區首屈一指。據初步統計，寺內共有各種石刻佛像 1500 餘尊。這些石像都是鐫刻在長 0.4～0.82 公尺的長方形石板上，有千佛、四大天王、菩薩、羅漢、蓮花生、阿底峽、米拉日巴等各種神祇和人物，造型生動，刻法精緻細膩，是藏傳佛教的藝術精品。寺內絢麗多彩的壁畫也是值得一提的，其題材多為與西藏歷史有關的內容，如「西藏史畫」描繪了藏族遠古人類起源傳說和歷代吐蕃贊普的業績，以及各代王朝的興衰，著名僧人的傳記和從宗喀巴到九世達賴的生涯等，是西藏歷史上的《史記》，有非常重要的歷史意義。整個壁畫長 92 公尺，在中外壁畫上也是罕見的。「宴前認舅」描繪了孩提時代的赤松德贊認母親金城公主的故事，記述了藏漢人民之間的深厚友誼。「桑耶史畫」是一部通過用繪畫的形式來表現桑耶寺歷史的「寺志」，其中還插入了其他寺院甘丹寺、哲蚌寺、色拉寺、扎什倫布寺等著名寺院的修建過程，彌為珍貴。「蓮花生傳」把蓮花生大師到西藏傳法的過程詳細地描繪出來，是中印佛教文化交流的重要見證。寺廟裡還有一些與藏族人民日常生活緊密相聯的

情景，在烏孜大殿和迴廊處繪有舞蹈及雜技的壁畫，舞女舞姿翩翩，一伸一屈引人入勝。爬杆倒立的伎人，或在高空展翅，或俯臥鋼刀，扣人心弦。藏民族是一個喜愛體育競技的民族，在壁畫裡我們還可以看到舉重、射箭、摔跤、賽馬、賽跑等傳統體育活動的場面，像這些內容我們在漢傳佛教的寺院裡就不多見。此外，圍繞桑耶寺形成了藏區的一批名勝，在去桑耶寺的路上我們能看到寂護主持建造的松嘎五塔和摩崖造像。在桑耶寺的東面，有西藏四大名山之一的桑耶哈布山。山形似大象，南北長約 1000 公尺，高 60 餘公尺，寂護大師和藏族著名的三大譯師噶瓦拜、焦若·魯堅贊、祥·也協德的靈塔就在這裡。登上哈布山可以把桑耶寺一覽無餘。位於桑耶寺以西的康松桑康林是赤松德贊的王妃仿照烏孜大殿修建的一座寺院。赤松德贊的宮殿札瑪止桑宮則在桑耶寺北。在桑耶寺以東的地方名勝青樸鳥語花香，景色宜人，夏無酷暑，冬無嚴寒，自古就是西藏統治者修行和遠遊的地方，這裡也是佛教傳說埋藏伏藏之地。

　　7 世紀，西藏一代英主松贊干布迎娶信佛的唐朝文成公主，又娶了尼泊爾的尺尊公主。兩位公主各自帶來了一尊佛像，他為她們各自建造了供養佛像的小昭寺和大昭寺，這是藏傳佛教史上的最早的佛教寺院之一。大昭寺位於拉薩市中心，整個建築具有唐代的風格，幾十間殿堂金碧輝煌，樓閣接替，交相輝映，寺內供奉了唐文成公主帶去的釋迦佛像，至今已有近 1400 年的歷史，是中國現存最早的佛教文物之

一。寺內還供奉有松贊干布、文成公主、尺尊公主的塑像。
一幅「文成公主赴藏圖」生動地介紹了唐代漢藏民族之間的
深厚情誼。「唐番會盟碑」又稱「長慶盟碑」立於唐穆宗長慶
三年 (823)，用漢藏兩種文字寫成。碑中記述了唐王與吐蕃之
間的友好一家親情，唐王是吐蕃贊普的舅舅，所以此碑也稱
「舅甥和盟碑」。大昭寺裡最重要的文物還有金本巴瓶，這是
用來決定活佛轉世的印物。從清高宗乾隆皇帝時採用了「金
瓶掣簽」的方法任命活佛後，歷代活佛的任命都沿用，至今
仍然未變。

　　拉薩城外著名的布達拉宮是西藏的象徵。這座龐大的建
築群，傍山依階，層層升高，房間眾多，殿宇鱗接，總面積
13 萬平方公尺。松贊干布為文成公主建造了居住的內宮，當
時曾有房屋 1000 間，但因種種原因，這些建築大多毀掉。17
世紀中葉，五世達賴重新開始興建，再經歷代達賴不斷修繕，
始成規模，並成為達賴居住的寢宮和西藏政教一體的中心。
全宮主樓 13 層，高達 117.9 公尺，東西寬 400 公尺。分為兩
大部分，牆上刷白色的是白宮，刷紅色的是紅宮。白宮東大
殿面積碩大，有 48 根大柱支撐。它是達賴舉行坐床、親政等
盛大活動的地方。在它的頂層，是達賴活佛居住的地方，因
終日受到陽光的照射，俗稱「日光殿」。紅宮西大殿裡 50 根
大柱，與東大殿相互輝映，這是平時宮中舉辦宗教活動的地
方，裡面有一對康熙贈送的大型錦緞繡帳，是布達拉宮最重
要的文物之一，大殿內還高懸「湧蓮初地」一匾，是乾隆皇

帝所賜。大殿的最高處是勝三界，供有乾隆畫像和用藏、漢、蒙、滿四種文體寫的長生祿位牌位。在紅宮建築群裡最重要的建築是歷代達賴的靈塔，靈塔一共有 8 座，以五世達賴靈塔最大、最華麗。五世達賴塔高 14.85 公尺，塔身用金箔包裹，共用黃金 119082 兩。全塔上下還用珍珠、寶石、珊瑚、瑪瑙、琥珀等 18677 顆裝飾成美麗的圖案。藏族人民對佛教是非常虔誠的，很多佛教徒一生的目標之一就是要出外朝聖，朝拜拉薩是最大的心願之一。布達拉宮則是必朝之地。近年來，國家投資數千萬元對布達拉宮進行了全面徹底的整修，這座著名的藏族建築再次煥發了青春。面對這座龐大的建築群，每個來到這裡朝拜的人，無不肅然起敬，湧動激情，被釋迦偉大人格和藏文化的深厚內涵而感召。

　　朝拜拉薩，除了大昭寺和布達拉宮以外，格魯派的甘丹寺、哲蚌寺、色拉寺三大寺，也是必定要朝拜的寺院。甘丹寺是格魯派創始人宗喀巴於明成祖永樂七年 (1409) 在拉薩河南岸旺固爾山坳建造的。宗喀巴大師擔任過甘丹寺的第一任住持，最後他在這裡圓寂，其肉身靈塔也建在這裡，因此甘丹寺在藏傳佛教裡的地位是很高的，很多格魯派的領袖都在這裡居住，擔任過住持，並把寺院修葺得宏偉壯觀，樓宇層疊，規模龐大，最盛時曾經超過了布達拉宮。寺內大殿一次可以容納 3000 人同時舉行誦經的活動，殿中供有彌勒佛像和宗喀巴像，後殿左側小殿中央供奉的是宗喀巴法座。配殿是宗喀巴圓寂處，裡面設有坐床和佛像。護法神殿裡珍藏了

乾隆賜的盔甲，上面用金銀珠寶裝飾，繡有漢、藏、蒙、滿四種文字。護法殿的樓上是司東陀殿，宗咯巴靈塔就設在這裡。靈塔原用全銀製成，後在第 50 任甘丹赤巴根敦平措期間，用了青海地區一年的稅收將銀塔再用黃金裝飾，成為現在所見的金光閃閃的金塔。宗咯巴靈塔是藏傳佛教徒最神聖的聖物，每年藏曆 10 月 25 日，佛教徒都要帶著供物來此舉行盛大的紀念儀式。

　　哲蚌寺是三大寺中規模最大的一個寺院。明永樂十四年 (1416) 宗咯巴弟子絳央曲杰於拉薩西北根培山南建立，經後世不斷增修，規模日增，最盛時有 7000 餘人在此學習居住。「哲蚌」藏語的意思是「米堆」或「積米」，據說因寺院依山而建，房宇眾多，從遠處看猶如米堆而得名。也有說神在此留下了一只海螺，象徵法音從此響徹，慧風吹遍人間而得名。三世達賴和四世達賴就住在這裡，因此它的地位僅次於甘丹寺。哲蚌寺的大殿，面積碩大，有 1850 平方公尺，可供 9000 人同時誦經，大殿前面的廣場還可以容納萬人左右，這麼大的寺院在佛教眾多的寺院裡，是不多的。大殿裡供有巨型文殊像，三樓的彌勒佛殿裡有宗咯巴贈給絳央曲杰扎西巴登的右旋法螺，以及傳說為格薩爾王使用的弓、箭、矛三輪和弓囊、箭袋，宗咯巴的全套服裝，純金粉書寫封面的五部梵文經典。絳央曲杰取得證悟的淨室是寺裡的聖地。大殿側的銀塔殿是達賴三世和四世靈塔所在地，這兩座銀塔共花了 7400 兩白銀。寺內還有銀佛像、宗咯巴法冠和菩提祖師徒像及本

色白檀木佛像等。寺內還有壁畫詩文等，都是藏文化的寶貴遺產。很多僧人慕名來寺裡的經學院學習，學習的人按照籍貫安排居住，在藏語裡，經學院叫做「札倉」。

　　色拉寺的「色拉」在藏語裡稱作「刺梅園」。宗喀巴在進行宗教改革時，原想在此建寺，但後來未成。他的意願由弟子絳央曲杰實現。絳央曲杰代表宗喀巴到北京覲見了明朝永樂皇帝，被敕封為「萬行妙明真如上勝法淨般若弘照普應輔國顯教至善大慈法王」，回藏後，建立了此寺。色拉寺的大殿小於哲蚌寺，可以容納 5000 人同時誦經，但大殿裡的彌勒佛像卻很大，有二層樓高。五佛冠上的五部佛以藍寶石、白海螺、琥珀、珊瑚幾種珍寶製成，彌為珍貴。其他的佛像和高僧祖師像也或用純銀，或白銅等製成，有的佛像甚至是從尼泊爾請來的。

　　班禪與達賴組成了藏傳佛教西藏格魯派的兩大著名活佛系統。達賴的基地在拉薩，班禪的基地在日喀則城。經過群山之間連綿的公路就可以到達日喀則城的扎什倫布寺。這是班禪大師的住處。它是由達賴一世根敦主巴開始建造的，占地方圓 2 公里，總建築面積 30 萬平方公尺。扎什倫布寺的建築有措欽大殿、彌勒佛大殿、覺干夏殿、內地殿等，彌勒佛大殿與布達拉宮的大殿一樣，也有 48 根大柱，軒宇恢宏。佛堂裡的鍍金銅像，高 26.7 公尺，手長 3.2 公尺，肩寬 11.5 公尺，眉間有一顆核桃般大小的寶石，身上裝飾各種珍寶。這座佛像共用銅 32 萬餘斤，是世界室內最大的銅佛之一。扎什

倫布寺的靈塔也是重要的寺寶，四世班禪的靈塔高 11 公尺，
外用銀皮包裝，上嵌各種珍寶，坐落在覺干夏殿內。1989 年
十世班禪卻吉堅贊圓寂後，他的靈塔也建於寺內，受到教徒
們的朝拜。近年來，寺內又舉行了十一世班禪的坐床典禮，
這是 20 世紀下半葉藏傳佛教界的一件大事。

青甘川滇外八廟

　　與漢傳佛教一樣，藏傳佛教傳播的每個地區、每個宗派
都有自己的寺院，每個寺院都有一部書寫不盡的歷史。在西
藏除了拉薩格魯派的甘丹寺、哲蚌寺、色拉寺三大寺和扎什
倫布寺外，在藏區還有寧瑪派的多吉扎寺、敏珠林寺，噶當
派的納爾塘寺，薩迦派的薩迦寺等。甘肅有拉卜楞寺，青海
有塔爾寺、夏瓊寺，內蒙古有五當召，四川有更慶寺、八邦
寺、理塘寺，雲南有歸化寺，河北承德有普寧寺，北京有雍
和宮、黃寺等。這些特色各異的寺院不僅是信仰藏傳佛教信
徒中心，而且還起到了將各族佛教徒團結在一起的作用，對
推動中國佛教文化的發展，更是功不可沒。

　　塔爾寺位於青海湟中縣魯沙爾鎮西南。「塔爾」是藏語，
意譯「十萬佛像」。因寺內建造的宗喀巴紀念大銀塔而得名。
傳說宗喀巴出生時，他母親將他的胎衣埋在地下，後來這裡
長出了一棵菩提樹。母親託人捎信給遠在千里之外的兒子，
宗喀巴給母親回了一封信，並且帶來了自畫像和獅子吼佛像。
於是母親建造了佛塔，後人在此基礎上增建了高 11 公尺的大

銀塔。明嘉靖三十九年 (1560)，信徒仁慶宗哲堅在塔前建寺，經後人不斷增修，形成了依山勢起伏的大金瓦寺、小金瓦寺、小花寺、大經堂、大廚房、九間殿、大拉浪、如意寶塔、過門塔等大小建築群。它們都是藏漢建築藝術結合的典範。大金瓦寺是寺裡的中心，亦即供奉大銀塔之地，為漢地宮殿建築形式，裡面裝飾精細，因屋頂皆為鎏金銅瓦，故得寺名。大經堂是藏式建築，面積碩大，達 1981 平方公尺，可供數千人同時誦經。堂內有 168 根柱子，其中有 60 根柱子砌在四壁內，因此從外看只有 108 根柱子。中間的黃色說法座是為達賴和班禪專備的，高僧說法則在旁邊的說法臺上。該寺以眾多的佛教藝術品而聞名於世。在大殿內懸掛了各種綢緞剪堆、堆繡，牆上畫有各種宗教故事的壁畫。成千上萬的佛像、經幢、法器令人目不暇接。每年寺裡還要舉行盛大的佛事活動，尤其是藏曆正月十五日大法會，以酥油花為特點的藝術品，遐邇國內外，並與壁畫、堆繡一起組成了塔爾寺三絕，吸引了各族人民前來觀瞻。現在每年寺裡都有各國人士來訪。該寺是藏傳佛教格魯派六大寺院之一，在全國和東南亞一帶都有影響。

　　拉卜楞寺位於甘肅夏河縣城西。始建於清康熙四十八年 (1709)，舊稱拉章扎西奇寺，占地 1300 畝。「拉卜楞」是藏語，意為「梵王宮」，為嘉木祥活佛駐地。大夏河水從寺旁流過，西北山勢似大象橫臥，東南松林蒼翠，寺前開闊平坦，牧草茂盛，綠茵如席，山青水秀，風景如畫。寺內建築龐大，號

稱 108 寺，取藏語 108 吉祥數，實際上不止此數。有六大札
倉、十八囊欠，以及舍利塔、辯經院、藏經樓、印經院、僧
舍等。1985 年經堂被大火焚毀，現已按原樣重修。六大札倉
是按照學科和學習的經典不同而分設的學院。十八囊欠是指
僧人按僧階不同而分的辦公點及住處。該寺素以重視學習聞
名於世，歷史上曾培養了不少有學識的僧人，現寺內仍有佛
學院，數百名學僧在此學習。寺內文物有直徑1.5 ～2 公尺的
大銅鍋，五尺餘長的大象牙，藏有經書 65000 餘冊，皆為各
種珍本，有極高的價值，為全國藏傳佛寺藏書之冠。1988 年
寺內成立了「甘肅藏學研究所」，開展了對拉卜楞寺的研究。
該寺亦為格魯派六大名寺之一。

　　四川的甘孜和阿壩是藏族聚居區，這裡是藏傳佛教流行
的又一個重要地區。但是由於歷史原因，藏傳佛教格魯派的
力量在這一地區比不上在西藏、青海與甘肅等地，相對地說，
在這裡是寧瑪、薩迦、噶舉、格魯等派並舉。在寧瑪派裡，
甘孜的噶拖寺是歷史最早的一個寺院，占地 1 平方公里，有
經堂 48 座，辯經堂 42 座，坐經堂 5 座。大殿裡的佛像、佛
塔都是從印度運來的，佛像高 8 公尺，佛塔高 9 公尺，保存
各種梵文經書 900 餘種。康定的金剛寺也是著名的寧瑪派寺
院之一。這座寺廟曾經得到元朝的皇帝賜匾，達賴送法衣，
班禪贈印章的殊榮。德格的安章寺培養了不少佛教人才，對
寧瑪派發展起到過重要的作用。紅原的麥洼寺則是阿壩地區
最大的寧瑪派寺院，勢力達及青海、甘肅等地。屬於薩迦派

的寺院在甘孜地區有高日寺，為元代皇室所建，明代皇帝又賞賜甚豐，影響遽增。德格的更慶寺是土司的家廟，該寺所藏的佛經經板，在藏文《大藏經》裡享有盛名。阿壩的求吉寺則是當地薩迦派最大的一座寺院，以嚴格戒律，修持精嚴而著名。甘孜噶舉派的寺院以八邦寺為最。這座寺院有「小布達拉宮」之稱，三層樓的經堂高24公尺，佛殿中的柱子一人抱不過來，寺頂金碧輝煌，十裡之外都可以看見。格魯派在甘孜號稱十三大寺，更沙寺則在眾寺中執牛耳，其他十二個大寺的印章和證件都保存在此寺。格爾登寺是阿壩藏區中最大的一座格魯派寺院。

　　雲南迪慶藏族自治區的中甸歸化寺是雲南藏傳佛教最大的一座寺院，該寺原屬寧瑪派，後來改為格魯派寺院。全寺占地500畝，設計獨具匠心。寺院依山而建，層次分明。山下是清澈的湖水倒映寺院。最高處是金瓦寺，代表須彌山，下有四小殿和八康村，分別代表四大洲和八小洲，湖水代表大海。各種房屋圍繞金瓦寺而建，猶如眾星捧月，最盛時期曾達到3000人居住。

　　雍和宮是北京城內最有名的藏傳佛教寺院。清代皇室信奉藏傳佛教，因此雍和宮在北京城內佛寺的地位是很高的。雍和宮原是清胤禛四太子的府邸，後來成為雍親王府。雍正皇帝死後，這裡又成為停靈之處，以後再成為清朝供奉祖先的影堂和家廟。乾隆皇帝執政，將它改建成藏傳佛寺，並在這裡接見了西藏佛教領袖六世班禪，接受了班禪為自己祝壽，

又從班禪受戒，取法號「圓明」。雍和宮的建築主要取自於漢式建築，但裡面最有價值的是號稱清代「木雕三絕」的佛像。萬佛閣裡的白檀木雕彌勒佛像是第一絕。它是用一棵完整的白檀樹幹雕成，全高 26 公尺，地下 8 公尺，地上 18 公尺。這是達賴喇嘛進貢給乾隆的。如此龐大的樹木就是在運輸工具現代化的時代能夠從深山裡搬走，亦非易事，但是古人們憑著堅定的信念，花了三年的時間將它運到了北京。乾隆皇帝用了 8 萬兩銀子，將佛像雕成，最後才蓋起了佛殿。照佛樓供養照佛的金絲楠木佛龕是第二絕。它分內外三進，用透雕的技法，用龍的造型把整個佛龕給包圍起來。99 條活靈活現的雕龍，或騰雲駕霧，或水中遨遊，或戲遊鳳珠，或翩翩起舞，堪為精品，舉世無雙。法輪殿用紫檀木雕刻的五百羅漢山是第三絕。它高 5 公尺，長 3 公尺餘。分布在山上山下的 500 羅漢分別用金、銀、銅、鐵、錫五種金屬製成，個個精美，有的對坐談道，有的騎鶴飛遊，有的跨虎奔跳，有的定神入座，有的調弦弈棋，維妙維肖。此外，宗喀巴銅像、各種唐卡及漢、藏、蒙、滿四體文碑等也值得一看。

　　與清皇室關係最深的佛寺，除了北京地區之外，還有河北承德的外八廟。有清一代，承德地區屬於京師的範圍，京師一共有 40 個藏傳佛寺，其中 32 個在北京城內或郊區，剩下的 8 個在承德，所以叫做外八廟。

　　承德是清皇室的行宮或夏宮。這裡山巒起伏，風景優美，河流交錯，森林茂盛，特別是夏季涼爽，氣候適宜，是避暑

的佳地。清朝的皇帝每年有近半年的時間在這裡避暑辦公，乾隆皇帝曾把行宮命名為「避暑山莊」。承德的寺廟建造時間不長，比不得那些唐宋時代的名剎，但是就因為它們是皇帝敕建的，因而同樣享有盛名。外八廟的建造與各地的佛寺有著密切的關係，這個關係並不是反映在宗派的傳承方面，而是在於它的建造式樣。例如，普寧寺是乾隆皇帝為紀念平定準噶爾蒙古叛亂後，敕命仿西藏第一座寺院桑耶寺的式樣建造的佛寺。安遠廟是乾隆為了安撫蒙古準噶爾部落之一的達什達瓦部，敕令仿伊犁河畔的蒙古固爾札廟建造的。普陀宗乘廟是仿照拉薩布達拉宮建造的。「普陀」是指觀音菩薩的道場，漢傳佛教有浙江的普陀山，藏傳佛教有拉薩的布達拉宮。曾有人認為承德的普陀宗乘廟是仿浙江的普陀山，這是一種誤解。須彌福壽廟是仿照西藏日喀則扎什倫布寺建造的，乾隆為了接待班禪為自己祝賀七十大壽，特地建造了此寺。「須彌福壽」是「扎什倫布」的意譯。因此廟也稱「班禪行宮」。有人認為普樂寺是仿西藏江孜白居寺建，但史無記載。此外，還有的寺廟係漢式建築。承德這些作為皇家的寺院，除了上述的建築式樣有它的特點外，它的布局和寺廟裝飾也都有自己的特點。例如殊象寺的後山呈園林化，尤其吸收了江南蘇州園林小巧玲瓏的風格，真是塞外江南一點綠。總之，在 2000 年中國佛教史上，承德地區的寺廟僅 200 餘年，還是一個年輕的孩子，但是正由於它們有皇家寺院的特點，使這些寺廟引人入勝，前來參觀進香的人無數。只要我們踏上這塊綠色

的山巒，必定會被那些氣勢磅礴的建築，各種精美的造像吸引，感到驚歎。對那些沒有去過拉薩的人，到了這裡也可領略到藏傳佛教的陽剛之氣，以及江南園林的玲瓏小巧。

塞外蒙古是中國北方的一顆璀璨明珠，呼和浩特就是這顆明珠上的歷史文化名城。這裡曾經被稱為「召城」，「召」就是寺廟的意思。相傳這個城市曾有「七大召，八小召，七十二個綿綿召」。「數上的喇嘛三千六，數不上的無其數」。呼和浩特一共有過三次建廟的高潮，第一次是在明萬曆以後，第二次是在清順治以後，第三次是在清雍正以後。在眾多的召裡，數的上的是銀佛大召。1578 年蒙古土默特首領阿拉坦漢與達賴三世會晤，決定在呼和浩特城「將釋迦牟尼像用寶石金銀莊嚴」，開始了大召的建設。經過歷代修葺擴建，如今的大召已經成為占地 29717 平方公尺的宏大寺院。這座寺院不管在建築上，還是在寺廟的擺設上，都體現了漢藏建築結合的特點。寺內有漢式佛寺天王殿的四大金剛像，還有藏式佛寺宗喀巴像和各種度母像。最引人注目的是那尊用純銀製作的釋迦牟尼佛像，銀佛高 2.5 公尺，坐在用白銀做的蓮臺上，這是中國唯一的一座銀佛像，特別珍貴。此外寺內還有許多明代壁畫，其內容既有佛教故事，也有世俗人的生活描繪，是蒙古族人民藝術的上乘之作。

七、雲南上座部佛寺

「村村有佛寺，家家有佛堂」，是雲南上座部佛教的真實寫照。西雙版納的自然風光旖旎，綠樹蔥蔥的山林中，佛寺若隱若顯。

寺廟在上座部信徒中有很重要的地位，男性佛教徒一生必須要有一段時間在佛教寺廟裡度過，只有出過家的人才能取得社會地位。過去7、8歲的男童入寺當沙彌，在寺中既學習佛教，還學習世俗的文化知識。現在學習文化已在世俗學校中學習，但在寺院接受宗教教育仍然不可缺少。

上座部佛教寺院風貌獨特，不同於漢式寺廟，也不同於藏式廟宇，是傣族特有的民族式樣。傣式佛寺充分利用了地形，寺廟不按中軸線對稱布列，也沒有四合院式的封閉拘束，其布局靈活多樣，因為屬於公共場合，誰都可以隨時進入，反映了傣民族的開放心理。

雲南上座部佛教分為在山林習禪的擺莊派和在城鎮活動的擺孫派。擺莊派的寺廟簡陋，在山林之中，有時甚至一個山洞、一間草棚也算寺廟。

擺孫派的寺廟則位於城鎮村寨，其建築規模雖然比不上漢傳佛教和藏傳佛教的寺院，似乎缺少一些高大的陽剛之美，但玲瓏小巧，富有生氣，又有另一種陰柔的情趣，為漢藏兩傳所不及。

　　西雙版納宣慰街的「哇龍」大寺，是滇南級別最高的佛寺。入寺門穿引廊，到達正中的佛殿。主殿為三重簷廡殿頂，屋面重疊多層，使並不高的建築增加了立體感，突出了寺廟中心的地位。殿頂裝飾的鎮獸和佛焰光，絢麗多彩，它不僅是一種宗教的意義，而且還是傣族藝術的結晶。主殿之後設佛塔，左經堂，右僧房，全寺無圍牆環繞，四通八達。

　　群山峻嶺中的橄欖壩蘇曼滿佛寺，平面布置呈「日」字形，經堂與塔全在佛殿右側。勐海曼壘佛寺依山而建，不僅山腳下的寺門與佛殿不在一條中軸線上，而且進門之後的八級引廊重重疊疊，次第升上山頂。山頂的佛殿與僧舍又呈「品」字形結構，與大自然和諧一體，妙成天趣。

　　勐海景真寺的經堂，俗稱為八角亭，是傣式佛殿的優秀建築工藝的集成。八角亭通高 15 公尺餘，至今已有 200 多年的歷史。其基座平面為 24 邊折角亞字形須彌座，16 個角的磚砌牆梁柱，敞開四門，牆內外鑲有各種彩色玻璃，與金銀粉印繪各種花卉、人物、珍禽瑞獸一起，組成了光彩絢麗的場面。最為出色的是大屋頂，按八個方向作八組十層人字披懸山屋面，層層遞升，層層收縮，最後攢為尖頂，剎杆直指蒼天，更具顯出宗教的威嚴。向上翹起的各層簷角，曲線優美，透露出輕盈活潑的朝氣。亭中獨具特色的金銀粉印，先在紙版上刻出圖案，然後在鏤空部分貼金箔或刷金粉，晾乾後揭去紙版即成圖案，故也稱為刻版漏印金水圖案。這種裝飾方法為傣族佛寺所獨有，具有濃郁的民族裝飾效果。

　　德宏州瑞麗市是中國與緬甸交界的口岸城市，商業氣息
非常濃厚，但是佛教也彌漫在熱鬧的大街之中。瑞麗市菩提
寺，是漢傣文化的集成。其殿頂為漢地流行的歇山式，整體
和梁架結構為傣族地區通行的干欄式。干欄式建築就是在竹
木底架上建造高出地面的房屋，上面覆以長脊短簷的大屋頂。
因這一地區氣候炎熱，潮濕多雨，與地面距離較高，可以減
少潮氣的侵蝕。

　　漢傳佛教的塔大都呈正多邊形。唐代以四邊形為主，如
西安的大、小雁塔，宋以後發展為六角形或八角形，如杭州
的六和塔，多角形的變化，是將印度四邊形佛塔改變發展而
來的，最後形成了具有中國傳統建築的特點。佛塔最多的則
是少林寺的塔林，一共有 200 多座佛塔。

　　藏傳佛教的塔多為倒缽形，看上去像一個倒扣著的缽，
腰圓肚大，與印度的塔制相合。如北京北海的白塔，白塔在
水面倒映，伴之以小巷深幽和松林，非常幽靜。

　　傣式佛塔小巧玲瓏，錐狀的塔身和尖細的塔剎直矗雲天，
傣語稱塔為「諾」，意即「竹筍」，真是維妙維肖的寫照。景
洪曼龍飛塔，位於雲南景洪縣勐籠鄉。始建於清乾隆時期。
塔為磚石結構，八角形，由大小九塔組成。塔基為圓形，周
長 42.6 公尺，八角各立一佛龕。塔呈葫蘆狀，塔身潔白，有
各種精美的塑飾和彩畫。佛龕上有各種動物、花草、捲雲紋
等圖案。塔剎由寶瓶、風鐸等組成。該塔融合了內地漢族與
邊疆傣族建築藝術於一體，有較高的藝術價值，是上座部佛

教建築中的精品。現為中國重點文物保護單位。

　　位於潞西縣芒市的鐵城佛塔，塔基現已被樹根纏繞覆蓋，塔身又將樹根遮住，因此這座塔獲得了「塔包樹，樹包塔」的美名，成為特殊的一大景觀。

結　語

　　每個國家、每個民族都有自己的特色傳統文化和民族精神。中國是世界四大文明古國之一，有著悠久的歷史文化。春秋戰國，諸子百家爭鳴，先後有陰陽家、儒家、墨家、法家、名家、道家六種主要學派活躍於各地。但到了佛教傳入之前，神州大地主要表現在儒家和道家二種文化競相爭豔。儒家尊「禮」，「列君臣父子之禮，序夫婦長幼之別」，要人們「克己復禮」，一切活動均要按照現實的規範去做，規束自己的道德倫理行為，留意於仁義之際；道家講「無為」，重「自然」，主張「道法自然」，以「人之道」去服從自然無為的「天之道」，要人們「欲絕去禮學，兼棄仁義」，而「獨任清虛」為治；佛教不同於儒道二家，主張世間是苦，要人們擺脫生死輪迴，追求清淨涅槃之境。所以當佛教傳入中國，就給了固有的中國傳統文化引來一股汩汩清泉，將人們又引入了一個新的天地境界。人們開拓了視野，驚奇地發現在西天佛國還有一種能解釋人生，度人於厄，予人慰藉的全新的宗教和理論，它同樣也能把人帶到「聖人」、「至人」的境界，也能成就完善凡人的人格和實現人之美好理想，佛教為中國人又提供了一個可供選擇思維的模式，從而也改變了人們固有的心理結構，於是他們不再僅只在「克己復禮」和「道法自然」的二種思維方式影響下安於生活了。佛教在中國的「石破天

驚」，打開了中國固有的傳統文化的國門，民族精神亦為之一新。

從佛教初傳到現在為止，中國佛教已經傳入近 2000 年的時間。佛教的傳入深刻地影響了中國思想文化的發展，也深深地滲透到人民的生活之中，並且有的已經演變為風俗，成為民族精神之一。

佛教對中國文化的貢獻是多方面的。它首先改變了中國傳統文化的結構，成為傳統文化的組成部分之一。它在漢族地區與儒教和道教二家鼎立。從思想的層面上看，儒家思想一直是中國傳統思想發展的主流，儒家所強調的「禮」，倫理綱常的「君君、臣臣、父父、子子」孝悌思想，深刻地支配了每個人的思想行為。佛、道二教只是補充。但是，當我們把視野擴大到鄉村田野，不難發現，我們面對的是一尊尊佛像、佛塔，一個個祭祖的祠堂，一座座道觀，三教勢力從來就沒有強弱之別，三種思想一直彼此不分，絞接一起，人們不僅燒香拜佛，還求神問道，祭奉祖先，中國漢族的宗教正是在這種氛圍下成長起來的。

在一些少數民族聚居區，例如藏族、傣族等民族聚居地，佛教則成為各民族文化的主體，不僅是他們的精神信仰，也是傳統文化之一，並且深深地融入了民俗之中，表現出強烈的民族精神。當我們在一望無際的草原看到用石頭堆壘的佛塔，在青藏高原傾聽陣陣牛角號聲，在傣家竹樓潑水迎接新年，無不感受到佛教的氣息，接受佛法的洗禮。

　　不管是在漢、藏、傣等各語系的佛教中，佛教的節日是佛教徒生活中必不可少的內容。從農曆正月到十二月，每個月裡都有不少佛教的節日，有的月份甚至有 8 天都有節日活動。最重要的節日是釋迦牟尼誕生日的佛誕節，漢傳佛教定在農曆四月初八。藏傳佛教定在農曆四月十五日，稱作娘乃節。雲南上座部佛教也定在農曆四月十五日，稱為潑水節。每逢此時各族佛教徒都要載歌載舞，舉辦佛事誦經念佛，一派喜氣。漢傳佛教的臘八節是紀念釋迦牟尼成道的日子，人們用各種乾果和五穀雜糧煮成八寶粥，至今仍然流行。在藏族、蒙古族、傣族、白族等全民信教的民族中，一些佛教的節日不僅意味著舉辦化眾導俗的宗教活動，更重要的是各族人民的歡聚同慶的時刻，或者從事各種商貿活動的時期，充滿了文化經濟的氣氛，成為民俗活動的一個不可或缺的重要內容！

　　今天我們在日常說話中，有很多語言都是來自於佛教。例如，「一刀二斷」、「一報還一報」、「飛蛾投火」、「天女散花」、「不可思議」、「想入非非」、「讚歎」、「翻譯」、「翻案」等等數不盡數。陳澧《東塾讀書記》云：「自漢末以來，用雙聲疊韻為切語。韻有東、冬、鐘、江之目，而聲無之。唐末沙門始標舉三十六字，謂之字母。」中國語言學上的平、上、去、入四聲的學說也是受到佛教的影響而建立的，用字母來表示漢字的拼音讀音，也是中國僧人發明的，甚至可以說，正是由於佛教的傳入，使中國的音韻學才完善起來。《高僧傳》卷

七云：「陳郡謝靈運篤好佛理，殊俗之音，多所達解。乃諮睿以經中諸字，並眾音異旨，於是著十四音訓敘。條例梵漢，昭然可了，使文字有據焉。」當代國學大師陳寅恪在〈四聲三問〉文中將此概括為：「平、上、去則其聲響高低距離之間雖然有分別，但應分別為若干數之聲，殊不易定。故中國文士依據及摹擬當日轉讀佛經聲，分別定為平、上、去之三聲，合入聲共計之，適成四聲。」

　　1500 年前，中國南朝的梁武帝用官方的權力，發布了〈斷酒肉文〉。這一偉大的舉措，從此改變了中國佛教僧團的生活，素食成為中國僧人的唯一的食性。梁武帝這篇詔文歷經 1500 年仍然有效，為歷代統治者都不可比。素食不僅影響到中國的佛教，而且也受到佛門以外的其他人的愛好。科學證明，吃素可以預防許多疾病，可以充分吸收自然界的營養，對身體有益無害。現在吃素已經正在成為世界發達國家人民的共識，佛教則在這方面做出了率先的榜樣和巨大的貢獻，功不可沒！

　　從傳統的角度看，佛教是屬於鄉土味濃厚的東西，不能與現代化的東西相比。但從歷史的角度來看，正是因為它的「土」特點，又使它成為現代社會必不可少的一部分遺產，因為在它身上，積澱了民族的、社會的、歷史的傳統太多，對民族性格、思想文化、道德倫理影響太大，佛教之所以能夠在中國長期存在，歷代流傳，就是依靠了它的隨順世間，順緣而成的機制，如果說什麼是中國佛教的生命力，我們認

為，佛教的圓融無礙的精神就是它最有力的生命力，佛教在中國創造了一個外來的宗教與中國文化相結合的典型範例！所以我們不能簡單地加以否定。我們應當正確地對待它的存在，正視它的影響，並加以科學地研究，找出它的合理內核，挖掘出它美好的一面。

歷史長河，漫漫路途，光陰如梭，日月常新。從釋迦牟尼創教之日到今天，歷史的車輪已經輾過 2540 個年頭。佛教傳入中華大地，距今也有 2000 年的時光。

日月常新，法輪常轉，佛教走過了一年又一年。2500 年的佛教歷程既漫長無涯，又短暫有序。說它「漫長」，是因為它有著古老悠久的歷史，曾經影響過各個朝代的社會政治思想和無數人的精神生活；說它「短暫」，是因為在人類歷史的長河中，它仍然只算得上一個青年，至今還煥發著朝氣，前面還有漫漫長路在期待……。

佛教，一個已經存世 2000 餘年的古老宗教。毫無疑問，它仍然存在，並且還會再放光芒！

後　記

　　這是一本介紹佛教寺院以及與其相關的一些法器、儀式等內容的小書。佛教博大精深，關涉到人們生活的方方面面，佛寺只是其中之一，但卻非常重要，因為它體現了佛教根本精神的一個重要方面。人們瞭解佛教，經典學說是不可缺少的內容，然則更多的是從佛寺這裡開始啟蒙的，特別是在當代社會，旅遊已經成為人們業餘生活消遣的重要內容，在旅遊活動中，有相當大的一部分內容是與佛教的寺廟有關，進山看廟，成為一大景觀。我們可以說，佛教的寺院組成了中國當代旅遊的一道亮麗的風景線。旅遊離不開佛教的名勝。

　　佛教有統一的僧團，統一的教規，各地寺院的佛像及其建築也基本相同，所以凡是去過寺院很多的讀者，一定會有一個感覺，即沒有可看的東西。但是，由於地理環境和地域文化的特點，佛寺還是有著自己的不同風格，本書的絕大部分內容是根據筆者到各地寺院（臺灣部分除外）參學的體會與感受，再參照歷史文獻和今人的著述，試圖將每個寺院擁有的特殊地方介紹出來，指出應該著重看哪些東西，要瞭解哪些內容。希望此書能夠對讀者有所幫助。本人學力不逮，有謬誤之處，還請見諒。本書得到了諸多朋友的幫助，黃春和、趙怡平、巠凱、華方田、浦力、宋立道等著力尤著，責任編輯嚴格把關，向他們深表感謝。本書寫作中參考了不少他人的著作，今列於後，以申謝意。

主要參考書

《佛光大辭典》，慈怡監修，書目文獻出版社。

《漢化佛教與寺院生活》，白化文著，天津人民出版社，1990 年 8 月。

《佛像鑒賞》，黃春和著，華文出版社，1997 年 1 月。

《中國佛教諸神》，馬書田著，團結出版社，1995 年 11 月。

《中國寺廟文化》，段玉明著，上海人民出版社，1994 年 12 月。

《禪宗寺院建築布局初探》，戴儉著，臺灣明文書局，1991 年 9 月。

《中國藏傳佛教寺院》，冉光榮著，中國藏學出版社，1994 年 7 月。

《中國佛寺旅遊指南》，李克域著，大津科技翻譯出版公司，1992 年 7 月。

《北京的佛教寺廟》，田奇編著，書目文獻出版社，1993 年 11 月。

《佛教常用「唄器」、「器物」、「服裝」簡述》，祥雲法師著，福建省佛教協會，1993 年 11 月。

《唐長安佛寺考》，孫昌武著，《唐研究》，第二卷，第 1–49 頁，1996 年。

《長安佛教研究叢書·草堂寺》，陳景福著，三秦出版社，1989 年。

《長安佛教研究叢書·青龍寺》，暢耀著，三秦出版社，1986 年。

《長安佛教研究叢書·香積寺》，陳景福著，三秦出版社，1986 年。

《長安佛教研究叢書·大興善寺》，王亞榮著，三秦出版社，1986 年。

《法門寺史略》，陳景福著，陝西人民教育出版社，1990 年。

《洛陽市志》，洛陽市地方史志編纂委員會編，第 15 卷，中州古籍出版社，1996 年。

《高明寺志》，朱封鰲、韋彥鐸著，當代中國出版社，1995 年。

《中國嵩山少林寺建寺 1500 周年國際學術研討會論文集》，釋永信、吳立民主編，宗教文化出版社，1996 年 6 月。

《北京的宗教》，姜立勛、富麗、羅志發著，天津古籍出版社，1995年。

《藏傳佛教古寺雍和宮》，常少如主編，北京燕山出版社，1996年2月。

《佛國風光——中國佛教名寺》，洪丕謨著，中國文聯出版公司，1993年7月。

《江西佛教史》，韓溥著，光明日報出版社，1995年2月初版。

《湖湘文化論叢》，1994年增刊，湖南省佛教文化研究會印。

《南岳旅遊叢書》，海南出版社。

《漢魏兩晉南北朝佛教史》，湯用彤著，中華書局，1983年版。

《「東山法門」與禪宗》，肖蓮夫、黃剄主編，武漢出版社，1996年版。

《杭州佛教史》，冷曉著，杭州佛教協會，1995年。

《杭州近現代佛教史》，冷曉著，杭州佛教協會，1993年。

《上海佛教寺院縱橫談》，潘明權著，宗教文化出版社，1996年8月。

《蘇州佛教寺院》，胡中剛、周炳源主編，江蘇文史編輯部，1997年。

《近代江蘇宗教》，江蘇文史資料編輯部編，1991年。

《重慶古今談》，許可、游仲文編，重慶出版社，1984年10月。

《雲南文物古迹大全》，邱宣充、張瑛華等編著，雲南人民出版社，1992年1月。

《雲南境内的世界三大宗教——地域宗教比較研究》，楊學政、韓軍學、李榮昆著，雲南人民出版社，1993年11月。

《雲南佛教藝術》，鄒啟宇主編，雲南教育出版社，1991年。

《桑耶寺簡志》，何周德、索朗旺堆編著，西藏人民出版社，1987年5月。

《甘青藏傳佛教寺院》，蒲文成主編，青海人民出版社，1990年。

《塔爾寺》，李志武、劉勵中編，文物出版社，1982 年。

《神秘的雪域達磨》，姜安著，中國藏學出版社，1995 年。

《藏傳佛教禮俗百問》，姜安著，今日中國出版社，1994 年。

《喇嘛廟——佛的世界》，金申著，四川民族出版社，1992 年。

《中國石窟與文化藝術》，溫玉成著，上海人民出版社，1993 年。

《中國佛像巡禮》，胡光凡、趙志凡著，湖南出版社，1996 年。

宗教文庫

愛與和平的心靈獻禮，生命與價值的融合

佛教入門　三枝充悳／著　黃玉燕／譯

　　佛教一直以宗教的立場來開導大眾，使人得到精神安慰。再加上佛教能建立思想，使其成為人們實踐的支柱，這更對各種優異文化的形成、深化、發展等，有很大的貢獻。本書全部圍繞在「何謂佛教」這個主題上，對於佛教入門所必須述及的各種問題，以平實的文字做忠實的敘述，使佛教的整體面貌得以開顯。

印度教導論　摩訶提瓦／著　林煌洲／譯

　　由正當的語言、思想及行為著手，積極地提升自己的內在精神，寬容並尊重各種多元的思想，進而使智慧開顯壑達，體悟真理的奧祕，這就是印度教。印度教強調以各種方法去經驗實在及實踐愛，而這正是本書力求把印度教介紹給世人的寫作動力。藉由詳盡的闡釋，本書已提供了一條通往永恆及良善生活方式的線索。

宗教學入門　瓦鄧布葛／著　根瑟・馬庫斯／譯

　　人類的宗教呈現分殊多樣的面貌，這是人類精神所展現的多元現象，也是人類文化的豐富遺產。人類總在理性的盡頭走上信仰，然而，站在人文精神與知識的立場，我們應如何去思索宗教現象，以及探尋關於宗教的可靠知識呢？本書主張把宗教現象視作人類現象來研究，分別從歷史、比較、情境以及詮釋學來充實其內涵，系統性地從幾種不同的學科與途徑來介紹當前的宗教研究，企使宗教建立一門知識性的學科。

中國民間信仰與道教　劉仲宇／著

　　中國傳統文化中，儒釋道號稱三教，是中國文化的主要支柱。說支柱，同時也就意味著它們不能囊括全部的中國文化。在民間，還有每日每時在日常生活中大量重現的俗文化。民間信仰即俗文化的一部分，對它的了解，是理解民眾精神生活的重要途徑，本書詳述中國民間信仰與道教的互動與發展，使讀者能更加理解鮮活的中國文化。

國家圖書館出版品預行編目資料

佛寺采風:中國佛寺漫談 / 黃夏年著.－－初版一
刷.－－臺北市：東大，2004
　　面；　　公分－－(宗教文庫)
　參考書目：面
　ISBN 957-19-2759-7　(平裝)

　1.寺院－中國 2.中國－描述與遊記

227.2　　　　　　　　　　　　　93001586

網路書店位址　http : // www. sanmin. com. tw

© **佛　寺　采　風**
——中國佛寺漫談

著作人　黃夏年
發行人　劉仲文
著作財
產權人　東大圖書股份有限公司
　　　　臺北市復興北路386號
發行所　東大圖書股份有限公司
　　　　地址／臺北市復興北路386號
　　　　電話／(02)25006600
　　　　郵撥／0107175-0
印刷所　東大圖書股份有限公司
門市部　復北店／臺北市復興北路386號
　　　　重南店／臺北市重慶南路一段61號
初版一刷　2004年4月
　編　號　E 220870
　基本定價　肆元陸角
行政院新聞局登記證局版臺業字第○一九七號

ISBN　957-19-2759-7　（平裝）